OS OSSOS DE DESCARTES

RUSSELL SHORTO

OS OSSOS DE DESCARTES

A HISTÓRIA DO ESQUELETO POR TRÁS DO CONFLITO ENTRE A FÉ E A RAZÃO

Tradução
Daniel Estill

OBJETIVA

Grafia atualizada segundo o Acordo Ortográfico da Língua Portuguesa de 1990, que entrou em vigor no Brasil em 2009.

Título original
Descartes Bones

Capa
Pronto Design sobre design original de Mark Abrams

Imagem de capa
Vanitas (óleo sobre tela), Saint-Andre, Simon Renard de (1613-1677) / Giraudon / The Bridgeman Art Library

Revisão
Ana Kronemberger
Joana Milli
Eduardo Carneiro

CIP-Brasil. Catalogação na Fonte
Sindicato Nacional dos Editores de Livros, RJ

S562o
Shorto, Russell
Os ossos de Descartes: a história do esqueleto por trás do conflito entre a fé e a razão / Russell Shorto; tradução Daniel Estill. — 1ª ed. — Rio de Janeiro : Objetiva, 2013.

Tradução de: Descartes Bones.
ISBN 978-85-390-0439-3

1. Descartes, René, 1596-1650. 2. Fé. 3. Razão. I. Título

CDD: 194
12-8855 CDU: 1(44)

EDITORA SCHWARCZ S.A.
Praça Floriano, 19, sala 3001 — Cinelândia
20031-050 — Rio de Janeiro — RJ
Telefone: (21) 3993-7510
www.companhiadasletras.com.br
www.blogdacompanhia.com.br
facebook.com/editoraobjetiva
instagram.com/editora_objetiva
twitter.com/edobjetiva

Para minha mãe

"Qual pode ser o nosso legado
senão um corpo no chão enterrado?"

– *Ricardo II* (Ato III, cena 2)

Sumário

Prefácio

Philippe Mennecier, diretor de conservação do Musée de l'Homme, o grande museu antropológico de Paris, é um homem alto e magro, de cabelos ralos, óculos de armação fina de metal e o aspecto de ave de rapina. Muito adequadamente, seu escritório lembra bastante o ninho de uma águia — um aposento retangular, com o teto baixo, construído como um acréscimo, no sótão da sede do museu —, ao qual se chega após subir por uma escada portátil de metal. Ali, do alto de seu local de trabalho, ele certamente conta com uma das vistas mais grandiosas do mundo, abrangendo uma boa parte do horizonte recortado pela silhueta das construções parisienses. Essa vista é também uma moldura metafórica para o trabalho que Mennecier e sua equipe desenvolvem: de um lado, perto o suficiente para ser vista por inteiro, está a torre Eiffel, esse obelisco do século XIX em homenagem à razão e à ordem; do outro, está o cemitério de Passy, um desses maravilhosos cemitérios parisienses, com seus emaranhados de vias e tumbas, cercados por muros altos e que lembram miniaturas de cidades medievais, mas cujas moradas pertencem aos mortos, em vez de aos vivos.

Morte e ordem: isso resume o trabalho aqui realizado. O museu não costuma ser incluído no circuito dos turistas, mas é um lugar pelo qual os franceses têm um apreço especial. Foi fundado no início do século XIX, como parte da primeira onda de entusiasmo pela busca das origens do homem, quando cientistas exploradores — vigorosos e bigodudos, movidos por uma dedicação fanática — varreram os confins da Terra em busca de espécimes antropológicas e restos humanos. Refletindo essas origens, o museu tem certo ar retrô. Pode-se pensar nele como um templo devotado ao culto da evolução, em que a razão encara os enigmas da vida e da morte, usando os ossos para contar a história moderna de quem somos nós e de como chegamos até aqui. O cemitério logo abaixo, por sua vez, com suas silenciosas cruzes de pedra, oferece uma versão diferente.

Ecoando as visões da razão e da mortalidade e as suas representações, sustentadas pelas prateleiras, o escritório de Mennecier está atulhado de computadores e restos humanos — uma bandeja pousada casualmente sobre uma estante acomoda seis crânios humanos, dispostos organizadamente, como se seis fosse um número padrão para organizarem-se crânios humanos. Mas o próprio Mennecier não é um antropólogo, e sim um linguista, como fez questão de observar em nosso primeiro encontro. E em que línguas ele se especializou? "*Esquimau et russe*", declara com um floreio: esquimó e russo. Para poder apreciar essa resposta da maneira apropriada, é preciso saber que eu já havia sido informado de que ele não falava inglês. O que poderia ser mais excentricamente adequado a um linguista francês do que professar seu desconhecimento funcional do idioma predominante no mundo e ser um dos maiores especialistas em um dialeto falado somente no leste da Groenlândia e autor da única gramática tunumiisut-francês? Como se não bastasse, sua busca pelas variações da língua inuíte, no norte do planeta, acabou por levá-lo à Sibéria, e assim ele se tornou fluente em russo, e agora, como atividade paralela, dedica-se à tradução de romances russos contemporâneos para o francês.

Tudo isso apenas para dizer que Mennecier é um intelectual francês. Para muita gente, nestes tempos de estupidificação universal, isso seria considerado uma vergonha, sugerindo características como a arrogância e certa preocupação estreita, cerebral e egocêntrica. Mas essa qualificação também pode implicar certa maneira de olhar para o mundo que, lamentavelmente, vem se tornando rara — vamos chamá-la de um compromisso rigoroso com a idiossincrasia. As pessoas assim configuradas podem provocar dores de cabeça, mas também podem ser fontes de deleite, com suas inexoráveis esquisitices. Elas agem como uma boa piada, tirando-nos de nossas zonas de conforto, onde normalmente nos sentimos em posição de vantagem. Fazem-nos lembrar, mesmo que apenas por um momento, de que o mundo, na verdade, é um lugar muito louco. Assim, fiquei feliz ao deixar essa onda me levar pelos minutos seguintes, ouvindo um breve discurso sobre os sete dialetos dos esquimós, como se dividem em duas famílias e quais os marcadores linguísticos que os separam, além de ser informado sobre os esforços para a preservação deles e de suas respectivas culturas.

Em seguida, descemos ruidosamente a escada de metal até o andar abaixo. Ali, duas mulheres vestidas com jalecos de laboratório estavam sentadas diante de uma mesa, manuseando ossos humanos: ossos longos das pernas, com articulações volumosas e porosas; crânios de um tom marrom-alaranjado ligeiramente enjoativo. Na sala seguinte, passamos por um grupo de aproximadamente cinquenta esqueletos humanos, pendurados em ganchos diante de um único esqueleto de gorila, como se fosse um sargento robusto e baixinho treinando uma tropa de soldados magricelas. Ao sairmos pela porta dessa área, passamos pelo busto de Pierre-Paul Broca, um antropólogo do século XIX, pioneiro em estudos do cérebro. Descemos as escadas, passando pelo salão de exposição do museu, com sua estranha coleção permanente, uma exibição de confiança quase agressiva devotada à evolução humana, em que uma sucessão de dioramas iluminados de maneira dramática destacava os momentos marcantes da marcha rumo ao bipedalismo, do australopiteco, com suas enormes placas ósseas sobre os olhos, passando pelo Cro-Magnon, com sua enorme capacidade craniana e volume frontal, até seus primos modernos, de constituição mais delicada.

Finalmente, não tínhamos mais para onde descer. O porão estava em processo de remodelação, e o reboco fresco e as lâmpadas expostas davam a agradável e adequada sensação de estarmos em uma catacumba. Um jogo de chaves surgiu na mão do meu anfitrião e ele abriu a porta de um depósito. Ali dentro, destrancou um armário de parede e pegou uma caixa de madeira finamente polida e curiosamente elegante, cuja tampa estava fixada por fechos de metal. Ele abriu os ferrolhos; lá dentro havia um chumaço de fino papel de seda branco, de onde retirou o objeto que eu fora ver.

Era pequeno, liso e surpreendentemente leve. A cor variava: em algumas partes fora polido até adquirir um brilho perolado, enquanto em outras tinha um tom profundamente escurecido; mas, na maior parte, tinha o aspecto de um velho pergaminho. E era, com certeza, um objeto com muitas histórias para contar, não só em sentido figurado, mas literalmente. Há mais de dois séculos, alguém escrevera um grandioso poema em latim na calota, porém as letras agora haviam desbotado para um tom marrom aguado. Outra inscrição, ocupando toda a testa, apontava sombriamente — e em sueco — para um roubo. Assinaturas em rabiscos, espremidas, dos três homens que o possuíram através das eras mal eram visíveis nas laterais. Tratava-se do crânio de René Descartes, o assim chamado pai da filosofia moderna e um dos seres humanos cuja existência teve maiores consequências. Mennecier colocou-o na mesa diante de mim. "*Voilà le philosophe*", disse friamente.

TRÊS ANOS ANTES, sentado no salão de leitura principal da Biblioteca Pública de Nova York, diante de um volume de filosofia do século XVII, deparei-me com o fato de que, 16 anos após sua morte, em 1650, Descartes fora submetido à indignidade de ter seus ossos desenterrados, e a partir de então as pessoas foram se apoderando de pedaços de seus restos mortais.

Por que será que certos pensamentos grudam em nossas mentes? Eles parecem não ter qualquer valor prático, mas chamam atenção por sua absoluta esquisitice. Normalmente, nos ocupamos deles por algum tempo, como se fossem um brinquedo de criança encontrado entre as almofadas do sofá, e depois os esquecemos, a inutilidade vencendo o interesse pela novidade. Certamente, essa passagem sobre os ossos de Descartes parecia um exemplo cabal de informação inútil. Mesmo assim, apaixonei-me pela história, de um jeito que só nos apaixonamos por algo realmente estranho, do tipo que só é encontrado enterrado nas páginas de um livro muito velho. Isso aconteceu comigo algumas vezes: ter a sensação, improvável mas intensa, de ter descoberto uma semente adormecida, plantada exatamente ali por alguém morto há muito tempo, mas que sabia, ou esperava, que algum dia ela seria encontrada, regada e trazida à vida.

Assim, comecei a perseguir esse assunto, primeiro nas horas livres, através de livros, depois, à medida que ele tomava conta de mim, indo com a minha família morar na Europa por um ano, onde passei longos dias nos cubículos pós-modernos da Biblioteca Nacional de Paris; em contato com filósofos e historiadores; viajando da casa no vale do rio Loire, onde Descartes nasceu (e que ainda está de pé), para a casa em Estocolmo, onde ele morreu (que igualmente resiste); e seguindo os rastros dos ossos pela Europa Oriental. Finalmente, vi-me no porão de um museu de Paris, olhando para as órbitas arruinadas de um crânio humano, como Hamlet contemplando o pobre Yorick.

Conforme eu a investigava, a história dos ossos de Descartes ia se desdobrando diante de mim, estendendo-se ao longo dos séculos, mostrando ser bem mais do que uma curiosidade. Hoje, pensamos imediatamente em Descartes como um matemático — o inventor da geometria analítica — e como o criador do moderno dilema filosófico do dualismo, que sustenta que a mente e seus pensamentos existem em uma categoria diferente, ou em um plano de alguma forma diverso daquele do mundo físico, de tal forma que um não se traduz no outro, nem eles podem ser compreendidos em termos mútuos. Nesse aspecto, há tempos Descartes foi colocado em seu devido lugar: a noção que prevalece na neurociência e na filosofia é a de que ele estava completamente errado ao conceber essas duas substâncias como distintas. A mente e o corpo — a mente e o cérebro — não são fundamentalmente diferentes, no fim das contas. Essa noção gera todo tipo de consequências, exploradas por filósofos, linguistas, pensadores espiritualistas e cientistas da computação, entre outros.

Contudo, na época em que ele viveu e nas décadas que se seguiram, a visão de Descartes revelou-se grandiosa. Ele foi visto por muitos de seus contemporâneos como o homem que lançou as bases intelectuais para todo o programa da modernidade, o qual fundamenta os mais diversos aspectos, incluindo a moralidade, a lei, a política e a organização social, com base na razão e na percepção individual da razão. Esta visão da influência de Descartes possui boa parcela de verdade. Seu famoso "método" — que envolvia questionar pressuposições, não afirmar nada baseado na fé e construir uma compreensão do mundo a partir de observações comprováveis, em vez de pela tradição — tornou-se a base do método científico. Sua reorientação do conhecimento, de forma que esse não mais se baseasse na autoridade coletiva (o que decreta o rei, o que determina a Igreja), mas em um *eu* que recentemente ganhara poder — a mente individual e seu "bom-senso" —, tornou-se o ponto de partida para o desenvolvimento da democracia, da psicologia e de muitas outras coisas que consideramos modernas.

Comecei a me dar conta de que as gerações que sucederam Descartes trataram seus ossos como relíquias simbólicas dos novos rumos que o mundo começara a seguir. Todavia, como divergiam sobre qual era esse novo rumo e o que ele significava, tratavam os ossos de maneiras diferentes. A história pela qual fiquei fascinado — pequena, estranha, tortuosa, insignificante — está no cruzamento de alguns dos maiores eventos em que se pode pensar: o nascimento da ciência, o surgimento da democracia, o problema filosófico mente-corpo, a confusão ainda atual dos territórios da ciência e da religião. Essa história se espalha por toda a Europa e abarca pessoas de todos os tipos — Luís XIV, um operador de cassino sueco, poetas e padres, filósofos e físicos —, na medida em que elas foram usando os ossos, roubando-os, vendendo-os, reverenciando-os, disputando-os e passando-os de mão em mão.

Assim mesmo, foi somente depois de pouco mais de dois anos após meu primeiro contato com o fato de que os ossos de Descartes haviam sido violados e passados adiante que vislumbrei a real origem de meu interesse. Na universidade, eu tinha estudado a filosofia ocidental. Como inúmeros estudantes de graduação das áreas das ciências humanas, passei quatro anos deslumbrado com o trabalho dos filósofos, poetas, romancistas e artistas, os homens e mulheres que criaram o espaço mental em que eu vivia, os arquitetos da mente moderna.

Muitos de nós costumamos pensar que "moderno" é um fato óbvio, um solo comum. E com a palavra "moderno" não me refiro apenas às coisas grandiosas — ciência, razão, democracia — que associamos a ela, mas também a todas as reações e desdobramentos gerados por esses conceitos, da poesia romântica ao Sex Pistols, dos namoros pela Internet à negociação de fundos de investimento. Para o bem ou para o mal, tudo isso está de alguma forma interligado e vinculado àquilo que somos — e, fundamentalmente, acreditamos que isso seja para o bem. Não é mesmo?

Aparentemente, um bocado de gente acha que não. Hoje, a própria ideia de sociedade moderna — que, ao menos em teoria, apoia-se na ferramenta da razão e em noções como a de igualdade para solucionar problemas e seguir em frente, ainda que morosamente — parece estar sob assalto de diversas direções. O terrorismo islâmico, que não só é antiocidental, mas antimoderno, é com certeza uma das grandes preocupações do Ocidente, mas outras formas de intolerância religiosa — cristã, judia, hindu — também parecem florescer.

Se esses fatos se constituem como ataques à modernidade por parte da direita, existem ainda outras ameaças. Dentro da sociedade ocidental secular, existem aqueles que dizem que a modernidade está superada, que os desenvolvimentos do mundo pós-moderno, como a globalização, a Internet e a guerra assimétrica significam que as antigas verdades da era moderna — a ideia de "progresso", por exemplo, segundo a qual uma pessoa pode ter uma visão razoavelmente objetiva das coisas e tomar decisões para avançar rumo a uma condição melhor — estão sendo perdidas de vista. Para alguns, a modernidade tornou-se sinônimo de colonialismo, de exploração de povos não ocidentais, do uso da ciência e da tecnologia para fins desumanos, de catástrofe ambiental. Muitos secularistas também encaram a própria religião como inimiga, afirmando que ela promove a guerra, a divisão e o preconceito. Em reação à onda de fundamentalismo baseado na fé, Richard Dawkins, Christopher Hitchens e outros escreveram manifestos secularistas contra a religião, alguns dos quais chegaram a se tornar best-sellers.

No eterno conflito entre fé e razão, tendemos a achar que a primeira é antiga e a segunda é nova, porém, hoje em dia, tanto a direita quanto a esquerda apoiam-se em Descartes. Seus despojos — sejam eles metafóricos, sejam os seus ossos de fato — são tão essenciais que os dois campos rivais procuram se valer deles. Não surpreende que o filósofo moderno arquetípico seja o patrono da esquerda; uma vez que o cartesianismo baseia-se na dúvida, no questionamento de tudo até se chegar a uma fundação sólida dos fatos, ele pode ser visto não só como a raiz do método científico, mas também do autogoverno, da ideia moderna de direitos individuais e da desconfiança, igualmente moderna, da autoridade. Ao mesmo tempo, outro elemento da filosofia de Descartes — o que é conhecido como dualismo cartesiano, a noção de que nossas mentes (e almas) existem separadamente do mundo físico — foi apropriado pela direita. O pensamento conservador — de monarcas, teólogos, filósofos — adotou a distinção cartesiana de mente e corpo para respaldar o argumento de que existe um reino eterno do pensamento, da crença e dos ideais, que não pode ser tocado pelos dedos enxeridos da ciência, e que a moralidade humana e os poderes terrenos se fundamentam nessa esfera atemporal.

A maioria das pessoas parece ter sido capturada em meio a essas duas correntes caudalosas — o apelo da fé e da tradição em um mundo perigoso e o argumento de que a religião está no núcleo dos problemas do mundo e apenas a renovação do compromisso com as liberdades e os direitos individuais poderá colocar a humanidade na direção de um futuro melhor. Elas são atormentadas pelo fundamentalismo religioso, com sua certeza morta e mortal, mas podem reconhecer algumas das críticas à modernidade, vindas tanto da direita quanto da esquerda. Pode-se dizer que não existe, no mundo atual, uma divisão em duas, mas em três vias. Colin Slee, deão da diocese anglicana de Southwark, em Londres, coloca a situação nos seguintes termos, ao falar da nova sociedade que vê surgir na Inglaterra: "Existe um triângulo, com fundamentalistas laicos em um canto, fundamentalistas religiosos em outro e os pensadores liberais inteligentes do anglicanismo, do catolicismo romano, batistas, metodistas e de outros credos — e até mesmo pensadores ateus — no terceiro."

Se o Ocidente dirige-se para algum tipo de crise, vale a pena nos colocarmos algumas questões básicas. A sociedade moderna, como normalmente a definimos — uma cultura laica construída em torno da tolerância, da razão e dos valores democráticos —, ocupa uma porção bem reduzida do mundo, e há sinais de que essa porção se torna cada vez menor.

Será que a modernidade é a força inexorável do progresso a qual tendemos a seguir? Será que ela é apenas um momento na história da humanidade, que está desaparecendo rapidamente? Se ela é algo que deve ser valorizado, como redescobri-la, separar o que é bom do que é ruim, torná-la relevante e vital?

Por fim, percebi que o rastro dos ossos de Descartes era um caminho que atravessava a paisagem da modernidade. Seguir os ossos era uma maneira de retraçar a minha própria educação intelectual, fazendo-me lembrar daquilo por que passamos nos últimos quatrocentos anos. Este livro não é uma pesquisa exaustiva sobre a modernidade, mas o registro de uma jornada. Parte da convicção de que a idiossincrasia é um assunto sério.

Além disso, o foco nos ossos não é acidental. Seguir os rastros dos ossos de Descartes me mostrou que a filosofia, que costumamos considerar uma disciplina árida, não se trata apenas de abstração, mas está entrelaçada com a história da humanidade e surge não apenas da mente humana, mas também do seu corpo. O pensamento abstrato é uma ferramenta excelente e necessária, mas os pensamentos mais elevados estão enraizados em nossa existência física: na maneira curiosa como nossos corações que amam entrelaçam-se com nossos corações que batem, no fato mesmo de que nós morremos. Ainda que não seja uma biografia, a história realmente diz respeito a um homem — que foi caricaturado pela história praticamente como um cérebro sem corpo, mas que acabou por se revelar surpreendentemente substancioso e cheio de sangue. Na verdade, há uma sensação de que a filosofia de Descartes, com toda a sua abstração, brota de lugares onde predomina o calor humano: de seu próprio corpo, para início de conversa, e também do amor que ele sentia pela pessoa que mais importava para ele. Era um amor pequeno e delicado que, em sua discreta intimidade, quase — mas não completamente — escapou das lentes bisbilhoteiras da história. Talvez seja esta a verdade em toda a exploração humana: é só cavar bem fundo para encontrar uma história de amor.

No entanto, não deverá surpreender a ninguém o fato de não começarmos falando de amor, de história ou de filosofia, mas da morte.

1

O homem que morreu

No limite sul da parte antiga da cidade de Estocolmo, existe um prédio de quatro andares construído durante o agitado e confuso período conhecido como Barroco. A fachada de tijolos vermelhos é ornamentada com querubins e brasões. Dois canhões voltados para cima flanqueiam a sua entrada; bustos barbudos olham severamente para baixo, mirando quem se aproxima da porta. Se, de algum jeito, fosse possível ignorar a loja de bolsas elegantes e o sofisticado bar e restaurante "Glenfiddich Warehouse", que ocupam o andar térreo, além das hordas de turistas que passam por ali numa tarde de verão, a construção provavelmente lembraria o ano de 1630, quando foi construída por um mercador chamado Erik von der Linde.

Na calada da noite, em pleno inverno do ano de 1650, o mais solene dos ritos de passagem acontecia no último andar desse prédio. Pessoas corriam de um quarto a outro, debruçavam-se sobre janelas que davam para o porto escuro e gelado, logo abaixo, e trocavam informações e olhares preocupados. Mas embora a situação fosse grave, não havia silêncio. Para uma pessoa à beira da morte, o homem deitado na cama — de 54 anos incompletos, constituição pequena e cor acinzentada, centro da atenção de todos — agitava-se de maneira alarmante. Era a raiva que lhe injetava essas últimas descargas de adrenalina. Seu amigo e protegido, Pierre Chanut, embaixador da França na Suécia, em cuja casa o homem acamado morria, estava constantemente ao seu lado, tentando acalmar-lhe a raiva, sentindo-se, ao mesmo tempo, de alguma forma culpado: fora ele quem insistira com René Descartes para que viesse para essa terra gélida, assim como fora ele o primeiro a contrair a febre, durante a qual Descartes cuidara dele, antes de ele mesmo contrair a enfermidade.

Chanut acreditava fervorosamente que Descartes estava em vias de transformar o mundo com seu pensamento revolucionário. Neste ponto, estava essencialmente correto; uma mudança ocorrera em meados do século XVII, e as pessoas começaram a ter um novo e avassalador tipo de dúvida, a questionar suas crenças mais básicas. A mudança, de certo modo, era mais profunda do que as revoluções americana e francesa, do que a Revolução Industrial ou do que o início da era da informação, pois era subjacente a todas elas e afetava a própria estrutura do pensamento das pessoas — a maneira como percebiam o mundo, o universo e elas mesmas inseridas no universo. E a pessoa mais estreitamente identificada com essas transformações era aquele homem que agonizava em pleno inverno sueco. Pierre Chanut não tinha como saber o alcance futuro, contudo sabia, assim como muitos outros, que algo espantosamente importante estava a caminho e que Descartes estava no centro disso. Começava a surgir na mente do diplomata a noção de que, ao levar o filósofo para lá, inadvertidamente, ele engendrara uma catástrofe.

A febre dera lugar à pneumonia; a respiração do paciente estava entrecortada, seus olhos vagavam pelo ar. Chanut quis chamar o médico da corte, mas Descartes enfureceu-se com a ideia. Finalmente, de seu palácio de contos de fadas do outro lado da pequena ilha, no porto onde ficava o centro de Estocolmo, Christina, a filha de 23 anos da rainha da Suécia, que entraria para a história como uma das mais notáveis personagens da Europa (para quem não sabe, durante séculos especulou-se seriamente se ela não seria, na verdade, um rei), enviou seu médico para examinar o doente. Foi Christina quem, ao lado de Chanut, conseguira primeiramente persuadir o célebre intelectual a vir para o norte.

O médico, um holandês chamado Wullens, aproximou-se relutante da cama. Houve uma troca áspera de palavras, na qual o filósofo deixou clara a sua opinião de que o médico não passava de uma besta. O encontro tivera seu clímax quando Wullens sugeriu uma sangria, diante do que o paciente explodiu, com um grito dramático — "Cavalheiros, derramemos sangue francês!" —, e ordenou que o homem saísse. Wullens partiu, lavando as mãos sobre a questão, e resmungando, ao sair, um disparatado consolo tirado do poeta romano Horácio: "Aquele que salva alguém contra a vontade faz o mesmo que matá-lo."

Aquela fúria tinha duas motivações. A primeira é que o filósofo conhecera Wullens durante os longos anos que passou nas províncias holandesas; uma das primeiras apresentações públicas de sua filosofia foi na Universidade de Leiden e causou furor entre aqueles que consideraram suas ideias um desafio a todo o sistema de educação e pensamento que predominava na Europa havia séculos; Wullens alinhara-se com aqueles que se opunham à nova filosofia; e Descartes jamais se esquecia de um inimigo.

Mas havia um outro motivo para a raiva. De certa maneira, boa parte da carreira de Descartes fora uma espécie de xadrez contra a morte e, por um longo tempo, ele realmente acreditara que a vantagem era sua. Fora uma criança doente, com uma compleição frágil e uma tosse seca que herdara da mãe, morta quando ele tinha um ano de idade. Seu pai — um jurista, homem poderoso e ambicioso — parecia desprezar a criança, por causa de sua doença, e favorecer o irmão mais velho. E o médico da família não parecia se preocupar em ocultar do menino a convicção de que ele morreria jovem.

No entanto, quando tinha 10 anos, Descartes foi enviado para o colégio jesuíta de La Flèche, em Anjou, um dos melhores estabelecimentos educacionais da Europa. Lá, para sua surpresa, ele desabrochou. Tornou-se forte, saudável, vigoroso, consciente da vastidão do mundo e ávido por conhecimento. Mas a experiência da infância alojara-se em seu íntimo, e, na maturidade, quando ele se estabeleceu profissionalmente, a medicina tornou-se seu interesse principal. Desenvolveu sua filosofia revolucionária fundamentando-se não na Bíblia ou em escritores antigos, mas na razão humana; e por isso tornou-se famoso e infame. Mas, no coração de tudo, sua razão profunda era o desejo de resolver o quebra-cabeça do corpo, curar as doenças e prolongar a vida humana — incluindo a sua própria. No final do *Discurso sobre o método*, trabalho filosófico que foi um divisor de águas, ele declarava ao leitor que, no futuro, não pretendia dedicar-se a uma revisão da metafísica ou a uma nova abordagem da matemática, mas que iria, sim, "devotar todo o tempo que ainda lhe restasse de vida a nenhuma outra ocupação a não ser o empenho em adquirir algum conhecimento sobre a Natureza, de tal forma que pudéssemos deduzir regras para a medicina que nos dessem maiores certezas do que as de uso atual". Cinco anos antes de cair de cama na Suécia, moribundo, ele escreveu para um conde inglês: "A preservação da saúde *sempre* foi a finalidade principal de meus estudos."

A mesma meta ocupava a mente de vários de seus contemporâneos. Quando pensamos em ciência e no despertar da modernidade, a tendência é pensarmos na astronomia: Galileu construindo seus telescópios e observando os céus, na Itália central; descobrindo manchas solares, as luas de Júpiter, as crateras da Lua e outras irregularidades de um universo que a Igreja ensinara ser perfeito; reunindo quantidades enormes de dados que corroboravam a teoria de que a Terra gira em torno do Sol; sofrendo ataques sistemáticos por parte da Inquisição. Em nosso esforço perene para compreender quem somos e o que significa sermos "modernos", escolhemos a astronomia como ponto de partida, porque ela oferece uma base metafórica robusta para pensarmos as mudanças tremendas pelas quais a humanidade passou no século XVII, quando — aparentemente — deixamos para trás os nossos *eus* bíblicos e nos reorientamos dentro do cosmo. Em 1957 — ano do Sputnik e do nascimento da era espacial, uma época em que as pessoas tinham um senso mais simples e claro do que era ser "moderno" do que hoje em dia, sentindo-se prontas para abraçar aquilo que achavam que a palavra significava — um best-seller expressava essa ideia em seu título: a mudança era *Do mundo fechado ao universo infinito*.

Também era fácil ver a modernidade brotando a partir do forte interesse no corpo humano, que surgiu na Europa, na mesma época. Se o nosso lugar no universo é uma marca fundamental de quem achamos que somos, nosso ser físico é algo ainda além disso. De alguma maneira, é possível quantificar, ao longo dos séculos, o tamanho do sofrimento humano. A expectativa de vida de uma criança nascida na França de Descartes era de

28 anos; na Inglaterra, entre 1540 e 1800, essa estimativa era de 37 anos. Taxas semelhantes — na faixa dos 20 e dos 30 anos — aplicavam-se aos cidadãos bem-nascidos na Roma antiga, às sociedades nômades da África e da América do Sul e aos povos da Índia e da China rurais em princípios do século XX. Mais da metade de todas as crianças nascidas em Londres na época da Revolução Americana morria antes de chegar aos 15 anos. E a maioria das mortes na Europa moderna não foi causada pela guerra ou por bandos de saqueadores, mas por doenças. Século após século, hora após hora de desespero, os pais observaram, desamparadamente, seus filhos sucumbirem a enfermidades cujos próprios nomes — malária, apoplexia, fluxo, hidropisia, comoção, consunção — sinalizavam a névoa de ignorância, o que significava uma sentença definitiva.

As névoas ergueram-se um bocado nos últimos três séculos e meio — vivemos por mais tempo e com mais saúde —, e, ainda assim, o corpo permanece como pedra de toque da modernidade. Zoloft, Lipitor, Viagra, Botox, ibuprofeno, angioplastia, insulina, pílulas anticoncepcionais, terapia de reposição hormonal, esteroides anabolizantes — nós não apenas permitimos que a ciência e a tecnologia invadam nossos seres físicos, mas insistimos para que eles continuem fazendo cada vez mais para manipular e auxiliar as condições brutas desse nosso ser de carne, sangue e ossos. Mergulhada nessa visão, está a ideia do corpo como máquina, em que a doença é vista como uma falha mecânica e a cura se dá pelo conserto das peças danificadas; o médico seria uma espécie de mecânico, cujas ferramentas são os medicamentos. Essa visão simplista veio se modificando nos últimos vinte ou trinta anos. Atualmente, ansiamos por ver mente e corpo mais profundamente conectados, a fim de podermos perceber os caminhos pelos quais pensamento e meio ambiente influenciam nosso ser físico. No entanto, o modelo mecanicista foi muito bem-sucedido, e nossa medicina ainda é amplamente construída a partir dele. E foi esse modelo que ganhou vida na geração de Descartes.

Essa nova maneira de ver o corpo humano causou espanto quando surgiu. Muitas pessoas, na verdade, aproximaram-na do ateísmo, porque ela era francamente contrária ao modo predominante de lidar com o conhecimento em meio ao qual a modernidade eclodiu. O aristotelismo, ou escolástica, era uma mescla da teologia cristã com derivações do pensamento de Aristóteles e de outros gregos da Antiguidade. Essas linhas de pensamento fermentaram juntas durante séculos, resultando em uma visão de mundo, muitas vezes temperada por pitadas de astrologia e folclore, que abrangia todo e qualquer tema, da história da Criação até os papéis do homem e da mulher. Essa visão de mundo explicava por que uma pedra lançada por uma janela caía no chão ao invés de flutuar para o alto (porque os objetos desejam se mover para o centro da Terra, que é o centro do universo); revelava o que acontecia conosco após a morte; e dava conta do fim de todas as coisas.

A medicina pré-moderna — à qual Descartes dedicou-se a destituir — se estabeleceu com base nas lições do médico grego Galeno, cujo trabalho derivava da divisão aristotélica do mundo físico em quatro elementos: terra, ar, fogo e água. A eles correspondiam os "humores", ou fluidos, corpóreos: sangue, fleuma, bile negra e bile amarela. As doenças e os distúrbios eram vistos como resultado do desequilíbrio dos humores. Esse sistema — ampliado pela medicina popular, pela bruxaria, pelo cristianismo e pela astrologia — oferecia a vantagem da completude. Meu corpo e seu pequeno mundo de preocupações — dores de dente e febres, males de amor e temperamento — era parte de um mundo mais amplo e de um universo mais vasto. Isso não significa que o corpo era visto como feito da mesma matéria que todo o resto do universo, ou que as forças físicas controlavam tudo. O inefável era uma parte genuína e necessária da realidade. Jesus caminhou sobre as águas; milagres aconteceram; o Diabo espreitava a terra. O sobrenatural — a magia — existia no interior do que era natural; entremeava-se à trama do mundo e das estrelas, incluindo as forças vitais do corpo humano.

Ao mesmo tempo, o sistema era prático. Médico na Roma antiga (com uma lista de clientes que ia do imperador Marco Aurélio a gladiadores), o próprio Galeno era favorável à observação íntima do paciente — ele foi o primeiro a reconhecer a pulsação como um indicador de saúde —, de forma que sua abordagem tinha muito a oferecer ao sistema, o que explica o fato de ela ter resistido por tanto tempo. O problema era que, na concepção subjacente do mundo físico, os quatro elementos de Aristóteles — que se combinavam de maneiras diversas para criar todas as matérias da realidade, de montanhas a jardins de margaridas, de peixes-boi à cera de ouvido — não ofereciam uma fundamentação muito sólida. O diagnóstico e o tratamento pela via dos humores — uma enfermidade melancólica, ou "terrena", requeria um componente "aéreo", e assim por diante — eram evasivos, quando não letais, conforme os pacientes sabiam muito bem e conforme Molière, que tinha os médicos como seus alvos preferidos, sugeriu ao observar que "a maioria dos homens morre dos remédios, não das doenças".

E essa era a medicina oficial. Havia várias outras opções consideradas válidas. Alguém que padecesse de febre, ou de dor de estômago, ou de gota, ou de sangramento do nariz, poderia obter, pela via de serviços profissionais, uma leitura astrológica, um amuleto para ser pendurado no pescoço com uma fita, ou um exame enviesado de sua urina (a "uroscopia" era vista como um indicador geral de saúde, como se pode ver quando Falstaff, na peça de Shakespeare, pergunta a um pajem: "o que diz o médico de minhas águas?"). A pessoa encarregada de cuidar do paciente podia ser um médico, mas astrólogos e vários tipos de curandeiros muitas vezes eram vistos acompanhando o caso, e alguns dos mais estimados médicos, incluindo membros do Colégio de Medicina de Londres, adotavam a astrologia como parte do instrumental utilizado para chegar aos diagnósticos.

Muitas vezes, esses cuidadores eram homens do clero. Independentemente da situação, os procedimentos deveriam incluir um personagem religioso. Doença e saúde eram, quase que universalmente, relacionadas com o fato de o paciente estar ou não sob as vistas de Deus, e a linguagem da cura deveria passar pela da teologia. Era senso comum que a medicina só lograria êxito se fossem oferecidas preces para que seus poderes fossem liberados. Basear-se exclusivamente em remédios físicos era quase sempre visto como algo contrário a Deus: na Inglaterra, o ministro puritano John Sym aconselhava que as pessoas tivessem "cuidado" e que "*não se entregassem*, ou *confiassem*, ou *atribuíssem muito crédito* aos meios físicos; mas que zelosamente procurassem por Deus e orassem a Ele, pedindo sua bênção para assegurar o uso destes". Agir de outra forma, fiar-se unicamente em um remédio ou um pó, seria colocar a matéria acima do espírito. E por isso uma abordagem estritamente mecânica da medicina era considerada perigosamente ateísta.

No entanto, é preciso dizer que, hoje em dia, milhões, ou mesmo bilhões, de pessoas ao redor do mundo adotam crenças similares às de Sym: de que o físico e o espiritual — pílulas e orações, do mesmo modo que antigamente — são componentes igualmente necessários para a saúde. Elas visitam especialistas e obtêm diagnósticos clínicos, contudo, ao mesmo tempo, meditam, oram e pedem a Deus por uma cura milagrosa. Essas pessoas não são habitantes remotos dos confins da floresta amazônica; são pessoas que levam vidas modernas; somos nós. Além disso, no século XVII, não eram apenas os pré-modernos aristotélicos que defendiam tais opiniões; também pensavam assim, em sua maioria, muitos dos filósofos-cientistas modernos da primeira geração, que reagiam contra essas ideias. Este era o caso de Descartes, que parece ter sido um católico tão devoto quanto qualquer outro de sua época, cuja concepção mecânica do universo dependia de Deus para ser mantida em seu lugar. O principal desafio, ao perseguirmos os ossos de Descartes, parece ser compreender exatamente o que é ser "moderno". Se o significado for uma divisão rígida entre matéria e espírito, como explicarmos o fato de que tanto pessoas do século XVII, que despertaram a sensibilidade moderna, quanto pessoas da nossa época conseguiram transpor essa separação? Nós associamos o moderno ao não religioso, ao não espiritual, à perspectiva puramente racional e científica. Estaremos errados ao pensarmos assim? Se estivermos, se a exclusão for falsa, o que a existência terá ganhado?

Uma resposta parcial a essas questões é que quando, bem no início do século XVII, a visão de mundo pré-moderna, construída em torno da sabedoria legada pela Bíblia e de alguns escritores antigos, começou a se desfazer e a insatisfação com ela levou à convicção de que a força latente da mente poderia ser usada para lidar com as fraquezas do corpo de maneiras radicalmente novas, um resultado inevitável da nova abordagem foi que se deu maior importância ao mundo físico e assim, ainda que não intencionalmente, desvalorizaram-se as interpretações teológicas. A experimentação não foi de fato uma descoberta de Francis Bacon nos primórdios do século XVII; mas sim o que Bacon promoveu com seu *Novum Organum*, publicado em 1620, um compromisso com raciocínio baseado na observação do mundo natural.

A aplicação de maior alcance dessa abordagem surgiu com o estudo de William Harvey sobre o coração humano. Seguindo as premissas de Galeno, a noção aceita antes de Harvey era de que os pulmões bombeavam o sangue; de que havia dois tipos de sangue, um feito pelo coração e outro pelo fígado; e que ambos esses sangues eram continuamente usados pelo corpo. Harvey fez uma série de dissecações e cálculos que mostraram a ele que a enorme quantidade de sangue bombeada para fora do coração a cada minuto não poderia ser consumida pelo corpo. A ousada teoria publicada em 1628 — de que o sangue circulava continuamente por todo o corpo, de que o coração era a bomba central que fazia o sangue circular e de que o fígado não produzia sangue — não foi aceita por todos imediatamente. Harvey pressentia que hostilidades viriam — "Temo a inimizade dos homens [...] As raízes da doutrina chegam ao solo mais profundo, e o respeito pela Antiguidade influencia todos os homens" —, e, de fato, alguns médicos ridicularizaram a ideia de fundamentar o trabalho científico na observação, pois, uma vez que o mundo real estava repleto de erros e exceções, basear-se na observação direta dele parecia uma óbvia tolice. Outros continuavam comprometidos com a doutrina que concebia dois tipos de sangue e, portanto, considerava válido sangrar pacientes. A flebotomia (sangria) era um dos principais métodos de cura galenistas, e doutores e pacientes aferravam-se igualmente a ela. O procedimento vinculava-se estreitamente à teoria dos humores e à crença de que purgar o sistema era a chave da cura, fosse pelo esvaziamento do estômago, dos intestinos ou de parte do sangue "impuro". A observação, no entanto, demonstrava que, ao invés de restaurar a saúde, as sangrias enfraqueciam o paciente. Para os defensores da nova filosofia médica, a sangria simbolizava tudo o que havia de errado com os antigos procedimentos — e por isso a reação de Descartes, em seu leito de morte, diante da sugestão de que ela lhe fosse aplicada.

Aos poucos, na década de 1630, o sistema de Harvey foi ganhando terreno; as pessoas começavam a percebê-lo como a base para uma abordagem completamente nova da medicina, e a exploração dos recônditos do corpo humano tornou-se uma mania, uma indústria, despertando um fascínio equivalente ao da exploração dos céus. Na Holanda, Reinier de Graaf dedicou-se a explorar o mistério do nascimento: dissecou coelhas grávidas e mapeou a rota do óvulo fertilizado até o útero. O dinamarquês Nicolaus Steno, trabalhando no hospital do grão-duque da Toscana, deu um passo adiante no que diz respeito à desmistificação das emoções humanas, ao revelar os dutos lacrimais e examinar o funcionamento deles. Os professores médicos criaram "anfiteatros domésticos" em suas casas para acomodar os estudantes que corriam para se inscrever como observadores das dissecações de cadáveres humanos e vivissecções de animais.

Em Amsterdã, o médico Nicolaes Tulp realizou demonstrações públicas de anatomia, utilizando os corpos de criminosos condenados à morte. Longe de ser estigmatizado como ateu, foi imortalizado em uma pintura de Rembrandt, na qual, usando um fórceps, puxa para fora um músculo do braço esquerdo de um cadáver. Como se não bastasse, A. C. Masquelet, um cirurgião ortopédico que realizou um estudo da pintura, relata que Tulp segura a própria mão esquerda de forma a indicar como determinado músculo do braço, o *flexor digitorum superficialis*, controla os movimentos da mão: a lição não se aplica apenas à descrição dos músculos, mas às relações de causa e efeito entre as partes do corpo. Na pintura, homens de barbas bem-cuidadas e com colarinhos de renda inclinam-se para observar, fascinados com a demonstração. A *Lição de anatomia do dr. Nicolaes Tulp* aponta para uma mudança reveladora do que era considerado socialmente aceitável — como mulheres vestindo calças compridas ou o fim da segregação no sul dos Estados Unidos. Aquilo que, para alguns, representa o declínio da civilização, para outros representa a expressão de uma nova era, com uma nova ideia de progresso. Os recônditos do corpo humano, durante longo tempo velados por um respeitoso manto de mistério, transformaram-se em temas de espetáculo.

NO ENTANTO, APESAR DO interesse gerado pelos grandes desbravadores da ciência do fim do século XVI e início do XVII — Galileu, Bacon, Harvey, Kepler, Brahe e outros —, os trabalhos deles eram fragmentados, de forma que o efeito imediato das intermináveis experiências, dissecações, observações e análises geraram mais confusão do que clareza. Os resultados não se encaixavam na estrutura do conhecimento que estava vigente havia quatrocentos anos. Era impossível usar os antigos escritores para explicar as novidades e, na verdade, os resultados ameaçavam corroer os pilares que sustentavam as construções de sentido. É difícil para nós avaliarmos o que isso significou à época, em grande parte porque, como uma consequência direta do trabalho desses homens, vivemos em um mundo com mais de um sistema de sentido. É claro que agora também há fundamentalismos, mas mesmo os fundamentalistas atuais têm de conviver com a consciência do relativismo; eles sabem que existem outras crenças, apesar de terem certeza de que os sistemas diferentes dos seus estão errados. No século XVII, foram tão radicais e desorientadoras as mudanças naquilo que se considerava um sistema absoluto de valores e verdades que pessoas de todos os recortes sociais, de papas até gente simplesmente educada o suficiente para ler os panfletos que denunciavam a confusão, consideravam a situação como uma crise. E nenhuma crise é mais profunda do que as crises da crença.

Então, em 1637, surgiu um livro nas ruas de Paris, Roma, Amsterdã e Londres. Na capa, havia a gravura de um homem barbudo, vestido com uma túnica e calças, cavando em um jardim — o investigador da verdade filosófica nos trajes de um humilde trabalhador? —, acima do qual aparecia o título completo, escrito não em latim, mas em francês, de forma que pudesse ser lido, conforme o autor esclarecia, por pessoas leigas (pelo menos, por pessoas leigas francesas), incluindo, com certo toque de escândalo, até mesmo as mulheres.

DISCOURS
DE LA METHODE
Pour bien conduire sa raison, & chercher
la verité dans les sciences.
PLUS
LA DIOPTRIQUE.
LES METEORES.
ET
LA GEOMETRIE.
Qui sont des essais de cete METHODE.

O que significa: *Discurso sobre o método, para bem conduzir a razão e buscar a verdade nas ciências. Mais Dióptrica, Meteoros e Geometria, que são os ensaios deste Método.*

A capa também mostrava o local da publicação, a cidade holandesa de Leiden, e o nome do editor, Jan Maire, na época um desconhecido, mas que se tornou famoso devido à publicação desse volume. A edição foi de 3 mil cópias; e esse viria a se tornar um dos livros de maior influência de todos os tempos.

Foi ostensivamente omitido o nome do autor, que, previamente, observara que preferia manter-se "oculto por trás da cena para poder ouvir o que se dizia". Mas a autoria do *Discurso sobre o método*, ou *Discurso do método*, como o livro ficou conhecido, foi reconhecida quase que imediatamente.

Ainda na escola, Descartes começara a lidar com a crescente aparência de precariedade dos fundamentos do conhecimento como se fosse uma crise pessoal sua. Ao escrever sobre isso no *Discurso*, seu questionamento dos valores surge como se se tratasse de uma crise psicológica ou intelectual, comum na transição dos adolescentes para a idade adulta. "Assim que concluí os estudos do curso, que normalmente admite as pessoas na categoria dos instruídos [...] vi-me tomado por tantas dúvidas e erros que mais parecia nada ter ganhado ao tentar educar-me, exceto descobrir, mais e mais, a dimensão da minha ignorância [...] Mesmo assim, eu estivera em uma das mais célebres escolas de toda a Europa, onde achei que encontraria homens sábios, no caso de existirem tais homens sobre a Terra." Ele se lançava em busca de portos mais seguros. Não iria se deixar burlar pelas "promessas de um alquimista, predições de um astrólogo, imposturas de um mágico". Encarando as ciências conforme compreendidas pelo sistema aristotélico, ele julgava que "nada sólido poderia ser erguido sobre fundações tão inseguras".

E assim, como diversos universitários recém-formados, Descartes determinou-se a deixar os livros para trás e ir explorar o mundo: "Resolvi não mais buscar qualquer outro conhecimento que não fosse aquele que pudesse encontrar por mim mesmo, ou, talvez, no grande livro da natureza." Ele viajou por nove anos: "Não fiz mais nada a não ser errar de um lugar para outro, disposto a ser um espectador, mais do que um ator nas encenações apresentadas nos teatros do mundo." A Europa estava então imersa em um profundo emaranhado de conflitos, conhecidos como a Guerra dos Trinta Anos e a Guerra dos Oitenta Anos (que ocorreram concomitantemente), e o caminho natural para um jovem aprender sobre a vastidão do mundo era através da guerra. Ele passou algum tempo servindo em dois exércitos: primeiro no de Maurício de Nassau, governador da República da Holanda; e depois no de Maximiliano I, príncipe da Bavária. Todavia, conseguiu evitar o combate direto, dedicando-se à resolução de problemas de engenharia militar.

Segundo as lendas em torno de Descartes, enquanto ele esteve baseado na cidade holandesa de Breda, foi atraído, em um dia de outono, por um enigma matemático colocado em um mural de notícias. (Em uma época anterior aos jornais, com seus jogos e passatempos, era comum esses desafios serem expostos em locais públicos.) O enigma estava em holandês, por isso ele pediu a um jovem que estava por perto que o traduzisse. Uma rápida amizade estabeleceu-se entre os dois. O fato era que Isaac Beeckman também se incomodava com a fragilidade dos fundamentos do mundo intelectual em que crescera. Ambos os amigos, assim parece, haviam adotado a mesma estratégia para obter o conhecimento genuíno sobre o mundo natural: a aplicação da matemática ao mundo físico. A amizade tornou-se uma espécie de competição, em que trocavam problemas e investigações, mesmo enquanto Descartes prosseguia em viagem com o Exército; a correspondência entre os dois desdobrou-se em uma febre de descobertas desconexas, através de uma atordoante variedade de temas: teoria musical, aceleração e queda dos corpos, pressão dos fluidos sobre seus recipientes, geometria. A princípio, Beeckman, que era sete anos mais velho, desempenhava o papel de professor, mas Descartes rapidamente o superou, ao esboçar, em uma carta, sua descoberta da geometria analítica — a aplicação da álgebra à análise de formas geométricas e problemas, que, por sua vez, se tornaria a base do cálculo —, e ao bravatear que, depois que trabalhasse nos detalhes, "praticamente não restará quase mais nada a ser descoberto na geometria. A tarefa é infinita e não pode ser levada a cabo por uma só pessoa. É tão incrível quanto ambicioso. Mas eu enxerguei alguma luz na escuridão caótica da ciência". Como se pode ver, a modéstia não era bem o forte de Descartes.

Pouco tempo depois, baseado na Alemanha, a mente fervilhando de ideias e todo o seu ser ansiando por uma compreensão total delas, ele passou uma noite de novembro em um "forno" — uma pequena sala, superaquecida por uma fornalha de cerâmica —, onde teve uma série de sonhos extraordinários e alucinados. Ao despertar, sentiu que os sonhos constituíam uma espécie de visão: eram como se fossem uma destilação de todas as linhas de pensamento que ele vinha perseguindo. A visão era a do mundo natural como um único sistema, de que a matemática seria a chave. Perseguir essa visão — uma nova maneira de ver o universo e de o homem se relacionar com ele — seria o trabalho de sua vida. A noite de sonhos inflamados de Descartes entrou para a história como uma anedota sobre o eixo em torno do qual o mundo ocidental passou a girar.

O *Discurso sobre o método*, que apareceu 17 anos mais tarde e resumia o trabalho que ele realizou naquele período, foi seu primeiro livro publicado. Para ser exato, eram quatro pequenos livros reunidos em um único volume. Os três últimos eram ensaios dedicados à luz e à ótica, à geometria e aos fenômenos geológicos e climáticos. Eles incluíam os primeiros, ou pelo menos alguns dos primeiros estudos dignos de crédito sobre a lei da refração, a visão próxima e distante, a natureza do vento, a formação das nuvens e dos arco-íris, assim como a elaboração da geometria analítica.

Mas foi o ensaio introdutório, o próprio *Discurso sobre o método*, meras 78 páginas, que deram a este pequeno homem francês — vaidoso, vingativo, peripatético e ambicioso — um status, entre seus contemporâneos e entre aqueles que se seguiram, jamais igualado desde Aristóteles. Ele não foi o maior matemático do século XVII (Isaac Newton, pertencente a uma geração anterior à sua, certamente levaria esse título), ou o cientista mais influente (neste quesito, Newton e Galileu ficariam empatados), e alguém poderia argumentar que tanto Espinoza quanto Leibniz eram filósofos mais refinados. Mas Descartes poderia ser considerado, nas palavras de um filósofo atual, "não apenas o pai da filosofia moderna, mas, em muitos aspectos, da própria cultura moderna — a moderna cultura do Ocidente e, posteriormente, pela exportação de suas ideias, de boa parte da cultura moderna mundial", e o *Discurso sobre o método* foi o que primeiro motivou isso. Esse pequeno ensaio foi chamado de "a linha divisória da história do pensamento. Tudo o que veio antes, tornou-se velho; tudo o que veio depois, é o novo".

Já nos tempos de escola, Descartes concluíra que o ponto fraco da abordagem tradicional do conhecimento estava em sua própria base: no método usado para lidar com o negócio do conhecimento. O brilho e a sutileza dos antigos escritores não conheceram limites, mas seus pontos de partida baseavam-se em solos pantanosos, e suas construções não se sustentavam. Consideremos os blocos elementares da construção da natureza por Aristóteles: por que terra, ar, água e fogo? O que há de racional em supor que aquilo que simplesmente era mais evidente aos sentidos fosse necessariamente a base da realidade? Ou, então, consideremos Tomás de Aquino, o mais refinado dos pensadores escolásticos, que dedicou seu intelecto penetrante a coisas como uma "prova" elaborada da existência dos anjos, que incluía a análise de seu número, variedades, substância, inteligência e origem, e resolvia questões tais como: se ao se deslocar de um lugar para outro, um anjo passaria pelo espaço intermediário. Como uma das maiores mentes da história se deixava levar por vielas de raciocínio tão tortuosas? Ou Platão, com sua teoria das formas, segundo a qual a árvore do lado de fora da janela não é de fato real, mas um simples reflexo da forma eterna da "árvore" e que o teclado onde digito é, na verdade, uma aproximação imperfeita de uma forma imaterial — que seja chamada "tecladitude" — criada por Deus e existente na eternidade.

As camadas de tradição sobrepuseram-se em torno dessas categorias de compreensão da realidade: séculos de acadêmicos e escribas paramentados, curvados sobre folhas de pergaminho iluminadas por tocos ardentes de velas de sebo, murmurantes, gastando suas penas, rubricando, memorizando, examinando, analisando e acrescentando camadas à ancestral infraestrutura, que tinha essas categorias como elementos e que era aplicada como uma ferramenta, cada vez mais inadequada, para explicar os fenômenos naturais, o comportamento humano, a história, o universo. Mas sobre que solo erguiam-se essas classificações? Como alguém poderia confiar nelas? Como saber se não eram absurdas? Ou, se fossem verdadeiras, não se poderia esperar que coisas grandiosas tivessem surgido do saber erguido sobre tais bases? Nos termos devastadores de Descartes: "A melhor maneira de provar a falsidade dos princípios aristotélicos é assinalar que eles não viabilizaram qualquer progresso ao longo de todos os séculos em que foram seguidos."

Que tipo de método, então, promoveria o progresso? Descartes era claro em relação à sua meta final. Diferentemente dos filósofos das eras anteriores, que se devotavam a questões do tipo "Por que algo existe em vez de nada existir?", ele se entregava por inteiro aos seus questionamentos: estava em busca do tipo de filosofia que agarraria o mundo pela garganta e tornaria os homens "senhores e mestres da natureza".

À primeira vista, o modo como ele procedia parecia não fazer sentido. Para uma medida universal, seria razoável apenas olhar para fora, como um navegador com um sextante: para as estrelas, para o horizonte distante. Em vez disso, sua ruptura com a tradição é assinalada, em primeiro lugar, estilisticamente: o *Discurso sobre o método* é escrito na primeira pessoa. Uma consequência disso é que um dos mais grandiosos trabalhos filosóficos é também um dos mais legíveis. Ele serviu, assim, como ponto de partida adequado para uma nova era em que o foco está no indivíduo; o *Discurso* não é iniciado por fórmulas matemáticas ou propostas científicas, não com o alinhamento a autoridades externas, mas com um ser humano real — o próprio Descartes —, sozinho consigo mesmo, pensando. Há uma atmosfera no texto, há certo aconchego: quase podemos ouvir o crepitar do fogo na lareira, ao fundo. O terreno para o qual somos transportados nos é familiar: é aquele do romance, da narrativa, do drama e do filme. É humano e, sim, é moderno.

Todas essas formas de arte moderna citadas envolvem, além de um foco pessoal, uma crise central em torno da qual a história se desdobra, e o mesmo ocorre com a primeira obra da filosofia moderna. A crise é uma perda de significado e a missão é a busca da verdade, por algo em que acreditar. A estratégia de Descartes era pressupor que toda a abordagem aristotélica da natureza, da realidade, estava errada, e então fazer o mesmo com Tomás de Aquino, Platão, Duns Scotus, Guilherme de Okham e todos os escritores reverenciados. Cerimoniosamente, ele colocou a Bíblia — de Adão e Eva aos profetas hebreus e à ressurreição de Jesus Cristo — no mesmo cesto. Continuou a esfacelar cada pensamento e ideia arcaicos até chegar a uma proposição impossível de ser negada. Era uma disposição igualmente filosófica e psicológica, e, para tal, ele adicionou uma ressalva do tipo "não tente isso em casa": "A finalidade única de se desfazer de todas as crenças do passado é uma que não deve ser buscada por todos."

Talvez grandes textos abstratos precisassem ser descartados dessa forma, mas e quanto àquilo que está bem diante de mim? E quanto ao simples fato, conforme diz Descartes nas *Meditações sobre filosofia primeira*, de que "estou neste local, sentado diante do fogo, vestindo um roupão de inverno, com este pedaço de papel em minhas mãos?". Até mesmo coisas assim caem por terra. Tampouco se pode confiar nos sentidos. Os sentidos são enganadores. Posso estar dormindo, drogado, ou enganado por uma divindade malévola. Se levarmos esse raciocínio a sério, o que vemos, cheiramos e provamos, não importa quão evidente seja, também deve ser questionado. Em termos estritos, sequer posso estar seguro da realidade de meu próprio corpo.

E o que resta, então? Ao fim dessa redução implacável, resta apenas uma coisa, uma proposição que não pode ser negada, um único som, como se assim fora, no universo, como o solitário tique-taque de um relógio. Trata-se do som dos pensamentos do próprio pensador. Pois eu posso duvidar de que pensamentos estejam me ocorrendo exatamente agora, inclusive este? Não: é logicamente impossível. Assim, ainda que modesto, podemos considerar isso como o nosso chão: uma pedra angular.

Desta forma, Descartes tornou-se uma das raras figuras da história que deram ao mundo uma frase que se transformou em uma pedra de toque. "Sou o caminho, a verdade e a vida" era uma dessas sentenças, situada em um dos extremos, diante de Descartes e sua era. No outro extremo, temos "$E=mc^2$". Como os filósofos já assinalaram desde então, "Penso, logo existo", ou "*Je pense, donc je suis*", ou "*Cogito, ergo sum*" não expressa integralmente o que Descartes pretendia. Uma vez que o ácido de sua dúvida metodológica corroeu tudo o mais, o que restou não era, tecnicamente, sequer um "Eu", mas simplesmente a consciência de que havia um pensamento. Mais correto do que "penso, logo existo", seria "o pensamento está ocorrendo, assim, é preciso haver algo que pensa". Mas isso dificilmente teria o apelo necessário para que se tornasse o chavão que, há várias gerações, figura em camisetas e tiras de quadrinhos.

A ironia é que, ao deslocar o foco para a mente do indivíduo, a qual todos concordam que pode ser um órgão bastante frágil e caprichoso, Descartes chegou ao que havia de mais próximo de uma base para o conhecimento. Se os meus próprios pensamentos são o único terreno indubitável sobre o qual posso me apoiar, então aparentemente eles não são tão frágeis assim, pelo menos não o tempo todo. Como um dos primeiros seguidores de Descartes disse: "A dúvida é o princípio de uma filosofia inquestionável." Daí que a mente e seu "bom-senso" — ou seja, a razão humana — sejam a única base para se julgar se algo é verdadeiro. Com o "*cogito*", como os filósofos se acostumaram a abreviar a sentença, e com a teoria do conhecimento que surge a partir dele, a qual Descartes delineou no *Discurso sobre o método* e em trabalhos posteriores, a razão humana suplantou o saber herdado. Uma vez estabelecida a base por Descartes, ele e outros poderiam reconstruir o edifício do conhecimento. Mas seria diferente do que fora antes. Tudo seria diferente.

A MACIÇA TORRE GÓTICA DA IGREJA que domina o horizonte de Utrecht ergue-se estranhamente solitária no meio da praça central da cidade holandesa, separada de sua catedral por um largo caminho pavimentado com pedras. A explicação dessa anomalia é que a nave que conectava as duas estruturas desmoronou durante uma violenta tempestade em 1674 e jamais foi reerguida. A não ser por isso, o centro histórico belamente conservado, com seus canais rebaixados, ruas sinuosas e casas com fachadas triangulares de tijolos, não difere muito do que era no ano de 1638, quando um ofegante médico de 40 anos, chamado Hendrik de Roy — conhecido por sua forma latinizada, Regius — dirigia-se decidido ao prédio ligado à catedral, a recém-batizada Universidade de Utrecht, para assumir suas funções como professor.

Pouco depois, Regius tomou da pena para escrever uma carta a René Descartes, com quem nunca se encontrara, mas que estava morando na cidade de Santpoort, a 60 quilômetros de distância (durante a maior parte de sua carreira, Descartes morou nas províncias holandesas, atraído pela atmosfera de maior liberdade). Regius queria agradecer a Descartes, pois, como dizia, devia ao francês sua indicação para a recém-criada cátedra de medicina. Regius lera o *Discurso sobre o método* quando este fora publicado, no ano anterior, com os ensaios sobre ótica e meteorologia incluídos, e o livro transformara o seu mundo. Ele já tinha dado, anteriormente, aulas particulares de física; mas após ler o *Discurso*, reformulou toda a sua abordagem, e agora suas aulas estavam repletas de estudantes intrigados por essa nova maneira de compreender o corpo e, da mesma forma, o universo. Os regentes da universidade perceberam; e Regius acreditava que fora a popularidade dos cursos que motivara a sua promoção.

Regius pediu a Descartes que o aceitasse como "discípulo". Descartes ficou encantado com a ideia: ele era altamente suscetível a lisonjas, e, além disso, esse era o tipo de resposta de que precisava, para que seu trabalho tivesse algum impacto. Apesar das modestas vendas iniciais do *Discurso* (do mesmo modo que autores de todas as épocas, Descartes reclamava que a primeira edição não estava vendendo e que, por isso, duvidava quanto à existência de novas), o livro estava sendo lido e ele estava a caminho de deixar a obscuridade para se tornar uma celebridade intelectual. Seu nome circulava pelas universidades, igrejas, tavernas e cafés. As animadas turmas da Europa do século XVII trocavam cartas entre si e com ele, usando superlativos sem qualquer pudor, referindo-se a ele como "este grande homem", "o Arquimedes de nossa era", "o maior de todos os filósofos" e "Atlas poderoso, que suporta o firmamento não com os ombros, mas com o raciocínio firme de sua mente magnífica". O interesse estava, como Regius disse, "neste excelente método" que Descartes descobrira para "conduzir a razão na busca de toda a sorte de verdades".

Descartes agora formulava sua meta de vida, que nada mais era do que suplantar Aristóteles como a base para a educação. Era uma ambição de uma grandiosidade quase risível, muito maior do que a de Galileu, ou de Leonardo, ou do próprio Aristóteles, que, afinal de contas, não achava que estava lançando os paradigmas intelectuais para séculos de história da humanidade. Para não usar meias palavras, Descartes almejava reorientar a maneira como cada homem pensava. E ele sabia que isso não seria possível apenas escrevendo um ou dois livros e dando algumas palestras. Para que sua filosofia fosse adotada, era preciso estabelecer uma rede: conquistar professores influentes, membros da Igreja, supervisores universitários e líderes governamentais. Esse processo teria início com Regius.

Regius estava ávido por promover o cartesianismo; com a bênção de Descartes, promoveu uma série de colóquios sobre o assunto na universidade. Como era um professor de medicina, seu tema era "a ciência da saúde" — um título que, por si só, denotava a abordagem clínica que ele apresentaria. Ele parece ter conseguido aumentar sua carga dramática e seu público, à medida que prosseguia: as palestras eram cada vez mais concorridas. Começando pela radical mudança para a nova consciência individual do homem, que é capaz de manipular a ferramenta da razão, ele descrevia o universo cartesiano em toda a sua regularidade mecânica: da visão de Copérnico do céu, na qual a Terra é apenas um dos diversos corpos que giram em torno de apenas um dos muitos sóis, aos órgãos do corpo, que não dependem de um agente divino, mas das condições físicas adequadas para seu funcionamento. Ele aprofundava-se nos detalhes: a ação do pulso, a respiração e até mesmo "*de excrementis*". Ele ignorava completamente a teologia, ridicularizava abertamente as categorias aristotélicas e apresentava a teoria de Harvey sobre a circulação sanguínea — que Descartes incorporara com uma parte central de sua própria fisiologia — como a chave para o funcionamento do corpo. (Ainda que Descartes seguisse a teoria geral de Harvey sobre a circulação, ele discordava da tese dele de que o coração bombeava o sangue. Descartes acreditava — erroneamente, é claro — que o coração agia como uma fornalha, aquecendo o sangue para que circulasse.)

Mas enquanto alguns intelectuais europeus aprofundavam-se no *Discurso* e creditavam a ele a criação de uma nova estrutura do conhecimento, a resposta ao cartesianismo em Utrecht — indiscutivelmente o local da primeira reação pública à ideia do que chamamos de "moderno" — foi diferente. Ao fim da última palestra de Regius, a sala entupida de gente explodiu em vaias e caos. Os dignitários se rebelaram. A revolta não tinha precedentes, e uma crise devastadora estava a caminho.

Apesar de toda a sua ambição, Descartes não apreciava o confronto direto e tinha se mantido afastado de Utrecht nessa época. Regius, no entanto, com sua cara de boxeador e disposição resmungona, estava pronto para a briga com os aristotelistas, o que só fez piorar a crise. Quando um médico chamado Jacques Primerose o desafiou quanto à teoria da circulação do sangue, Regius lançou um ensaio denominado "Uma esponja para lavar a sujeira das observações publicadas pelo dr. Primerose".

O verdadeiro inimigo, no entanto, era Gysbert Voetius, que, além de ser um teólogo seguidor de Aristóteles, era também o reitor da universidade. Se Regius imediatamente reconheceu a promessa revolucionária da filosofia de Descartes, Voetius — um homem pequeno, intenso, com uma expressão de fuinha — imediatamente percebeu a ameaça. Voetius levantou um ataque contra Regius, Descartes e a "nova filosofia", descarregando suas baterias na astronomia de Copérnico, que Descartes usara como parte de seu sistema, considerando-a uma afronta à "física sagrada", que ela se imiscuía insidiosamente nas mentes da *intelligentsia* europeia e precisava ser erradicada. Mais objetivamente, Descartes prometera que sua filosofia, amparada por seu método, levaria a novas revelações sobre a natureza — mas, de acordo com Voetius, esse nível de conhecimento não pertencia a este mundo, mas à esfera espiritual: era da ordem do "Reino dos Céus", sobre o qual Jesus ensinou. "Há tanto que não sabemos!", declamou Voetius. Diante desse fato, o caminho para a verdade não era pela via destrutiva do questionamento de tudo o que fora cuidadosamente construído ao longo dos séculos, mas através do cultivo e da reverência a uma "ignorância aprendida".

Voetius usou sua influência para travar sua campanha contra o cartesianismo em diversas frentes. Ele advertiu que se tratava de uma estrada rumo ao mais perigoso dos lugares a que a mente humana podia chegar: o ateísmo. Ele e seus partidários acusaram Descartes de ser como o líder de um culto, que mantinha seus seguidores submetidos à sua vontade usando fórmulas de magnetismo pessoal. Essa era a verdadeira finalidade da dúvida cartesiana: ao encorajar seus seguidores a esquecerem o que haviam aprendido com os mestres antigos, Descartes esvaziava suas mentes para poder enchê-las com seus próprios ensinamentos. Assim, por medida de precaução, e seguindo a moda da época de campanhas de difamação generalizada, Voetius e seus aliados acusaram Descartes de desvio sexual.

Descartes ficou estupefato diante dessa reação à apresentação de sua filosofia. Ele pode ter evitado o confronto cara a cara, mas sua arrogância era bastante espetacular, e, quando contrariado, ele podia assumir traços profundamente malévolos. Como um de seus oponentes escreveu, "pode ser verdade que Descartes tenta livrar-se de todos os preconceitos, mas se mantém especialmente ligado a um deles — a convicção de que está absolutamente certo sobre tudo". Em se tratando de lidar com a crítica, Descartes podia ser bastante suscetível e abertamente escatológico. A matemática de Fermat foi caracterizada por ele como "merda"; o trabalho de outro proeminente autor foi descrito como "papel higiênico". Em uma discussão com Pascal sobre a existência do vácuo na natureza (Descartes insistia que isso não existia, e Pascal afirmava o contrário), ele lançou o gracejo de que o único vácuo existente era o que estava na cabeça de Pascal. Na publicação da segunda edição de suas *Meditações*, ele aproveitou a oportunidade para incluir um apêndice com a sua versão dos eventos de Utrecht. Não satisfeito em deixar as coisas como estavam, escreveu então uma resposta de duzentas páginas, publicada com o título *Carta a Voetius*, defendendo sua filosofia e acusando o teólogo de ser demagogo, caluniador e — em uma virada de mesa — ateísta. Culminava com uma pirueta retórica, alegando que a verdade por trás do veneno lançado contra ele era que Voetius e sua legião sabiam que Descartes seguia em direção à verdade e não conseguiam encarar a realidade de que sua visão de mundo entrava em colapso. O efeito de tudo isso foi levar o assunto para um público mais amplo pela Europa.

Para seu tormento, Descartes viu-se envolvido em acusações de difamação e diante da possibilidade de uma sentença por crime. Ele pediu a ajuda do embaixador francês, que intercedeu junto ao *stadtholder*, o governador e supremo magistrado da província. À medida que o assunto entranhava-se pelo sistema holandês, começou a se tornar um evento público:

funcionários municipais, teólogos, regentes, clérigos, magistrados, professores e estudantes ponderavam as questões envolvidas, considerando se a nova filosofia, agora plenamente amparada pelas noções cartesianas, era um verdadeiro caminho para o conhecimento, um ataque ao cristianismo ou — que Deus não permitisse — ambos. Havia um sentimento palpável de que as fundações da sociedade estavam sob ataque. O processo chegou ao clímax em 1642, quando a cidade de Utrecht baniu formalmente a filosofia de Descartes.

A controvérsia não parou por aí: o pânico e a confusão se espalharam. Em 1647, o debate chegou à Universidade de Leiden, a mais importante instituição de ensino do país, exatamente na cidade onde o *Discurso sobre o método* fora publicado. A universidade, como em Utrecht anteriormente, tentou resolver a questão banindo a filosofia de Descartes, decretando que "seja em sessões públicas ou em aulas particulares, os professores não podem afastar-se da filosofia de Aristóteles". Como em Utrecht, o cartesianismo foi debatido em apresentações públicas, que se tornaram violentas. As pessoas subiam pelos bancos e mesas, lotando o auditório a ponto de "as cabeças chegarem à abóbada". Um professor de filosofia, chamado Adam Stuart, apresentou o caso contra Descartes: "Existem alguns filósofos novidadeiros que negam que os sentidos possam ser de alguma maneira dignos de confiança e afirmam que os filósofos podem negar a existência de Deus e de que é possível negar Sua existência." A essa altura, já havia uma boa quantidade de discípulos de Descartes entre professores e estudantes, e alguns manifestaram sua revolta diante da distorção com que Stuart apresentava as ideias. Os ânimos se exaltaram; estudantes bateram os pés e vaiaram. Stuart descontrolou-se completamente e começou a gritar com o principal defensor de Descartes, "Em vista de minha autoridade pública, ordeno que fique em silêncio! Cale-se, não quero ouvi-lo!". Como em Utrecht, o evento acabou de forma caótica.

O que estava em jogo nesses confrontos — que se repetiriam inúmeras vezes por toda a Europa nas décadas que se seguiram — era a natureza da relação entre a fé e a razão, e também entre os mundos espiritual e físico. Em cada um dos casos, segundo a tradição e a lei, os primeiros tinham precedência sobre os segundos. E assim, novamente, as linhas que separam a fé da razão jamais foram claramente traçadas. O próprio Descartes não era o racionalista frio que a história retratou. Ele se apegava sinceramente à fé, e, ainda que fosse, inegavelmente, um filósofo moderno, também tinha um pé na Idade Média. À maneira dos filósofos medievais, ele incorporou "provas" da existência de Deus em sua filosofia. Para ele, era necessário provar tanto a existência quando a bondade inata de Deus, pois, diante da capacidade corrosiva da dúvida cartesiana, essas eram as únicas garantias que poderíamos ter sobre a real existência do mundo material. Portanto, seu trabalho tinha uma fundamentação teológica: não só o mundo, mas a ciência, depende de Deus, e o mesmo ocorre com a filosofia cartesiana.

Os aristotelistas, contudo, não estavam aceitando essa visão. O método de Descartes usava a razão como ferramenta, e, portanto, sua abordagem do mundo físico rebaixava as leituras teológicas. Prosseguir nessa linha como uma base real para o pensamento, argumentavam, levaria ao ateísmo, a uma quebra de autoridade, a um mundo repleto de dúvida e confusão, sem qualquer árbitro, quaisquer regras.

O mais notável disso tudo é como esses argumentos soam familiares aos ouvidos do século XXI. Há várias pessoas hoje em dia que diriam que este é, precisamente, o nosso estado atual: estamos desnorteados, sofrendo as consequências do relativismo e da dúvida. Como declarou o cardeal Joseph Ratzinger, pouco antes de se tornar o papa Bento XVI: "Estamos construindo uma ditadura do relativismo, que nada reconhece como definitivo e cuja derradeira finalidade consiste unicamente no ego e nos desejos de cada um." Muito do que ele e outros religiosos conservadores atuais dizem soa idêntico aos medos dos críticos contemporâneos de Descartes, que advertiram que tais "dúvidas poderiam ser importadas da filosofia para a teologia. Os estudantes iriam começar a questionar tudo: eles mesmos, Deus, *et cetera*". Do outro lado, estão aqueles — secularistas ou religiosos moderados — que insistem que a fé cega é o grande problema que a humanidade precisa superar. O mais surpreendente foi que, em uma questão de meses após a publicação do *Discurso sobre o método*, o primeiro trabalho da filosofia moderna, a crise que se pode considerar como definidora da era moderna — a profunda e complexa confusão entre os domínios da fé e da razão, que apareceria de maneira recorrente, com diferentes roupagens, nos séculos vindouros, da Revolução Francesa à teoria darwinista da evolução, chegando aos debates atuais sobre como lidar com as teocracias militantes e com o terrorismo alimentado pela religião — já se manifestava.

Ocasionalmente, não se trata apenas de uma herança filosófica, mas de um evento concreto do despertar da modernidade que brota no presente, como se fosse uma planta antiga que vicejasse em um campo, com sementes resultantes de bioengenharia. Em junho de 2006, fui convidado para almoçar no clube da Universidade de Utrecht por Theo Verbeek, um dos mais eminentes especialistas em Descartes do mundo, e Erik-Jan Bos, um filósofo da universidade. Eles estavam publicando, juntos, uma edição crítica da correspondência de Descartes (que ocupa cinco volumes — em sua dedicação para promover a própria filosofia, Descartes foi um comunicador formidável). Verbeek me contou sobre um evento notável de que participara no ano anterior. Em uma cerimônia formal (nada menos do que em latim), funcionários da cidade e da universidade lançaram uma apologia pública a Descartes, pelo tratamento que ele recebeu, suspendendo a punição de 1642, e, nas palavras do *Le Monde*, que cobriu o evento, "reabilitaram solenemente o filósofo". O evento foi notícia até mesmo no Japão. Em 2000, o papa João Paulo II pediu desculpas, em nome da Igreja Católica, por julgar Galileu devido a suas ideias fundamentadas em Copérnico. "Nós seguimos o modelo da cerimônia do Vaticano", Verbeek me contou. "Utrecht foi o primeiro lugar do mundo a reconhecer o cartesianismo, e o primeiro a bani-lo. Finalmente, corrigimos essa situação."

Durante nosso almoço, também falamos sobre a casa em que Descartes morou por um breve período em Utrecht, que havia muito desaparecera. Ao deixarmos o restaurante, perguntei a Verbeek se havia na cidade, ainda de pé, algum outro lugar histórico associado à época de Descartes. Ele me lançou um olhar levemente incrédulo — como se dissesse "Quer dizer que você não sabe?" — e então me levou até o outro lado da esquina e abriu uma grande porta de madeira. A sala por trás dela era um espaço amplo como uma igreja, com tetos altos e abobadados, enfeitada com entalhes de madeira. A defesa de uma tese de doutorado estava em andamento, o que, no sistema holandês, é um acontecimento formal, exigindo que os acadêmicos vistam becas e capelos, dando um toque extra de verossimilhança histórica à cena. Para mim, foi um momento eletrizante, ainda mais porque eu não o esperava. Ali era a *aula*, ou o auditório, da universidade, inalterado ao longo de mais de três séculos. Foi ali que, em 1641, Regius promovera seu debate em apoio às ideias de Descartes — o lugar, pode se dizer, em que a modernidade veio a público pela primeira vez.

Nos anos que se seguiram, após chegar ao seu "método para conduzir corretamente a razão", Descartes aplicou-o obsessiva e vorazmente a qualquer coisa em que pudesse pensar. Ironicamente, para uma figura histórica lembrada como o supremo pensador conceitual, cujo próprio nome tornou-se um adjetivo para conceitos abstratos (coordenadas cartesianas, dualismo cartesiano), ele tinha uma incrível fixação pelo mundano. Estudou a neve, as rochas, os grãos de sal. Era fascinado pela ideia de levar seu método para o território das leis, e certa vez assumiu o caso de um camponês que fora acusado de assassinato. Ele investigou os detalhes e apelou às autoridades em nome do homem: uma aplicação da razão que prenunciava Sherlock Holmes e a medicina legal.

Essas buscas refletiam sua motivação principal, a qual compartilhava com alguns de seus contemporâneos, como Bacon e Harvey, e que nós herdamos deles: a ideia de progresso humano. Descartes acreditava que o "domínio da natureza" levaria à "liberdade", e com isso ele se referia à liberdade dos trabalhos árduos, dos preconceitos e dos erros de pensamento e, é claro, liberdade da dor e da doença. Pois a criança doente, trêmula de medo da morte, jamais o deixara: Descartes manteve a saúde humana como seu interesse principal. O endereço que ocupou enquanto morou em Amsterdã, em 1635, na Kalverstraat, era muito conveniente: a rua tinha esse nome devido aos novilhos e bois que eram ali abatidos pelos açougueiros. Bastava uma curta caminhada diante de algumas casas triangulares de dois ou três andares, à sombra da torre barroca do relógio, conhecida como Munt, ou a torre da Moeda, para encontrar espécimes recém-mortos, que ele levava para casa, onde os cortava e investigava os mistérios do globo ocular, o emaranhado obscuro dos intestinos ou os compartimentos do coração. Em seus anos de pesquisa médica, dissecou coelhos, cães, enguias e vacas. Como em outras áreas, sua autoconfiança, para não dizer sua arrogância, era vasta. "Duvido que exista algum outro médico que tenha feito observações tão detalhadas quanto as minhas", escreveu a um amigo. "Mas nada encontrei cuja formação parecesse inexplicável segundo causas naturais. Posso explicar tudo, em detalhes."

Em algum outro lugar, comentou alegremente: "Estou agora dissecando as cabeças de diferentes animais, para poder explicar em que consiste a imaginação, a memória etc." Se, por um lado, a arrogância era exclusividade sua, esse tipo de ingenuidade em relação às iminentes constatações da ciência era algo que Descartes compartilhava com seus contemporâneos. Havia uma tendência, naquele momento de idealismo, ao nascer da modernidade, a crer que as soluções para alguns dos mais complexos problemas do homem estavam a um passo de distância, e Descartes estava convencido de que o seu método era a chave. Ele insistia, por exemplo, que para alguém obter a saúde mental bastava apenas aplicar o método da razão a si mesmo. Uma vez que as pessoas fizessem isso, as perversões e manias se desfariam, assim como os sentimentos ordinários de ciúmes, medo, ganância e raiva.

O otimismo chegava ainda mais longe. O corpo era uma máquina; assim, bastaria apenas que ele fosse compreendido em todas as suas partes, para poder funcionar corretamente. Quanto a isso, a morte equivalia a um mau funcionamento; localizando e corrigindo os erros, o problema da morte seria resolvido. Descartes estava convencido de que decifraria o código do corpo e estenderia a vida humana por até mil anos. Em certo momento de sua carreira, tinha tamanha certeza de seu progresso que achava que chegaria a isso em breve, contanto que, escreveu — e aparentemente a piada lhe escapou —, não fosse "impedido pela brevidade da vida".

Por mais absurdas que as ideias de Descartes sobre a medicina possam parecer hoje em dia, havia quem acreditasse nelas, à época. Os maiores intelectuais da Europa estavam cientes de seu interesse pela medicina, tanto quanto de suas descobertas filosóficas e matemáticas. Ele deu conselhos médicos a Blaise Pascal; o estadista e poeta holandês Constantijn Huygens escreveu a Descartes para perguntar se ele poderia fazer uma pausa em suas investigações e dar algumas dicas sobre "os meios para se viver por mais tempo do que vivemos agora"; a realeza queria ser informada sobre seus avanços, saber se ele já descobrira alguma maneira de aumentar a duração da vida, "para igualá-la aos anos dos Patriarcas". Ele parecia apreciar o papel de consultor médico, mas, na ausência de algumas descobertas médicas básicas — teoria dos germes, tipos sanguíneos, anestesia, micróbios e bactérias, que estavam a séculos de distância —, boa parte de seus conselhos pareciam sensatos, mas pouco estimulantes: ele costumava recomendar repouso, sopa e manter uma perspectiva positiva. Enquanto isso, comprovando que era realmente moderno, ao ver os cabelos grisalhos aflorando em sua cabeça, após passar dos 40 anos, começou a trabalhar em um processo que acreditava capaz de retardar o embranquecimento.

Claro que Descartes não entrou para a história como um pesquisador da medicina. Seu foco acabou por se ampliar para além do corpo humano, e um motivo para esta expansão tinha a ver com o próprio corpo e sua fragilidade. Descartes jamais se casou e praticamente não conheceu relações íntimas, mas era, afinal de contas, humano. Curiosamente, sabemos que, em 15 de outubro de 1634, enquanto estava hospedado na casa de seu associado, Thomas Sergeant, em Amsterdã, Descartes fez sexo com uma mulher chamada Helena Jans, empregada de seu anfitrião. Podemos afirmar isso com precisão, pois, nove meses depois, uma criança nasceu e, depois disso, Descartes trocou confidências com um amigo e lhe informou a data da concepção, da qual, obviamente, tomara nota. Helena Jans era empregada de Sergeant, um inglês proprietário de uma livraria e que morava em uma casa que ainda está de pé, no centro da cidade (quase virando a esquina, perto da casa de Anne Frank), todavia, quando, muitos meses depois, Descartes deixou Amsterdã para ir morar na cidade holandesa de Deventer, onde já tinha morado antes, Helena Jans o acompanhou. Sua filha nasceu lá e recebeu o nome de Francine.

Descartes era um homem autocentrado, que gostava de se vangloriar, vingativo, que se manteve afastado da família e tinha poucos amigos pessoais, mas que, com a chegada da bebezinha, parece ter se transformado em sua essência. A criança era, segundo seu primeiro biógrafo, Adrien Baillet, o amor da sua vida. Ser pai fora do casamento era um crime sério, e Descartes empenhou-se em manter o fato em segredo, porém, ao mesmo tempo, reconheceu a criança na certidão de batismo (ainda que tenha usado apenas seu primeiro nome).

Essa curiosa família mudou-se várias vezes nos anos seguintes: Helena, oficialmente, era sua criada, e Francine, sua "sobrinha". Em 1640, Descartes escreveu para uma parenta na França, dizendo que estava se preparando a fim de levar sua filha para lá, a fim de aprender o idioma e ser educada. No início de setembro, antes de ir para a França, fez uma curta viagem para Leiden e, lá, recebeu a notícia: Francine fora acometida de febre escarlatina, "o corpo coberto de púrpura". Segundo um relato, ele voltou a tempo de tê-la nos braços enquanto morria; a menina tinha 5 anos de idade.

Os cinco anos de vida da filha, seguidos da sua morte, estabeleceram uma espécie de pivô em torno do qual o trabalho de Descartes passou a girar. Antes, seu interesse principal era a medicina e a cura das doenças, o que decorria, em parte, de suas próprias enfermidades da infância. Ele dissecava animais, como se esperasse encontrar, em algum lugar recôndito do corpo, uma explicação para isso. A experiência da paternidade e, depois, de perder uma criança coincidiu com a ampliação de seu foco. Era como se, ao olhar para as profundezas do mais negro dos buracos — o túmulo da própria filha — ele tivesse sido arrancado do próprio corpo e levado a concluir que não chegaria tão facilmente aos seus segredos, sentindo-se compelido a voltar-se para o universo em busca de respostas.

Ao mesmo tempo, entretanto, Descartes manteve-se confiante na ciência e em seu poder de auxiliar e estender a vida humana. Certamente, isso era um dos componentes da ira que o consumiu em seu leito de morte, naquela gelada noite de fevereiro, em Estocolmo. E, com a ira, veio a amargura, uma vez que ele, para início de conversa, realmente não queria ter ido para lá. Estocolmo estava distante dos centros de poder europeus; além disso, ele detestava o frio, nascera e se criara no vale do Loire, o ensolarado jardim do centro-oeste da França, e se preocupava com seu conforto pessoal. Desprezava a Suécia como uma "terra de ursos espremida entre pedras e gelo".

Não obstante, a enxurrada de cartas de seu amigo Chanut, instando que ele fosse para Estocolmo, chegou em um momento em que ele se sentia diminuído. Vivia nas províncias holandesas havia mais de vinte anos, trabalhando pela aceitação de sua filosofia onde, supostamente, estavam as universidades com maior abertura de pensamento, mas as batalhas em Utrecht e em Leiden haviam-no abatido. Ele começara a se dar conta da dificuldade de sua tarefa. Sentia-se velho e cansado; uma mudança era necessária.

Além disso, havia outra razão para seguir para o norte: a rainha da Suécia. Foi, provavelmente, parte por causa dela que ele aceitou o convite de Chanut. Foi, sem dúvida, por causa dela que ele, que normalmente vestia-se de maneira sóbria, enfeitara-se como um pavão — sapatos longos e pontudos, luvas brancas de pele e o cabelo especialmente cacheado —, ao embarcar no navio enviado expressamente para buscá-lo na costa holandesa.

Conheceram-se no dia seguinte à sua chegada a Estocolmo. Talvez ele tenha se surpreendido, a princípio. A rainha Christina não era uma figura exatamente estonteante, mesmo segundo seus admiradores. Tinha um aspecto comum, com um nariz proeminente e olhos tristonhos. Não se preocupava muito com as roupas, se não fosse necessário (não precisava mais de 15 minutos para se aprontar de manhã). Era baixa e um pouco gorducha, com pés pequenos. Gostava de cavalgar, caçar e atirar e, quando montava, usava uma camisa masculina, motivo pelo qual Chanut, ao descrevê-la, disse certa vez que se alguém não soubesse que o cavaleiro era a rainha da Suécia pensaria tratar-se de um homem.

Esse foi um dos diversos comentários que, mais tarde, levariam os cronistas a afirmar que o médico que fizera o parto da rainha tinha avistado nela um pequeno pênis; havia rumores de transgressão sexual e de hermafroditismo. Com muita probabilidade, essas eram um tipo de difamação sexual espalhada por homens que não sabiam o que fazer com uma mulher que exercia o poder, embora, durante a juventude, tenha se comportado de uma maneira favorável às fofocas mais incendiárias. Ela nunca se casou e certa vez disse, com descaso, que ser uma esposa significava ser "trabalhada como um lavrador trabalha o campo". Dizia-se que ela tratava algumas jovens damas com uma familiaridade incomum, e que, com uma em particular, "realizava atos imorais". Enquanto isso, dava livre acesso ao seu quarto a um médico francês — ele escrevera com lascívia a uma confidente que ela "começara a experimentar", o que quer que isso possa significar.

De todo modo, apesar das aparências, todos concordavam que quando ela abria a boca para falar, tudo se modificava. A personalidade de Christina — moldada pelas circunstâncias da vida, assim como por seu intelecto e educação — era irrefreável. Ela era brilhante, intelectualmente voraz e dominadora. Tinha apenas 22 anos quando Descartes chegou à sua corte, mas as pessoas já falavam dela havia muitos anos — desde que seu pai morrera em uma batalha em 1632 e ela tinha sido feita rainha, aos 6 anos. Ela cresceu para se tornar uma monarca psicologicamente complexa, talvez até demais para um país fleumático como a Suécia. Olhar para trás, para sua primeira infância, devia ser como mergulhar em um sonho enevoado. Seu pai, o rei Gustavo Adolfo, governara uma terra ainda medieval, uma nação formada por pequenos assentamentos agrícolas dispersos por uma ampla extensão de pradarias e florestas de bétulas: era uma figura mítica, loura e nórdica, um guerreiro temido, a quem os inimigos chamavam de "leão do norte"; sua corte vivia no descampado, seus camponeses pagavam os tributos em gêneros — gado, cevada, aveia, peles. A moeda existia na época, mas o *daler*, como era feito de cobre, o principal metal do país, costumava ser desconfortável: uma moeda, normalmente, tinha o tamanho de um prato.

Gustavo Adolfo desejava que a Suécia se tornasse uma potência apta a rivalizar com as nações do sul, e em larga medida ele atingiu seu objetivo, graças à habilidade em manobrar seus guerreiros suecos entre florestas impenetráveis, durante a Guerra dos Trinta Anos. Quando tombou na lama da baixa Saxônia, crivado de balas nas costas, no braço e na cabeça, a Suécia conquistara o respeito de seus vizinhos e avançava para se tornar uma nação com sociedade, economia e burocracia governamental sofisticadas. Seu embaixador, Axel Oxenstierna, segurou as rédeas do poder até que a jovem Christina atingisse a maioridade. Como Alexandre, o Grande, ela fora preparada desde cedo com livros e na arte da guerra. Uma das coisas que intrigara Descartes fora a reputação de um intelecto feroz, de alguém que poderia enfrentar até mesmo um grande filósofo. A partir das conquistas do pai, ela agora desejava deixar sua corte em condições de rivalizar com a da França. Desejava artistas, poetas e filósofos. Desejava uma Academia de Ciências. Fora esse o motivo do convite a Descartes.

Mas, além disso, havia, da parte dela, algo de mais profundo. Se a força denominada como "moderna" afirmava-se mais claramente na ciência e na filosofia, havia ainda a dimensão política. O ano anterior à chegada de Descartes à Suécia, 1648, foi um divisor de águas político da história. A Guerra dos Trinta Anos e a Guerra dos Oitenta Anos — que juntas engolfaram a maior parte da Europa — haviam chegado ao fim simultaneamente naquele ano. Os tratados que encerraram as duas guerras foram considerados, pelos envolvidos, linhas divisórias entre o passado e o futuro. Se vivêssemos naquela época, teríamos participado não de uma única comemoração, mas de uma festa contínua que se estendeu ao longo dos meses e pelos dois anos seguintes. (Não muito tempo depois da chegada de Descartes a Estocolmo, Christina patrocinou um balé — *O nascimento da paz* — dedicado ao tema. Por muito tempo, acreditou-se que o libreto fora escrito por Descartes, a pedido da rainha, mas recentemente o filósofo Richard Watson argumentou de maneira convincente que Descartes não foi o autor.) Aqueles prolongados conflitos, predominantemente de natureza religiosa, realizaram uma carnificina em escala jamais antes vista. Os negociadores empenharam-se em dar um fim a eles, estabelecendo, ao longo do processo, um novo sentimento secular sobre as relações entre os países e, com isso, uma nova forma de pensar sobre o significado da paz e como as sociedades deveriam se relacionar entre si. Em vez de submeterem-se a Roma, ou a um dos blocos protestantes, as nações passaram a se ver como entidades independentes, em condições de controlar seus próprios destinos. Tratou-se, em poucas palavras, do advento da política secular.

Nessa nova era, os líderes dos Estados-nação da Europa Oriental estavam em busca de ferramentas e táticas inovadoras que pudessem usar a seu favor. A ciência — ou cartesianismo, ou nova filosofia — revelava-se ao mesmo tempo que esse pensamento político evoluía, e os líderes políticos e militares olhavam para ela como uma potencial fonte de poder. De certa forma, tratava-se de um artifício que exercera seu papel interminavelmente antes, e que continuaria a exercê-lo no futuro. O duque de Milão contratara Leonardo da Vinci para criar armamentos; os Estados Unidos, secretamente, levaram Wernher von Braun e outros cientistas alemães especializados em foguetes para fora da Alemanha durante e depois da Segunda Guerra, afastaram-nos de associações nazistas e os colocaram a serviço do programa espacial norte-americano. Christina recebera informes sobre a frenética exploração científica que tomava conta do continente — pessoas realizando coisas nunca antes vistas com cadáveres e botões de flores, injeções em animais trêmulos, observações dos céus, previsões de descobertas iminentes que iriam abalar as fundações da sociedade — e ela queria fazer parte disso.

Após seu primeiro e auspicioso encontro com a rainha, Descartes instalou-se em um andar da casa de Chanut e tentou acomodar-se à vida na corte. Rapidamente, no entanto, descobriu que outros intelectuais convocados por ela ressentiam-se da presença dele. Também descobriu que, mesmo Christina tendo, antes, simpatizado com sua filosofia — lera seu livro mais recente e escrevera diretamente para ele, por meio de Chanut, colocando questões sobre a natureza do amor e sobre como a moderna noção de um universo infinito poderia ser enquadrada junto com a fé cristã —, ela agora parecia ter seguido adiante, em direção a outros interesses.

Em especial, ela se entusiasmara fortemente pelo conhecimento esotérico grego, uma pesquisa parcialmente mítica sobre a natureza apoiada em escritores antigos, e isso, por um breve período, rivalizara com a nova filosofia mecanicista como uma potencial substituição do aristotelismo. Quando Descartes descobriu que a rainha estava dedicando uma grande parte de sua atenção ao estudo do grego antigo, reagiu como se ela tivesse contraído uma doença, dizendo a um amigo: "Talvez isso passe." Ele, afinal de contas, queria varrer para longe as velhas lições, em nome da ciência e da experimentação, e considerava tais estudos uma colossal perda de tempo. Logo passou a ver Christina como uma amadora e diletante. E ela, também, parece ter ficado desapontada com ele: ele se parecia mais com um velho ranheta do que com um revolucionário aguerrido. Sua filosofia não parecia ser aplicável ao poder político ou, aliás, ao crescimento pessoal.

A mútua desilusão desenrolou-se ao longo do inverno e sob circunstâncias desfavoráveis para Descartes. Ele gostava de trabalhar à noite e de dormir até tarde; ela sempre acordava às quatro da manhã e decretou que teria aulas de filosofia com ele às cinco. Na escuridão anterior ao amanhecer, ele arrastava-se de carruagem da casa de Chanut, passando pela pequena colina no meio da ilha, onde ficava o centro de Estocolmo, e seguia aos solavancos até o castelo grandiosamente encarapitado em cima do porto. Fazia frio, o inverno mais frio de que tinha lembrança, seu temor ancestral de contrair gripe e febre reafirmou-se, e ele mergulhou em um estado de humor soturno. "Aqui, os pensamentos dos homens congelam como se fossem água", escreveu na última carta de sua vida. E completou com franqueza: "Estou fora do meu elemento."

E assim veio a doença, e a piora, e a noção — após exigir remédios inventados por ele próprio (como uma infusão de vinho com tabaco, para induzir ao vômito) — de que não iria se recuperar. No exterior, em locais distantes, as forças que ele ajudara a pôr em movimento continuavam a avançar, sem seu auxílio. Cartas chegavam de Paris, Londres e Amsterdã. Pascal queria atualizações sobre uma experiência com a pressão barométrica, para a qual Descartes vinha lhe fornecendo registros de temperatura. Quem sabe se, em um mês, ou em um ano, não se revelaria alguma descoberta relacionada à regeneração de tecidos humanos, ou provas de que os corpos celestiais eram regidos pelas mesmas forças que governavam a Terra, o que consolidaria de vez a sua concepção mecânica do universo? As muralhas desabavam, as vendas eram tiradas dos olhos das pessoas. E lá estava ele, caído na cama, naquele mundo distante, frio e rochoso, uma autêntica tumba.

Finalmente, Descartes aceitou que o médico Wullens viesse vê-lo novamente. Mas persistiu em sua teimosia, de tal forma que Wullens foi rancoroso em seu relatório, em latim, sobre o paciente, chamando-o de *homo obstinatus* e reclamando, mais tarde, que Descartes lhe dissera que "se ele tivesse de morrer, morreria com maior contentamento se não precisasse me ver".

Por fim, veio a última desonra, à qual Descartes não apenas cedeu, mas, sim, solicitou, ele mesmo, em uma completa capitulação, em vista do mais extremo desespero: ser sangrado. Seu braço foi aberto três vezes; o sangue que pulsou para fora estava, como anotou o secretário de Chanut, "oleoso". Segundo Wullens, em vez de uma melhora, o que veio foi "o tremor da morte, a saliva negra, a respiração entrecortada, os olhos revirados". Quando a morte chegou, aparentemente foi com um hálito de maldade.

Porém, algo de estranho aconteceu. Chanut e Christina atraíram o grande homem até lá, colocaram-no sob sua proteção e, depois, bem, mataram-no. Christina podia eximir a sua nobre pessoa da morte de Descartes, mas Chanut, como amigo e diplomata, sentiu todo o peso da culpa. Por mais que ele preferisse evitar, havia responsabilidades pelas quais responder: ele precisava dar a notícia. Desde o dia seguinte à morte, cartas suas partiram para toda a Europa. Para o conde de Loménie, ex-secretário de Estado francês, ele lamentou: "Estamos aflitos nesta casa pela morte de monsieur Descartes, [...] um homem raro do século." Talvez para eximir-se da responsabilidade, ele prosseguiu explicando que o filósofo fora para a Suécia porque a "rainha desejara apaixonadamente conhecê-lo". Para a princesa Elizabeth, da Boêmia, que se tornara uma amiga próxima de Descartes, Chanut dobrou-se de angústia: "Devo lhe dizer, madame, com dor incrível, que perdemos monsieur Descartes." Já para Claude Saumaise, um linguista francês convidado por Christina para sua corte, ele escreveu, "o senhor Descartes, que nos deu o método e o projeto, não terá o prazer de assistir ao início disso" — querendo dizer, provavelmente, que Descartes não viveria para assistir ao pleno desabrochar da ciência. E, nesse ponto, Chanut tentou aliviar-se um pouco da culpa, ao observar que Descartes morrera de uma doença "para a qual não quis se valer de cuidados médicos".

As notícias da morte espalharam-se e, estranhamente, causaram alguma surpresa. A ideia de que Descartes daria fim às doenças e aumentaria dramaticamente a duração da vida tornara-se tão certa, em determinados círculos, que alguns intelectuais recusaram-se a acreditar que ele estaria morto. "Impossível", escreveu o abade francês Claude Picot, que disse estar convencido de que Descartes "iria viver quinhentos anos, após descobrir a arte de viver por vários séculos". Como poderia o principal investigador da longevidade morrer tão jovem? Devia haver alguma explicação sinistra, algo que, nas palavras de Picot, "desarranjara sua máquina". Um rumor se espalhou, e circulou por décadas, de que ele havia sido envenenado.

Enquanto isso, havia o problema do corpo. Christina anunciou que queria enterrar o grande filósofo em Estocolmo. Se, em vida, ele não fora para sua corte o ornamento que ela esperava que fosse, talvez, na morte, pudesse trazer-lhe algum brilho. A posição de Chanut, logicamente, levava-o a insistir em que o corpo fosse devolvido à França, mas isso, novamente, provocaria uma nova maré de atenção para o fato desagradável de que o homem morrera lá, sob os seus cuidados. Ele, portanto, aquiesceu.

Entretanto, onde enterrá-lo? Na mente de Christina, não havia dúvidas. Haveria uma cerimônia completa, e ele seria entregue ao seu descanso final na igreja de Riddarholm, o antigo local de repouso eterno dos reis suecos, entre os quais estava o pai dela. Chanut apreciou a grande honra deferida a um patrício, mas, definitivamente, não era isso o que ele desejava, insistindo obsequiosamente com a rainha para que ela reconsiderasse sua decisão. Enviou seu secretário, um homem especialmente piedoso, chamado Belin, até o castelo, para explicar que seus motivos para desejar outra solução eram relacionados à religião. Descartes era católico; a França era uma nação católica, que não apreciaria que seus filhos fossem enterrados em solo luterano. Além disso, já houvera alguns rumores na corte de Christina de que Descartes e Chanut tentavam, juntos, converter a rainha e afastá-la do luteranismo sueco. Talvez Sua Majestade pudesse apreciar, Belin sugeriu, que o enterro na igreja do Estado pudesse não ser muito... diplomático?

Christina condescendeu; e se o objetivo profundo de Chanut era abafar o assunto ao máximo, ele conseguiu. O local, a hora e as circunstâncias do enterro poderiam ter servido a uma vítima da praga. Às quatro da madrugada num amanhecer de inverno, não mais do que 24 horas após a morte, uma pequena procissão seguiu por uma milha ao norte do centro de Estocolmo, carruagens fechadas fazendo estalar os sulcos congelados, e entrou em um pequeno e solitário cemitério, ocupado, principalmente, por órfãos. Aparentemente, Chanut fizera algumas consultas e concluíra que, como as crianças não tinham chegado "à idade da razão", não podiam ser consideradas alijadas das graças da Igreja Católica, e, portanto, o solo onde Descartes era enterrado, embora por um lado não fosse exatamente santificado, tampouco poderia ser considerado profano. Teologicamente, isso bastava. E, o que era ainda melhor, o local era remoto.

Quatro homens — um deles o filho de 17 anos de Chanut — carregaram o caixão até a cova que o aguardava. Um pequeno grupo de pessoas reuniu-se em torno dele, na escuridão congelante, as faces iluminadas por tochas tremeluzentes. Sob o rodopiar gelado vindo dos céus indiferentes, um único padre invocou o nome de Deus. A terra cobriu a tampa do caixão, e todos voltaram para suas casas.

2

Banquete de ossos

"A MORTE", ESCREVEU CERTA VEZ O FILÓSOFO LUDWIG Wittgenstein, "não é um evento da vida". Queria dizer, talvez (é difícil ter certeza, pois Wittgenstein era titanicamente enigmático), que estar morto não é algo que realmente experimentemos, e, uma vez que não estamos conscientes em um estado sem vida, ele literalmente não tem significado; e assim, em vez de passarmos a vida nos preocupando com o futuro, deveríamos encarar cada instante como uma eternidade. Deveríamos viver no momento presente.

Isso talvez seja verdade, e sábio, mas, em um sentido mais corriqueiro, Wittgenstein estava completamente errado. A morte é *o* evento da vida. É nosso principal princípio organizador. É por causa dela que corremos e vadiamos, por ela que bajulamos nossos chefes e paparicamos nossos filhos, por ela apreciamos carros velozes e flores perecíveis, por ela escrevemos poesias e é por ela que o sexo nos estimula. Ela é o motivo de nos perguntarmos por que estamos aqui.

A morte toca mais claramente as nossas vidas nos locais onde deixamos aqueles que já morreram. Quanto a isso, há uma notável diferença entre um adro e um cemitério comum. Um cemitério é um universo por si só, um mar de memórias, cada uma delas sendo levada inexoravelmente para mais longe no oceano. A vastidão do cemitério restringe as atividades lá praticadas: o único motivo para ir-se lá é enterrar os entes amados ou prestar homenagens aos mortos. Os adros, no entanto, normalmente junto a velhas igrejas, estão entranhados nas paisagens humanas, e a vida diária costuma envolvê-los. Se caminharmos pelo adro de uma igreja no meio da cidade em um dia ensolarado, possivelmente veremos outras pessoas: crianças brincando de pegar, um mendigo tomando sopa, pessoas caminhando, fazendo o balanço de suas vidas. Essa mistura com a vida cotidiana sugere um aceno silencioso para a mortalidade, uma aceitação — mesmo que parcial — do fato de que nós também iremos, inevitavelmente, morrer.

O adro de Adolf Fredriks, no centro-norte de Estocolmo, é atualmente um santuário urbano cercado por escritórios e lojas. As lápides espalhadas pela grama falam de várias eras e estilos de funerais. Há miniobeliscos tombados, de séculos atrás, de aspecto quase druídico, com o topo angular e as faces apagadas pelo tempo, que já não mostram mais qualquer registro das vidas daqueles que estão sob a terra. Lápides de mármore rosa, em estilo art déco, e blocos retilíneos, com a simplicidade geométrica dos anos 1950, com gravações limpas de cruzes e nomes, em letras sem adornos, dos que se foram: Johansson, Baggström, Thordal, Köpman. Naquele espaço ocorre uma atividade silenciosa: funcionários dos escritórios trazem seus almoços para comer ali, em meio aos túmulos. O local mais visitado é um monólito bruto, liso e retorcido, cuja única marca é uma assinatura floreada. Em 1986, na rua que percorre a parte esquerda do adro, Olof Palme, um expressivo primeiro-ministro esquerdista da Suécia, foi morto com um tiro. O aspecto despretensioso de seu túmulo combina com a famosa simplicidade do design sueco e continua a ser um local de uma contínua e reservada peregrinação.

Há três séculos e meio, aquele era um cemitério esquecido no meio do campo, o lugar fora de qualquer caminho escolhido por Pierre Chanut para o descanso final de seu ilustre amigo. Christina encomendara um monumento imponente, cujas quatro faces mandou recobrir de inscrições latinas, redigidas por Chanut, exaltando a sabedoria epocal de Descartes e incluindo os nomes dele e dela mesma.

Hoje, o túmulo já se foi, assim como os restos mortais. Na primavera de 1666 — no dia 1º de maio, na verdade —, com um forte sol aquecendo a superfície do solo, animando a vida sobre a terra morta, uma pá mergulhava no lugar exato onde ocorrera, 16 anos antes, a cerimônia de um enterro supostamente perpétuo. Muita coisa mudara naqueles 16 anos. Para a Suécia, a maior comoção fora a partida de Christina. Seu entusiasmo pelo esoterismo grego tivera vida curta, mas as fofocas sobre seu interesse pelo catolicismo romano revelaram-se precisas. Em 1654, quatro anos após a morte de Descartes, ela abdicou do trono, converteu-se ao catolicismo (na nação determinadamente luterana que a Suécia se tornara desde a Reforma, um monarca católico era algo intolerável) e mudou-se para Roma. Lá, como a mulher mais famosa do mundo e agora a mais notória ou reverenciada, dependendo da perspectiva religiosa, ela criara uma personalidade completamente nova.

A dramática transformação de Christina — de uma monarca esclarecida para uma religiosa convertida, de sinceridade duvidosa (em Roma, ela reiteradamente desprezava os ritos católicos) — deu margem a especulações incrédulas, à medida que os eventos se desenrolaram, e essas elucubrações jamais tiveram fim. Quase que imediatamente, as pessoas acusaram Descartes — ou atribuíram a ele a mudança —, cujo compromisso com a fé era conhecido, apesar das acusações de ateísmo que o atormentaram. Mas o contato entre a rainha e o filósofo fora limitado e tenso, e por isso, apesar de indicações da própria Christina de que Descartes tivera alguma participação em sua conversão, seus biógrafos buscaram outras fontes de influência. E a maioria encontrou-as na própria natureza da rainha: uma inquietação profunda e quixotesca, uma fome, uma quase furiosa busca por respostas, por certezas. Talvez tenha sido em relação a esse aspecto que ela e Descartes realmente se encontraram.

Chanut também havia partido. Voltara para Paris no ano seguinte à morte de Descartes e ele mesmo morrera em 1662. O novo embaixador francês na Suécia, que observava a pá cavando cada vez mais fundo, a revelar lentamente a tampa do caixão, era um homem de natureza muito diferente. Enquanto Chanut era um entusiasmado promotor da ciência, um futurista que acreditava nas possibilidades do cartesianismo no mundo real, Hugues de Terlon mantinha-se abertamente com um pé no passado. Era um cavaleiro de São João, membro da ordem cavaleiresca baseada em Malta, cuja glória datava da Primeira Cruzada. Terlon era um homem imponente, de 54 anos, com um nariz aristocrático, um bigode fino e recurvado e um olhar que testemunhara batalhas entre os inimigos do norte da Europa, de Lübeck a Piotrków. Mantinha uma forma arcaica e militarista de catolicismo. Não era apenas um guerreiro e um diplomata, mas também membro de uma ordem religiosa que lhe impunha um voto celibatário.

Terlon era um leal servo de Luís XIV, mas tinha sido especialmente devotado à mãe do Rei Sol, Ana d'Áustria. O marido de Ana, o rei Luís XIII, morrera quando seu filho tinha 5 anos, de forma que a rainha assumiu o governo como regente até que o filho chegasse à maioridade. Como uma forma de ajudar a si própria durante esse período de interregno, ela mergulhara ainda mais em sua intensa fé e forjara vínculos com nobres devotos, como Terlon. Ana comparecia à missa várias vezes ao dia e tinha uma complexa rede de igrejas e conventos, nos quais orava em diversos dias festivos. Ela também participou da retomada do hábito de adorar relíquias, que ressurgira em meados do século XVII, e tinha vários pedaços de santos, assim como um fragmento da Cruz.

Como Terlon também era conhecido por sua piedade, quando ele viajava em nome da Coroa francesa através das terras do norte da Europa devastadas pela guerra, membros dispersos de algumas ordens religiosas iam atrás dele, em busca de auxílio. Ao longo do caminho, também ele se tornou um coletor de relíquias sagradas. Friedrich Wilhelm, príncipe de Brandeburgo, um dos homens mais poderosos da Europa, ao encontrar Terlon em meio ao caos de uma batalha, na periferia de Varsóvia, em 1656, deu a ele um cofre de relíquias que, segundo disse, fora saqueado de uma igreja em Vilna. Em 1657, um destacamento avançado de soldados suecos saqueou um convento próximo a Estrasburgo. Quando Terlon chegou, as freiras surgiram do meio da fumaça e das ruínas e instaram-no a levar os bens mais preciosos do convento, suas relíquias, por questões de segurança, e foi isso o que ele fez. Nos dois casos, Terlon carregou-as consigo em suas viagens e, ao retornar para Paris, deu-as de presente para Ana, a mãe do rei.

Agora na Suécia, Terlon fora incumbido de lidar com relíquias e dedicou-se a isso com o mesmo zelo piedoso. A exumação dos ossos de Descartes, naquele dia de maio de 1666, deve ter se desenrolado como um filme sendo rebobinado, pois, uma vez retirado da terra, o caixão foi colocado em uma carroça e levado de volta pela mesma estrada, por sobre a mesma ponte e para dentro do mesmo prédio onde Descartes vivera e morrera. Ali ainda era a residência do embaixador francês e Terlon estava decidido a manter os restos mortais do filósofo próximos a si.

A sequência de eventos que se sucederam a partir de então é importante para a compreensão do que de fato estava acontecendo — assim como o nível de detalhes com que foi tratado, por escrito, em um relatório, o envio de uma caixa de ossos.

Terlon estava em vias de deixar a Suécia — estava sendo transferido para o posto de embaixador na Dinamarca —, quando recebeu um comunicado oficial do governo francês ordenando que se aproximasse discretamente de membros do governo sueco, para discutir a possibilidade de remover aqueles restos. A permissão foi solicitada e concedida, e agora ele tomara a extravagante iniciativa de encarregar um contingente de soldados suecos para ficar de guarda 24 horas por dia, enquanto os ossos repousavam na capela de sua residência. Quer Terlon tenha notado, quer não, o capitão da guarda sueca, um homem chamado Isaak Planström, parecia ter um interesse particular pela incumbência.

Terlon tomou as medidas necessárias para que o corpo viajasse com ele até Copenhagen. Ele providenciara um cofre especial de cobre, de apenas 75 centímetros de comprimento. O motivo improvável para isso — além do fato de que o caixão de madeira original em que o corpo fora colocado havia apodrecido — era que seus superiores na França temiam a possibilidade de que, se alguém soubesse que ele transportava os restos mortais de René Descartes, ele fosse atacado e saqueado. O culto ao cartesianismo se fortalecera ao longo dos anos, desde a morte de Descartes, e havia outros interessados naqueles restos.

O subterfúgio seguido por Terlon devia-se ao estado em que os restos foram encontrados, 16 anos após o enterro. Quando abriu o caixão em que Chanut depositara o corpo, constatou que a putrefação estava completa: não restava nenhum tecido, apenas os ossos, que haviam se separado. Uma pequena caixa — apenas com o comprimento necessário para os ossos mais longos das pernas — seria menos suspeita do que um caixão.

Outra cerimônia religiosa foi então levada a cabo na capela da residência de Terlon. O embaixador reunira todo o corpo diplomático, outros membros da comunidade francesa de Estocolmo e os padres católicos — na verdade, "praticamente toda a Igreja Católica da Suécia", segundo um biógrafo de Descartes do século XVII, que teve acesso ao relatório de Terlon sobre o evento. Talvez essa assembleia não tenha sido muito vasta, dado o estado parcial de perseguição do catolicismo na Suécia na época, mas tratava-se claramente de um momento sancionado pela Igreja. Estavam todos lá para testemunhar uma cerimônia de realocação: acompanhados das orações de praxe, os ossos foram retirados do caixão de madeira apodrecida e colocados na pequena caixa de cobre, onde foram empilhados uns sobre os outros, de maneira tal que não fosse cometida "qualquer indecência".

Neste ponto, Terlon fez uma pausa no ritual para fazer uma solicitação. Pediu aos clérigos católicos ali reunidos permissão para "religiosamente" pegar um dos ossos para si. Em especial, ele tivera os olhos atraídos pelo dedo indicador da mão direita — um osso "que servira de instrumento para os escritos imortais do falecido".

Uma pausa fazia-se necessária para a consideração do pedido. Aqueles em Paris que tinham se esforçado, através dos canais do governo francês, para que os ossos fossem removidos e levados para a França tiveram seus próprios motivos para tanto, motivos que tinham a ver com filosofia e política, como se verá nas páginas seguintes. O interesse de Terlon era bem diferente, mas igualmente digno de nota. Ele não era um mero transportador: era um notório homem do mundo. A fama de Descartes se espalhara ao longo daqueles 16 anos, e tanto o cartesianismo quanto o homem cujo nome batizara a nova filosofia eram objeto de rumores, esperanças e temor. Na Suécia, o clero, ou o setor do governo controlado pela Igreja Luterana, tentara, dois anos antes, banir o ensino do cartesianismo, tamanha era a ameaça que ele representava. Em Leiden e Utrecht, após os primeiros debates inflamados sobre o cartesianismo, a filosofia criara raízes, de modo que, enquanto Terlon supervisionava a exumação, o cartesianismo ganhava força em praticamente todos os departamentos de universidades. Na França, na Espanha, na Alemanha e na Itália, homens que eram estudantes, na época de Descartes, eram agora professores, homens da Igreja e médicos, e levaram consigo algumas convicções sobre as verdades do método cartesiano, no que diz respeito à aquisição de conhecimento e à abordagem geral da natureza que ele implicava. Em cada lugar, a batalha se intensificava e se tornava mais complicada. Não era uma questão de "ciência" *versus* "religião", ou mesmo algo mais simples, como o "novo" contra o totalmente "velho". Alguns, como Gysbert Voetius, em Utrecht, acreditavam que o materialismo da nova filosofia era um ataque direto à cristandade. Ao mesmo tempo, no entanto, jesuítas e oratorianos — duas das mais proeminentes e intelectualizadas ordens católicas — haviam se tornado cartesianos e, na verdade, viam a filosofia como uma forma de proteger a fé.

E havia também aqueles, como Terlon, para quem qualquer investigação da essência da natureza colocava-se no mais elevado nível de busca espiritual. Qual a natureza da luz? Por que o sal forma cristais? Como a experiência do fogo tocando a pele é transmitida pelo corpo e registrada como dor pela mente? Pensamos em tais questões como obviamente pertencentes ao domínio da ciência, mas para um europeu do século XVII a natureza, incluindo o corpo humano, era, inquestionavelmente, solo do Criador; chegar a uma compreensão da natureza mais completa do que jamais fora antes era, como então se considerava, tocar a face de Deus.

Atualmente, associamos a reverência às relíquias essencialmente como algo da Idade Média, mas, ainda que o Concílio de Trento, um século antes da morte de Descartes, tivesse dado fim ao comércio de relíquias, teólogos católicos continuaram a reforçar a importância delas, e as pessoas comuns, assim como as da elite, insistiam em venerá-las. A veneração das relíquias significava mais do que homenagear uma grande personalidade, embora não chegasse a ser uma adoração. Era uma meditação profunda sobre o ser físico e sobre o corpo como "templo do Espírito Santo". Estamos habituados a pensar na ênfase cristã na vida após a morte e em sua visão do corpo como associado ao pecado, mas a tradição católica dos primórdios da era moderna enfatizava o aspecto físico. Os restos mortais eram uma chave para os mais profundos mistérios, elos da cadeia entre a vida e a morte, e, conforme foi declarado pelo Concílio de Trento, os ossos dos profetas, santos e outros "que agora vivem com o Cristo [...] devem ser venerados pelos pios". Ao pedir uma relíquia de Descartes, o cavaleiro De Terlon situava-se na encruzilhada entre o antigo e o moderno. Aplicava a um pensador moderno — nada menos do que ao inventor da geometria analítica — uma tradição primitiva que se estendia não apenas até a institucionalização da cristandade, no quarto século, quando os cristãos abriram as tumbas dos santos em busca de relíquias pela primeira vez, mas para mais além, antes mesmo dos horizontes do registro da história. O pedido é ainda mais estranho diante do fato de que o homem cujos restos mortais estavam sendo tratados quase como se fossem de um santo iria entrar para a história como o progenitor do materialismo, do racionalismo e de toda uma tradição que enxergava tal veneração como algo sem sentido.

Os padres concederam o que ele havia pedido; o cavaleiro foi autorizado a pegar o dedo. Deve tê-lo mantido consigo até a sua morte, em 1690 — com certeza não o presenteou a Ana d'Áustria, que morrera antes, naquele mesmo ano —, levando-o consigo ao longo dos dez anos em que viajou entre Paris e Copenhagen. Por ocasião de sua morte, foi exigido que ele deixasse seus bens para a ordem dos Cavaleiros de São João. O inventário da ordem não contém qualquer artefato de Terlon, tampouco qualquer dedo indicador etiquetado como de Descartes. A filial da ordem da qual Terlon era membro, em Toulouse, foi, como diversos outros locais sagrados da Igreja Católica, pilhado durante a Revolução Francesa. Talvez o osso do dedo de Descartes — que podemos chamar de a primeira relíquia moderna — tenha caído nas mãos de um *sans-culotte*, e escorregado para o chão e para fora da história.

O verbo *traduzir** tem um significado especial no contexto católico. No ano de 787, o II Concílio de Niceia determinou que cada uma das novas igrejas que proliferavam então por toda a Europa deveria ancorar sua santidade em uma relíquia sagrada. Essa norma criou um mercado oficial de ossos, com os padres e bispos buscando partes de santos proeminentes ou relevantes para suas novas igrejas. A transferência das relíquias de, digamos, uma tumba na Sicília para uma igreja na Lombardia era tratada como

* O termo designa originalmente, em latim, a ação de conduzir de um ponto a outro, é cognato de *transladar*. Em inglês, ambos os sentidos são expressos pelo verbo *to translate*. (N. do T.)

uma *tradução*, e, durante toda a Idade Média e no início do período moderno, os ossos sagrados *traduzidos* — mantidos em caixas de metais preciosos, adornadas com cortinas e velas — faziam parte do tráfego das grandes estradas da Europa.

O grupo de translado de Terlon saiu de Estocolmo em junho de 1666. Os restos foram embarcados em um navio e colocados sob os cuidados de dois membros da equipe de Terlon, o senhor De l'Epine e o senhor Du Rocher. Houve certa confusão no porto, quando os marinheiros souberam que havia restos humanos na carga, o que, em seu sistema de crenças, significava má sorte, mas Terlon conseguiu apaziguar a insurgência, talvez mostrando-lhes a pequena caixa de cobre e convencendo-os de que não se tratava de embarcar um cadáver, mas de transladar relíquias.

Terlon preocupava-se com a possibilidade de haver roubos. Adrien Baillet, biógrafo de Descartes do século XVII, escreveu que o receio era de que "sua preciosa carga caísse nas mãos dos ingleses, entre os quais Descartes tinha uma infinidade de adoradores [...] que construiriam um mausoléu magnificente na Inglaterra, sob o pretexto de estarem erguendo um templo à filosofia". Antes de o navio partir, Terlon escreveu para Luís XIV informando-o das medidas tomadas em relação aos ossos de Descartes e lembrando Sua Majestade da importância do ilustre cadáver. Luís escreveu uma resposta concedendo autoridade real para o translado dos restos mortais. Não bastasse isso, Terlon pessoalmente disfarçou o relicário de cobre, deixando-o com "a aparência de um monte de pedras". O navio partiu de Estocolmo rumo ao seu primeiro porto de escala, Copenhagen.

É improvável que algum peregrino alguma vez tenha refeito a rota do translado dessa coleção particular de relíquias. De Copenhagen, o grupo, que a partir de lá seria liderado pelos dois membros da equipe de Terlon, partiu rumo ao sul em uma manhã do início de outubro. Fez uma travessia tranquila pelas regiões selvagens e pantanosas de Jutland, na Dinamarca, pelo litoral lodoso do mar do Norte, pelos vilarejos enevoados da baixa Saxônia, enfrentando o calor e as florestas, até finalmente chegar aos planos descampados de Flandres, e, então, à cidade de Peronne, no norte da França. Lá, os oficiais da alfândega se interessaram pelo comboio; encontraram o curioso pacote e descobriram que sua aparência externa ocultava um brilhante interior de cobre. Exigiram então que os cavalheiros o abrissem, claramente suspeitando de contrabando. L'Epine e Du Rocher manifestaram sua indignação oficial; exibiram uma carta que Terlon lhes dera, de ninguém mais do que o oficial Pierre d'Alibert, tesoureiro-geral da França; e mostraram o selo da embaixada, que Terlon colocara na caixa. Mas os guardas queriam abri-la — as poderosas chapas de ferro com as quais Terlon tivera o cuidado de reforçar a caixa talvez tenham ajudado a aumentar suas suspeitas. Na presença de testemunhas, as chapas foram arrancadas, a caixa aberta e os guardas examinaram seu interior... e encontraram o que lhes fora dito, talvez menos ainda, porque, devido ao apodrecimento do caixão original, partes do esqueleto reduziam-se a fragmentos, sobre os quais alguns ossos em particular repousavam. Presumivelmente, no entanto, não fizeram uma revista profunda, nem mesmo um breve inventário, pois havia algo chocante a ser notado, sobre o que nenhum comentário foi feito. Um osso vital — a parte mais óbvia de um esqueleto — estava faltando.

A caixa foi novamente lacrada, os cavalos, novamente atrelados, e lá se foram eles, sem maiores interrupções, para Paris.

TODAS AS QUARTAS-FEIRAS, no fim da década de 1650 e durante boa parte da década de 1660, um grupo eclético da sociedade francesa podia ser encontrado amontoado em uma casa de uma viela estreita de Paris, conhecida como rue Quincampoix, a poucos passos do fétido e barulhento mercado de Les Halles. Aquela mistura de gente não era comum, à época, sendo quase escandalosa. Homens e mulheres, casados ou solteiros, esbarravam-se, apertados, membros do alto escalão do governo ao lado de provincianos grosseirões, assim como príncipes, prostitutas e religiosos — uma profusão de colarinhos pregueados, mangas bufantes e cabelos cacheados esvoaçantes, ocupando os três andares da casa. Hoje em dia, o prédio estreito fica a pouca distância da rue Rambuteau, só para pedestres, apinhada de vendedores de *kebab*, estúdios de *piercing* ou de lojas vendendo sanduíches de patê, além, é claro, das onipresentes bancas de fotos de Robert Doisneau, retratando a Paris dos anos 1950. Os andares superiores da casa permanecem como residências; o térreo foi ocupado por um bar de caraoquê. Há três séculos e meio, quando era a casa de Jacques e Geneviève Rohault, o prédio era bem-mobiliado, ornamentado com pinturas e tapeçarias, e, o que era mais notável, estrategicamente atulhado de frascos de vidro, tubos de ensaio, seringas, microscópios, prismas, bússolas, ímãs e lentes dos mais variados formatos e tamanhos, além de curiosidades, como um "olho artificial" e um grande espelho preso ao chão.

Os visitantes das *les mercredis* — como ficaram conhecidos esses eventos semanais — incluíam alguns dos nomes mais famosos do século, entre os quais o maior autor teatral da França, Molière, a *socialite* Madame de Sévigné e o polímata Christiaan Huygens, que inventou o relógio de pêndulo, descobriu corpos celestes e colaborou com o desenvolvimento do cálculo. Todos iam ver Rohault, um físico então conhecido como o maior cartesiano vivo. Essa descrição, por si só, sugere a distância entre aquela época e a nossa. Hoje — ou há vinte anos, ou um há século — um estudante de filosofia aprende que Descartes era um filósofo, um homem que remodelou a paisagem do intelecto. Para a geração que o seguiu, Descartes foi isso, mas também fora um pesquisador da natureza, e, para esses homens e mulheres, as duas coisas estavam intrinsecamente conectadas.

Em 1667, Rohault tinha 47 anos, a constituição de um buldogue e uma personalidade que combinava com essa constituição. Ele podia ser impaciente a ponto de se tornar irascível com aqueles que não conseguiam captar um princípio que ele vinha tentando explicar repetidamente. Ao menos, parte de sua impaciência derivava do seu zelo. Sua devoção ao mestre era tamanha que ele se casara com alguém do círculo dos cartesianos. Sua esposa era filha de Claude Clerselier, curador dos escritos de Descartes (muitos dos quais permaneciam ainda inéditos). Como o próprio Descartes, Rohault estava profundamente impressionado pelos novos meios de compreensão do mundo físico e parecia acreditar que qualquer observação, qualquer dado, em qualquer que fosse o campo de pesquisa, seria capaz de fazer pesar a balança para o lado do conhecimento e domínio, em detrimento do lado da ignorância Ele fizera de si mesmo uma autoridade em astronomia, geografia e anatomia; escreveu comentários detalhados sobre a geometria euclidiana e sobre como aplicar seus princípios na prática: seu

Traité de physique perdurou como um livro didático padrão para a física por décadas. E ele não se restringia ao domínio acadêmico: percorria as vielas de Paris, por onde diversos artesãos dedicavam-se aos seus ofícios, observando-os enquanto construíam relógios e destilavam conhaque, inquirindo, indo em busca de noções, pistas e métodos.

Essa combinação de intelecto, observação penetrante e fervor missionário revelava-se nas demonstrações semanais de Rohault. Havia um elemento dramático envolvido, e, sem dúvida, alguns dos que iam assisti-lo estavam mais interessados no espetáculo. Chamas coloridas, bolhas, explosões: o cartesianismo tornara-se um espetáculo. Havia rumores de que ele também oferecia breves visões para além do mundo material, adentrando o domínio do sobrenatural, e algumas pessoas excitavam-se com a possibilidade de dar uma espiada no que acontece por trás do aspecto corriqueiro da vida. Mas Rohault e a maioria dos seus visitantes estavam em busca de algo mais. Havia uma ordem na natureza; era possível ir além das bases sólidas dos princípios filosóficos — o método cartesiano —, escalar mais alguns degraus do conhecimento da matéria e de sua manipulação. O evento semanal era uma festa de salão, porém de um tipo em que as pessoas fazem anotações, rabiscando-as rapidamente enquanto tentavam aprender algo verdadeiramente novo.

As notas de um advogado anônimo que frequentava as *mercredis* chegaram até nós. Seu relato de uma dessas noites nos dá uma ideia da abrangência e intensidade daquilo que pessoas dos mais variados matizes traziam para o plano abstrato da filosofia. Rohault iniciou a palestra discutindo os estados da vigília e do sono — "O primeiro vê a verdade", escreveu o advogado, "o segundo, o que é falso" —, ao que se seguiu um discurso sobre o estudo dos sonhos. Nessas palavras introdutórias, Rohault pedia ao público que desenvolvesse uma perspectiva da mente e de seu adequado funcionamento. Depois, passou para uma análise da reorientação de Descartes sobre o modo como aprendemos. A chave, disse, era o *cogito*, que nos dá a certeza de nossa existência individual. Tudo o mais, anotou o advogado, era apenas "probabilidade". E neste ponto, colocando cuidadosamente essa estranha e profundamente moderna palavra entre aspas, esse filósofo anônimo e amador provoca-nos um arrepio, dando-nos uma ideia de como seria estar sentado em meio a penteados à moda de Luís XIV e ao cheiro de giz e vinagre do pó de arroz, e ter um primeiro vislumbre do horizonte do mundo moderno.

A partir daí, Rohault passou para a divisão de Descartes da realidade entre mente e matéria. Notáveis — e talvez ilimitadas — melhorias eram possíveis em todos os campos de atividades, mas veículos mais rápidos, espadas mais resistentes e lentes mais sensíveis exigiam uma compreensão mais verdadeira do mundo físico e de como nós o apreendemos.

O que exatamente constitui um objeto material? A tentativa de responder a essa pergunta lançava o físico e seu público nas profundezas da filosofia. "Em conexão com a 'crença' na existência do 'ser físico'", anotou o advogado, "buscamos compreender o que é que nos convence dessa crença. O calor, por exemplo, não é a essência de uma coisa, pois existem coisas frias. Tampouco o frio é a essência, pois existem coisas quentes". E: "Não é a dureza ou o estado líquido que forma a essência de uma coisa, e pelo mesmo motivo."

Aqui, Descartes e seus seguidores opunham-se à noção escolástica da matéria. Segundo o pensamento tradicional sobre o assunto, o céu tinha o azul em si, a água tinha a umidade, o alho, o seu odor. Essas qualidades perceptíveis eram inerentes à substância subjacente de uma coisa. Rohault, em especial, achava que isso era uma noção ilógica, que impedia o progresso material. Os aristotélicos, ele escreveu, raciocinavam que "seria impossível que corpos luminosos ou coloridos nos causassem essas sensações se não houvesse neles algo muito semelhante ao que nos causavam, pois, diziam, nada pode dar o que não contém". Rohault desmonta essa lógica com um simples exemplo: o fato de que uma agulha espetada na pele provoca dor claramente não significa que a dor esteja, de alguma forma, na agulha. A dor está na mente. E assim, de certa maneira, dá-se o mesmo com o azul do céu, a umidade da água, o cheiro do alho. Essa é a raiz do que Descartes legou não só para os seus discípulos mais próximos, mas para a maioria de nós que viemos depois. Há uma divisão no universo — existem duas substâncias distintas. Uma é a matéria. A outra é a mente. A realidade não é "aquilo que está lá fora", mas uma dança envolvendo quem sente e o que é sentido.

Por mais abstrata que fosse, essa noção era essencial para os cartesianos. E, por estranho que pareça, também era perigosa. Essas noções conceituais, de aspecto meramente intelectual, tinham implicações políticas. Por mais que os próprios cartesianos desejassem o contrário, o cartesianismo ameaçava alguns centros de poder mundano. Ao se encontrarem nas *mercredis* de Rohault e em outros lugares, às vezes pitorescamente chamados de "salões cartesianos", em Paris e no resto da Europa (a *Société des lanternistes*, em Toulouse, por exemplo, que tinha esse nome devido às lamparinas que seus membros carregavam para iluminar o caminho para as sessões noturnas), esses homens e mulheres tinham plena consciência de que estavam se arriscando, em maior ou menor grau, conforme as diferentes igrejas e governos, que variavam suas compreensões da nova filosofia. No caso de cada uma dessas instituições, o medo era o de ver seu poder esvaziado. Se essa nova seita, o cartesianismo, professava ser capaz de demonstrar que, por exemplo, o corpo era um tipo de máquina e a morte uma barreira absoluta, como então ficava a doutrina da vida após a morte ou da ressurreição corpórea de Cristo? Se os milagres podiam ser descartados, com toda a propriedade, como bobagens, uma fé baseada neles perdia seus fundamentos. Para um governo autocrático, a ameaça era igualmente séria. Enquanto Rohault fazia demonstrações físicas em Paris, em Amsterdã, Baruch Espinoza — também dando continuidade às ideias de Descartes — usava a razão como base para afirmar que a democracia, e não a monarquia absolutista, era o único sistema justo de governo. Tais ideias eram sussurradas nos círculos cartesianos, levando os governantes da Europa a considerá-los suspeitos, quando não, ameaçadores.

Todos esses medos concentraram-se em uma única questão, que entrelaçava um dos mais abstratos e aparentemente teóricos elementos da filosofia cartesiana à vida individual, à sociedade e ao poder mundano. Essa questão era talvez uma das maiores fontes de ansiedade do próprio Descartes em relação à sua filosofia. Quanto aos cartesianos reunidos em seus salões, assistindo às demonstrações da "lanterna mágica" (precursora do projetor de slides e do cinema) e testemunhando experiências que envolviam mercúrio, magnetismo e pressão barométrica, tal questão provocava-lhes um medo palpável e de um tipo muito realista: de soldados aparecendo na porta para levá-los presos. A questão referia-se à verdade do sacramento católico da comunhão.

Uma ideia perturbou Descartes pela primeira vez em 1630, de uma maneira aparentemente inócua, quando ele refletia sobre ótica e cores. Ao partir um pão, seu interior mostra-se muito branco. Claro que a brancura está no próprio pão, não é mesmo? A partir desta percepção mundana, sua mente percorreu uma cadeia lógica que ameaçava as principais instituições da Europa. O próprio Descartes preferiria não aprofundar-se mais no seu estudo, no entanto, em 1643, recebeu uma carta de um dos professores de sua velha escola de La Flèche. Padre Denis Mesland tornara-se um devoto das ideias de Descartes e agora tinha algumas perguntas para ele. No século XVII, assim como hoje, o principal rito do catolicismo era a missa, e no centro da missa — a essência da fé — estava a Sagrada Comunhão, em que os fiéis recebiam pão e/ou vinho: o "corpo e o sangue" de Jesus Cristo. Uma das principais diferenças entre o catolicismo e o protestantismo — um dos fatores por trás do banho de sangue do século que havia pouco terminara — envolvia o significado das aspas na frase anterior. Os protestantes (alguns deles, ao menos) passaram a afirmar que o pão e o vinho *representavam* o corpo e o sangue de Cristo, enquanto que, para os católicos, o mero simbolismo não alcançava a natureza genuína do mistério sagrado ali envolvido. Na teologia católica (e na convicção católica do século XVII e da atualidade), quando um sacerdote repete, durante a missa, as palavras ditas por Jesus na Última Ceia — "Esse é o meu corpo [...] esse é o cálice do meu sangue" — ele inicia uma verdadeira conversão da substância. Um século antes da carta de Mesland, o Concílio de Trento, que se estabeleceu como uma reação à Reforma Protestante, decretara que, em relação ao pão e ao vinho consagrados, "fica contido [...] verdadeira, real e substancialmente, nosso Senhor Jesus Cristo, verdadeiro Deus e Homem, sob as espécies daqueles materiais sensíveis".

Para a Igreja, Cristo era, e tinha de estar, "verdadeira, real e substancialmente" presente no pão e no vinho. Católicos inteligentes e razoáveis não precisam necessariamente ter um problema com a lógica dessa questão, graças à crença no mistério como uma força verdadeira sobre o mundo. Com efeito, a transformação não pode ser explicada por meios ordinários, o que faz parte da essência da fé, assim como a ressurreição do corpo e a ascensão ao céu eram elementos da misteriosa verdade da passagem de Jesus. E quanto ao fato de o pão, após ser consagrado pelo padre, ainda manter o aspecto de pão, parecer pão ao toque e continuar a ter gosto de pão, os teólogos católicos aplicaram categorias aristotélicas, conforme a adaptação feita por Tomás de Aquino. Um objeto material, na ciência aristotélica, é constituído por acidentes — cor, odor, sabor — e substância, a própria coisa real e subjacente. Quando um padre abençoa o pão e o vinho durante a missa e repete a fórmula bíblica, a transformação acontece no nível da substância. As substâncias subjacentes do pão e do vinho são trocadas pelas substâncias da carne e do sangue de Jesus Cristo. Daí o termo "transubstanciação", que passou a ser usado pelos teólogos em torno de 1100 d.C. Mas os "acidentes" do pão e do vinho — que lhes dão sua aparência, mas que são componentes reais do pão e do vinho — mantêm-se inalterados. Esse fragmento aparentemente problemático da realidade era, na verdade, considerado um segundo milagre e, na Idade Média, uma "prova" dos milagres gêmeos da transubstanciação que ocasionalmente se manifestava no mundo. O filósofo americano Richard Watson, escrevendo sobre a explicação aristotélica, aproximou a noção dos acidentes que miraculosamente mantêm a falsa aparência a um "escudo" que cobre a verdadeira substância, e acrescentou: "São conhecidas numerosas histórias de o escudo cair de tal forma que o padre deparava-se com um autêntico pedaço de carne ou, mais espetacularmente, um pequeno e perfeito bebê em suas mãos."

No que se referia às autoridades católicas, a física da transubstanciação tinha de ser explicada dessa maneira. É difícil superestimar a importância multifacetada da eucaristia (para chamar o sacramento da comunhão pelo seu nome correto) na Europa católica no século XVII. Como a hóstia torna-se verdadeiramente o corpo de Cristo, ela incorpora a dor física de Cristo, seu desejo de sofrer e morrer pela humanidade e, assim sendo, seu amor pela humanidade. Consumir a hóstia é um ato de reafirmação do compromisso com a fé, de participação no sofrimento dele e de aceitação de seu amor divino. Comer o pão é também unir o próprio corpo físico ao corpo de Cristo — tornar-se parte do corpo de Cristo, significando tanto o corpo físico dele quanto o corpo dos fiéis. Desta forma, o ritual da eucaristia era, e continua a ser, a verdadeira essência do cristianismo católico, atando o esoterismo da fé ao fato essencial da humanidade: nosso ser físico, de carne e osso. Novamente, a questão é que o ato não é simbólico, mas real. A hóstia católica traz o que os cristãos acreditam ser a raiz histórica da fé — que, em Jesus, Deus fez-se carne, sofreu fisicamente e morreu — no aqui e agora, de novo e de novo, cada vez que a missa é celebrada.

Com toda a significação espiritual que continha, esse conceito também acarretava implicações tremendas para o poder no mundo real. Toda a infraestrutura da Igreja — paróquias e catedrais, padres e freiras, propriedades, arte, renda, a capacidade de moldar e manipular as cabeças do Estado — repousava sobre isso. Apenas um padre ordenado podia rezar a missa, e, ao celebrar a comunhão e repetir as palavras "Eis o meu corpo", ele incorporava a personagem de Cristo e tornava-se o veículo indispensável pelo qual os católicos participavam do mistério do martírio e da morte corporal dele, bem como de sua ressurreição. Como a hóstia era a verdadeira substância do corpo de Cristo, a Igreja tinha o que acreditava ser a franquia da salvação. A Reforma Protestante representou um ataque à transubstanciação e ao poder secular que ela outorgava à Igreja Católica. O padre Mesland estava entre os primeiros a reconhecer que a ciência cartesiana significava mais um ataque do gênero. No cômputo do universo, segundo Descartes, não havia uma maçã "real", ou árvore "real", ou borboleta "real", ocultos sob o escudo das aparências acidentais dessas entidades. Se o objeto em questão era duro, cinza e manchado, além de outros sinais que lhe davam a aparência plena de ser um pedaço de granito, então *era* um pedaço de granito. E se parecia, cheirava e tinha o gosto de pão, então era... pão. Era nessa direção que Mesland via seguirem as ideias de Descartes, e tratava-se de uma direção perigosa.

Descartes respondeu afirmando que sua filosofia não negava a presença genuína de Cristo na hóstia. Na verdade, ele acreditava ter oferecido uma noção filosófica satisfatória sobre isso, que poderia coexistir com a visão mecanicista da natureza. De fato, ao enfatizar a visão dualística da realidade, ao colocar os elementos efêmeros da mente e da alma em uma categoria e o mundo físico em outra, ele acreditava ter construído um muro em torno da fortaleza da fé, protegendo-a das intromissões da ciência. Ao mesmo tempo, ele esperava proteger as investigações do mundo natural contra a interferência teológica. Sentia-se perturbado pelas condenações de cientistas, por parte da

Igreja, em especial a de Galileu ("fiquei tão surpreso com isso que quase decidi queimar todos os meus escritos, ou pelo menos não deixar que ninguém os visse", escreveu ele, ao saber que Galileu tinha sido condenado por publicar suas concepções heliocêntricas). O próprio Descartes era tão devotado à sua fé e, ao mesmo tempo, tão seguro da legitimidade das investigações sobre o mundo natural baseadas na razão, que a divisão da realidade em duas seções distintas parecia ser a única conclusão lógica.

Ainda que, em parte, a meta do dualismo cartesiano fosse proteger a fé, um efeito seu de longo prazo — à medida que ia avançando sobre a consciência ocidental, ao longo das décadas e dos séculos subsequentes — foi limitar drasticamente a abrangência da religião. Na visão moderna que prevaleceu, a crença não tem nada que se meter nos assuntos da astronomia ou da biologia. E a extensão lógica desse pensamento vem a ser a tão moderna postura ateísta. Até certo ponto, esse resultado foi previsto por críticos da época do próprio Descartes, que consideravam que o trabalho dele, assim como o de outros filósofos inclinados ao mecanicismo, daria à razão um amplo domínio sobre a realidade humana e relegaria a fé ao estatuto de superstição. Essa, certamente, não era a intenção de Descartes, tampouco a de seus contemporâneos. A timidez inata de Descartes ao enfrentar as autoridades da Igreja sempre esteve em conflito com sua ambição, e, no quesito eucaristia, ele esperava resolver o assunto pelos dois lados: lançar uma nova fundação não só para a física, mas também para a teologia cristã. Ele estimulou Mesland e outros de seus seguidores a aceitar o desafio e alinhar a explicação da Igreja para a transubstanciação com a da ciência — ou seja, com a do cartesianismo. Novamente, sua meta nada modesta era a de substituir Aristóteles completamente como a base de todo o conhecimento.

O próprio Descartes evitou enfrentar diretamente a eucaristia, mas desde a sua morte a matéria expandiu-se, a ponto de se tornar uma controvérsia generalizada. Seus seguidores aceitaram o desafio de várias maneiras. Descartes tentara suplantar todo o mecanismo da explicação aristotélica, argumentando que era um erro falar em transformação da substância, pois, em vez disso, o milagre implicava a união da *alma* de Cristo com o pão. Desta forma, não havia necessidade de um segundo milagre, no qual o "escudo" da aparência de pão cobria a substância subjacente. Essa própria explicação era motivo de alarme, uma vez que parecia apenas uma leve variação da ideia protestante de que a hóstia simbolizava o corpo de Cristo. Para a Igreja, a alma de Cristo era aparentemente sem substância suficiente para suportar sua construção terrena; as autoridades católicas precisavam também do corpo.

Ainda assim, os cartesianos insistiam em sua argumentação. Rohault apresentou uma defesa da visão cartesiana da eucaristia. Claude Clerselier, sogro de Rohault, sabiamente absteve-se de incluir a troca de cartas entre Descartes e Mesland, quando publicou a correspondência de Descartes, mas enviou cópias para pessoas influentes. Robert Desgabets, um monge beneditino com certa inclinação para a ciência, o qual jamais se encontrara com Descartes, mas que se fascinara por sua filosofia, era um dos destinatários das cartas. Desgabets viajou a Paris, para participar dos salões cartesianos, e, em vez de fazer uma demonstração dramática da íntima relação que os cartesianos viam entre a filosofia e a medicina, deu uma aula sobre como era possível fazer uma transfusão de sangue, ao mesmo tempo em que apresentava sua própria defesa da visão cartesiana da transubstanciação.

Após deixar Paris, Desgabets percorreu as abadias beneditinas do interior, com o objetivo de espalhar o evangelho do cartesianismo. Acabou por publicar um texto cujo título enunciava claramente a questão central: *Considerações sobre o presente estado da controvérsia envolvendo o Santo Sacramento da hóstia, em que é tratada em poucas palavras a opinião que ensina que a matéria do pão é transformada no corpo de Jesus Cristo pela união das substâncias de sua alma e de sua pessoa divina.* Junto com algumas outras atividades que ele desenvolvia, esse pequeno texto marcou Desgabets como um herege, resultando na supressão de seu trabalho e no amplo esquecimento de seu nome pela história. Enquanto isso, o padre Mesland, por sua persistência em perseguir a questão, foi finalmente banido para o Canadá.

Era esse o clima de crescente perigo em que os cartesianos agiam. Ainda assim, alguns deles — entre os quais, Rohault — continuaram a defender que seus princípios podiam ser colocados a serviço tanto das leis civis quanto das autoridades espirituais. Longe de ser uma ameaça — era o que eles afirmavam —, a nova filosofia podia ser uma proteção da fé. O próprio Descartes seguira essa linha. Diversos poderosos intrigavam-se com a ideia de essa estranha e malcompreendida nova ferramenta tornar-se realmente parte do arsenal da Igreja ou do Estado. O clima alternava-se entre o de curiosidade e o de medo. E, portanto, a situação dos cartesianos no final do século XVII espelhava, de certa forma, aquela dos primeiros cristãos nas catacumbas da antiga Roma. Eles eram alternadamente tolerados, postos em suspeita, perseguidos e, é claro, finalmente triunfantes na disseminação de sua filosofia.

Havia ainda outros paralelos, no século XVII, entre Descartes e Jesus. Muitos dos primeiros cartesianos eram padres católicos. De certa forma, a nova filosofia se tornaria um substituto do cristianismo como base da cultura ocidental, e, de fato, os cartesianos referiam-se a si mesmos como "discípulos de Descartes". Sua física colidia com as visões católicas sobre o corpo de Cristo, e eles estavam prestes a usar o corpo material de Descartes, ou o que restara dele, para promover sua filosofia. E havia ainda o fato de que, em vida, Descartes parece ter acreditado que seria capaz de, por alguma via, suplantar o domínio da morte — a ironia sendo, justamente, a que sua ideia de "vida eterna" baseava-se em crenças científicas, em lugar de crenças religiosas.

Assim como os primeiros cristãos, os cartesianos acreditavam fervorosamente em sua causa. Alguns a encaravam de maneira quase mística. Eram guardiões de um legado e portadores de uma chama que, eles acreditavam, iria iluminar o futuro do mundo. Sabiam que aquilo com o que se envolviam era perigoso e exigia conhecimentos não só dos meandros da filosofia e da ciência, mas também do funcionamento do poder. Para conseguir sobreviver e fazer avançar sua causa, precisavam empregar ferramentas de persuasão. E agora, na virada do ano de 1667, uma nova ferramenta estava prestes a chegar.

Foi no frio mês de janeiro, três meses após terem partido, que os dois franceses, L'Epine e Du Rocher, chegaram à periferia de Paris. Por mais longa que tenha sido a viagem, como seria qualquer outra por uma estrada moderna, avançar até a metrópole significaria diminuir ainda mais o passo. Paris era, em grande parte, uma cidade medieval, com estradas de terra começando a ser pavimentadas e ruas com traçados sinuosos. Era maior, mais barulhenta e suja do que Londres, e as melhorias em larga escala às quais o principal conselheiro de Luís XIV, Jean-Baptiste Colbert, começava a dar início — abertura de amplos bulevares, limpeza das ruínas desmoronadas das velhas muralhas medievais, construção da colunata do Louvre — naquele momento serviam apenas para piorar o congestionamento. As pessoas se revoltavam, mas o rei passava a maior parte do tempo em seu palácio de Versalhes, visitando Paris umas poucas vezes por ano e, no resto do tempo, ocupando a mente com outras coisas que não a cidade. A mudança mais notável desde a última vez em que Descartes visitara a cidade em vida era visível nas ruas. No início do século, o transporte era feito a pé ou em lombo de mula. Agora, uma revolução tivera lugar: veículos de todos os tipos, milhares deles, desde simples artefatos semelhantes a riquixás, puxados por homens e conhecidos como "mulas batizadas", até carruagens folheadas a ouro, com janelas de vidro e para-choque, apinhavam-se nas ruas de tal forma que a carroça que transportava os pertences de Terlon, incluindo os restos mortais do filósofo, teria de atravessar um caminho tortuoso. Seriam obrigados a cruzar um dos dois portões medievais arruinados, na extremidade norte da cidade — a Porte St.-Martin ou a Porte St.-Denis —, abrir caminho pelo bairro elegante do Marais e, finalmente, parar diante de uma imponente residência no centro burocrático de Paris, ao norte do Sena.

Logo que a carroça chegou à casa de Pierre d'Alibert, tesoureiro-geral da França e o cartesiano que ocupava o mais alto posto no governo francês, outros cartesianos, como Jacques Rohault, em sua casa a poucos quarteirões a oeste, e Madame de Sévigné, que morava ainda mais perto, souberam da notícia. Acima de todos estes estava Claude Clerselier, um oficial do governo de 53 anos, que fora um dos primeiros convertidos ao cartesianismo. Durante a vida de Descartes, e mais intensamente após a sua morte, Clerselier fizera-se indispensável, como uma espécie de agente literário. Descartes considerara alguns de seus escritos por demais incendiários para serem publicados em vida; Clerselier editou-os e supervisionou sua publicação póstuma. Ele também publicou a correspondência do filósofo, o que não era fácil. Os bens de Descartes, incluindo suas cartas, foram enviados para a França após sua morte na Suécia, mas o navio naufragou. Clerselier encarregou-se da operação de salvamento, contratando uma equipe de trabalhadores para recuperar os milhares de folhas e colocá-las para secar.

Durante as décadas de 1660 e 1670, Clerselier cuidou da publicação dos volumes das obras de Descartes, oferecendo aos membros educados da sociedade europeia do final do século XVII combustível intelectual renovado e mantendo viva a própria memória de Descartes, ao mesmo tempo que usava seus textos para levar a causa adiante. Com isso, tornou-se o líder dos cartesianos — não no sentido filosófico ou científico, mas como um general, ou o estrategista-chefe. Os seguidores de Descartes formavam um grupo difuso, que se estendia por todo o continente, mas seu núcleo era notavelmente bem-amarrado. Aqueles que formavam o círculo interno eram ligados não só por sua devoção, mas também por laços de sangue e casamento. Rohault era casado com a filha de Clerselier, enquanto Clerselier casara-se com a irmã de Pierre Chanut.

Pode muito bem ter sido Clerselier — que há tempos vinha trabalhando no corpo textual de Descartes, em seus escritos — quem surgiu com a ideia de colocar o próprio corpo físico do filósofo também em uso. Dezesseis anos antes, Chanut e Christina decidiram, por motivos próprios, enterrar o filósofo em Estocolmo, mas logo após a chegada à França das cartas de Chanut anunciando a morte de Descartes, alguns grupos começaram a clamar pelo translado do corpo para o solo francês. O nacionalismo pode ter sido a motivação inicial, porém com o tempo outra ideia floresceu, e a ironia nela contida provavelmente não passou despercebida. As raízes da filosofia revolucionária de Descartes estavam no foco do filósofo sobre a saúde do corpo, especialmente sobre seu próprio corpo; e, recentemente, esta filosofia entrara em conflito com a visão oficial a respeito do corpo físico de Jesus Cristo. Agora, em seu esforço de legitimar essa filosofia e de se proteger, os seguidores de Descartes iam colocar os próprios restos físicos do filósofo a seu serviço.

Foram necessários vários meses para organizar a santificação de Descartes. Os cartesianos — Rohault, Clerselier, d'Alibert e outros — traçaram como plano orquestrar especialmente agentes políticos. A meta era influenciar pessoas da Igreja e do governo, de forma a criar um efeito carregado de poder e força, algo inexorável, que exigisse a sanção e o respeito oficiais. Finalmente, em uma noite no fim de junho, o espetáculo estava montado. Enquanto o sol se punha, um vasto grupo de pessoas reuniu-se na viela estreita diante da casa de d'Alibert, bem junto ao Sena. Clérigos, aristocratas e amigos do filósofo misturavam-se na multidão. Tão importante quanto eles era o grande número de parisienses comuns, incluindo alguns dos mais pobres habitantes da cidade, que enchia a rua. Os pobres receberam tochas flamejantes; os ricos circulavam em suas carruagens. Formaram uma procissão, seguindo para o norte, para a rue St.-Antoine. Ali, viraram à esquerda e dirigiram-se para o maciço prédio da igreja de St.-Paul, onde os restos mortais de Descartes repousavam desde o inverno. Carregando-os consigo, o cortejo funerário seguiu para o sul, cortando de modo dramático a cidade, cruzando a Île de la Cité, rumo ao Quartier Latin, e seguindo a inclinação do solo, até chegar a um local elevado e ventoso, o ponto mais alto de Paris. Ao chegar lá, os sinos da igreja começaram a tocar. Havia duas igrejas, lado a lado, no alto da colina. Diante da igreja da direita — a construção gótica de Ste.-Geneviève-du-Mont, a santa padroeira de Paris — estava o abade, reverendo François Blanchard, vestindo hábito completo, com a mitra na cabeça e um crucifixo nas mãos. Ao lado dele, estavam os cônegos da igreja, cada um deles segurando uma vela acesa.

Dentro da igreja, a procissão inteira se perfilou. D'Alibert apresentara sugestões ao abade sobre o tipo de espetáculo religioso que deveria ser montado, mas o sacerdote conseguiu superar essas instruções. A própria procissão assemelhava-se à peregrinação anual da igreja pelas ruas de Paris, carregando os ossos de Ste.-Geneviève. O espetáculo agitou a cidade — no dia seguinte, massas ainda maiores de gente juntaram-se na vasta praça aberta diante da igreja, para ver o que estava acontecendo. Clerselier havia planejado uma oração funerária pública, mas no último minuto chegou uma proibição vinda de Luís XIV, de forma que a oração foi privada. As preces e a celebração culminaram com o caixão sendo colocado em uma câmara de honra especialmente preparada para ele, próxima aos restos de Ste.-Geneviève.

Depois que o abade abençoou os restos mortais de Descartes, os procedimentos passaram à fase administrativa, na qual uma série de relatórios formais foi apresentada. Os cartesianos apresentaram um relato escrito para a Igreja, documentando as etapas deste "famoso translado", incluindo declarações de Clerselier e do falecido Chanut, certificados de autoridades religiosas testemunhando a inabalável fé católica de Descartes e a "inocência exemplar" de sua vida, além de uma admirável carta enviada de Roma, por Christina, em que ela (ainda mantendo o pronome de tratamento da realeza) atestava que Descartes "contribuíra grandemente para nossa gloriosa conversão". Todos esses dados, tão cuidadosamente compilados, tinham a finalidade de desfazer a ideia de que o próprio Descartes — e, por extensão, sua filosofia — poderia ser de alguma forma anticatólico ou, inclusive, contrário à religião. Finalmente, Clerselier apresentou uma espada de cobre em que foram gravados os detalhes de todo o translado, desde a Suécia até a cerimônia em Paris, ao lado dos nomes dos presentes mais destacados. O abade colocou a espada no caixão "diante da presença desses amigos", conforme um biógrafo de Descartes do século XVII observou (um detalhe que se tornará importante mais tarde), a câmara foi selada e a cerimônia, concluída.

Então, as festas tiveram início. D'Alibert promoveu o banquete principal, que incluiu o maior número de pessoas importantes que Clerselier e seus amigos conseguiram convocar; outras festas — "esplêndidas e suntuosas" — foram realizadas por toda a cidade. Duques, advogados, matemáticos, cortesãos, membros do parlamento de Paris e da Academia Francesa, os supervisores das fortificações do rei, assim como seu médico, todos compareceram ao prolongado banquete em homenagem ao retorno dos ossos do filósofo. Havia uma finalidade nisso: promover a causa, desmontar, de uma vez por todas, a velha e persistente estrutura do conhecimento e conquistar a sociedade para o lado do cartesianismo, para o culto da razão, para a crença de que a fundação mais verdadeira e confiável era a mente humana e seu "bom-senso". Ao mesmo tempo, o modelo — o tratamento, no catolicismo, de ossos sagrados como relíquias — foi reproduzido tão fielmente em seus detalhes que não seria justo falar do novo enterro como uma cooptação secular de um evento religioso. *Foi* um evento religioso — uma tentativa de levar a perspectiva científica para um mundo circunscrito pela consciência religiosa.

Em parte, o programa foi bem-sucedido. Como medida desse sucesso, nos anos que se seguiram o próprio Descartes, sob diversas aparências, tornou-se um adereço social. Era personagem de histórias e poemas. Tornou-se, como a historiadora francesa Stéphane van Damme diz, "uma personagem de ficção literária que povoava as narrativas", aparecendo em algumas obras como um homem da ciência e em outras como um pensador incorpóreo, havendo ainda aquelas em que surgia como uma presença espiritual. Jogos literários eram um passatempo popular nos salões e, na década de 1670, Descartes passou a figurar neles como personagem. Uma das variedades, entre esses passatempos, era um tipo de sessão espírita; em um poema referente a um desses jogos, uma jovem mantém uma conversa com o "ilustre e sábio espírito de Descartes".

Nos anos que se seguiram ao funeral dos restos transladados, Descartes alcançou um tipo diferente de popularidade, e, à medida que ele ganhava força como personagem da cultura, sua filosofia enraizava-se em novos lugares. Aristocratas importantes e religiosos — o príncipe de Condé, o duque de Liancourt, o cardeal de Retz — colocaram os cartesianos sob sua proteção. Com os cartesianos aceitando esses poderosos patronos, o cartesianismo passou a ser adotado pelo que se poderia descrever como partidos opostos, tanto na Igreja quanto no Estado. O príncipe de Condé, uma das figuras mais famosas e ousadas da Europa, rebelara-se contra Luís XIV e tornara-se líder da oposição durante a Fronde, a guerra civil francesa, que devastou o país entre 1648 e 1653. Agora, ele voltara a ser tecnicamente leal, mas de seu castelo, em Chantilly, liderava uma espécie de estrutura de poder que rivalizava com a do rei e que contava com um círculo de cartesianos como um de seus elementos. O cardeal de Retz também se opunha ao rei em vários aspectos; para puni-lo, Luís recentemente o forçara a abrir mão do cargo de arcebispo de Paris, mas ele mantivera-se ativo na política e continuou a ser um grande defensor do cartesianismo. Até mesmo o local escolhido para o descanso dos restos de Descartes era associado a "partidos de oposição". Reverenciada como era a igreja de Ste.-Geneviève, ela e seu abade tinham uma longa história de conflitos tanto com o rei quanto com a diocese.

O *establishment* endureceu e deixou claras suas posições. Em 1671, Luís XIV veio com tudo contra os cartesianos. A nova filosofia penetrara na Universidade de Paris, onde infectava os jovens, levando-os a questionar a crença na eucaristia, na missa e na autoridade dos sacerdotes. O arcebispo de Paris pediu que Luís agisse, e ele o fez, proibindo os ensinamentos que "poderiam trazer confusão à explicação de nossos mistérios". Mais tarde, ele esclareceu que sua oposição era contra "as opiniões e os sentimentos de des Carthes". A cidade de Paris veio logo atrás, decretando que qualquer um que promulgasse tais doutrinas enfrentaria a pena de morte. Um resultado irônico da condenação pelo Estado foi que, quando a Academia Francesa de Ciências foi fundada, em 1666, em um esforço para reunir os salões dispersos e as reuniões de filósofos independentes sob o controle do Estado, os cartesianos — homens como Rohault, pessoas que estavam realizando o que havia de mais próximo ao trabalho científico — foram expressamente proibidos de ingressar na Academia.

A oposição católica oficial começou a se intensificar antes mesmo do translado dos restos mortais. Em 1663, o Santo Ofício da Igreja Católica — ou seja, a Inquisição — condenou quatro dos livros de Descartes e os incluiu no índice de obras proibidas. Seus motivos foram mantidos em segredo até 1998, quando o cardeal Joseph Ratzinger, o futuro papa Bento XVI, que então ocupava o cargo de prefeito da Congregação para a Doutrina da Fé — a variante moderna do Grande Inquisidor —, ordenou a abertura dos arquivos até o ano de 1903. O dossiê sobre a censura a Descartes revela um profundo interesse por parte dos que estudavam a nova filosofia, conforme um dos clérigos escreveu: "admiro o espírito sutil do autor, suas inventivas e novas especulações, a elegância do estilo, muito além do ordinário, e a modéstia com que submete seu trabalho à censura dos teólogos, e considero os méritos desse autor dignos de homenagem." O resultado final, no entanto, foi a condenação e a proibição da leitura dos livros de Descartes por parte dos católicos, sob pena de cair em pecado, e os arquivos mostram que a principal preocupação da Igreja era a convicção de que o reconhecimento da matéria e do mundo material, feito por Descartes, questionava a doutrina da eucaristia e da presença real de Jesus Cristo na hóstia.

Ainda assim, as fronteiras da luta em torno do cartesianismo estavam constantemente se deslocando, com pessoas de várias origens procurando compreender do que se tratava e quais poderiam ser os seus significados.

Ainda que o Vaticano se opusesse a ele, muitos cartesianos, se não a maioria deles, eram homens da Igreja, e algumas ordens importantes haviam adotado o cartesianismo — de tal forma que, além da batalha entre os cartesianos e aqueles que defendiam o que ainda era a visão do mundo do *establishment*, baseada na Bíblia e em Aristóteles, havia ainda disputas entre os próprios cartesianos pelo controle da filosofia e daquilo que ela representava. E se o corpo de Descartes podia ser usado nessa batalha, o mesmo se dava com a vida dele. Líderes da Igreja que tinham se "convertido" ao cartesianismo, mas que queriam manter-se dentro do contexto da Igreja, conseguiram produzir a primeira biografia abrangente de Descartes por um dos seus, o padre Adrien Baillet, que também escreveu um volume setecentista sobre a vida dos santos e deu ao tratamento da vida de Descartes um aspecto igualmente santificado.

O debate mais significativo para a história, entretanto, foi a disputa entre os cartesianos sobre o significado da filosofia. Três anos antes do novo enterro dos ossos, um padre, de nome Nicolas Malebranche, percorria as bancas de livros que ocupavam as margens do Sena (como ainda ocupam) e deparou-se com uma edição do *Tratado do homem*, de Descartes. Era o seu primeiro encontro com a nova filosofia, e ela o atingiu de tal forma que, à medida que ele lia o livro, sentia falta de ar e palpitações. Ele se tornou um dos cartesianos dominantes e, em especial, um defensor do que poderia ser chamado de "teologia cartesiana". Os cartesianos concordavam com a crença de que a mente era a base do conhecimento. Mas será que as ideias não teriam fundações mais profundas do que a mente, sabidamente volúvel e pouco confiável? Malebranche afirmava que Descartes era claro quanto a isso. Falar do dualismo cartesiano pode ser um tanto enganador; Descartes, na verdade, escreveu que o universo consistia não de duas, mas de três substâncias: mente, corpo (ou seja, o mundo material) e Deus. Deus é quem garante que a mente e o mundo podem interagir de maneira significativa — que podemos chegar à verdade usando a força da razão. Malebranche insistia que o intelecto humano e sua capacidade de dar sentido ao mundo natural apoiava-se em Deus. Como ele dizia, "vemos todas as coisas em Deus". Malebranche, desta forma, interpretou Descartes como sendo um apologista tanto da ciência quanto da fé. Outros cartesianos —

incluindo Rohault e o padre parisiense Antoine Arnauld — liam em Descartes a afirmativa de que as ideias existem na mente de maneira voluntária, por assim dizer. Ainda que não desmerecessem a importância de Deus, também não achavam que Ele necessariamente desempenhava um papel na relação entre o mundo e a mente que percebe o mundo. As diferenças entre esta interpretação dos textos de Descartes e a de Malebranche pode parecer desprezível, mas acabaria por se ampliar, até chegar, finalmente, à ideia, tão característica dos séculos modernos, de uma firme divisão entre a fé e a razão; e levaria, de maneira aparentemente inexorável, ao conceito moderno de ateísmo.

Essas batalhas — entre cartesianos e a Igreja, entre cartesianos e o poder do Estado, entre os próprios cartesianos — radicalizaram-se nos momentos finais do século XVII e avançaram século XVIII adentro. Haveria baixas entre os cartesianos. As pessoas seriam excomungadas e forçadas ao exílio. O próprio Rohault seria acusado de heresia e proibido de apresentar palestras públicas.

O mais importante, porém, é que outros pensadores — o alemão Gottfried Leibniz, o judeu de Amsterdã Baruch Espinoza — lançariam o cartesianismo em novas direções, ampliando o alcance da pesquisa filosófica. Para além do nível da filosofia, as raízes do cartesianismo — em especial "o método" e o dualismo mente-corpo cartesiano — penetrariam por todos os níveis da cultura, levando ao surgimento contínuo de um novo mundo, transformando as visões sobre tudo, desde sexo e educação até o papel das mulheres e o relacionamento do homem com seu ambiente, injetando sangue novo nessa que foi a primeira filosofia moderna, e, ao mesmo tempo, mergulhando seu fundador ainda mais fundo nos recessos do passado.

3

Relíquias profanas

POR UM SÉCULO, APÓS O SEGUNDO ENTERRO, EM PARIS, OS ossos de Descartes repousaram em paz. Mas enquanto eles se decompunham e a igreja de Ste.-Geneviève, onde foram sepultados, silenciosamente desfazia-se em ruínas (após perder uma longa batalha tanto contra a Coroa francesa quanto contra a igreja vizinha de St.-Etienne, com a qual dividia um muro e tinha uma antiga rivalidade territorial), o mundo dos vivos se transformava de maneira nunca vista. Se uma pessoa de qualquer um dos séculos anteriores pudesse retornar à Terra no século XVIII, ela pensaria, e com boa dose de razão, que a humanidade se embriagara de invenções. O nitrogênio fora descoberto; a eletricidade, revelada; a primeira extração do apêndice fora realizada. O imposto de renda fora criado. As ilhas havaianas, descobertas. Inventaram a caneta-tinteiro, o extintor de incêndio, o piano, o diapasão e a descarga do vaso sanitário. Relógios, microscópios, bússolas, lâmpadas e carruagens ficaram mais sofisticados. Na cidade inglesa de Birmingham, para citar apenas um exemplo, o pequeno grupo de homens que se autodenominava de "Sociedade da Lua", em alusão à paixão pela combinação da invenção e da indústria, descobriu o oxigênio, criou o motor a vapor, identificou a dedaleira como um tratamento para doenças cardíacas e construiu as primeiras fábricas do mundo. Homens tomados pela mania de coletar e classificar percorreram o planeta atrás de aranhas, minerais, fósseis e flores. Museus, dicionários e enciclopédias passaram a existir. Os sobrenomes Watt, Fahrenheit, Schweppe, Celsius, Wedgwood passaram a designar produtos ou terminologias.

Afirmar o que ficou dito acima é declarar o óbvio: o Iluminismo e a Revolução Industrial constam em qualquer currículo escolar. O que talvez seja menos óbvio é o modo como as tramas desses eventos percorrem o tempo e se estendem pelo passado. Nós estamos acostumados a considerar o Iluminismo um fenômeno do século XVIII, no qual intelectuais promoveram mudanças por toda a sociedade, baseados no compromisso com a razão. Recentemente, contudo, historiadores limparam as trilhas que conduzem ao passado, avançando pelo século anterior e revelando como as redes de eventos e de personalidades — os inventores e as consequências (encadeadas entre si) de suas invenções, exploradores que dominaram os ventos, microscópios e penas de escrita — enterraram as raízes das ideias de Jefferson e de Rousseau no programa de Descartes.

O vínculo entre Descartes e as sucessivas décadas de invenções e descobertas não é tão aparente; menos ainda a ligação entre Descartes e a nossa própria era de invenções e descobertas. O cartesianismo não está exatamente nas paradas de sucesso dos nossos dias. Não há graduação universitária nessa matéria. Não encontramos pais que declarem desejar que os filhos cresçam e tornem-se cartesianos. A preferência é pela "ciência", ao falarmos de uma determinada maneira sistemática de explorar o mundo natural. *Ciência* — a própria palavra é oriunda do latim e significa "conhecimento" — já era usada desde a Idade Média, quando significava algo como "arte" ou "disciplina", como em "ciência da guerra", ou "ciência da cavalaria". Seu uso no sentido atual não se fixou até cerca de 1800. A essa altura, o "cartesianismo" já tinha desaparecido, nos primórdios do século XVIII.

O que aconteceu com os cartesianos é uma das tramas subterrâneas da modernidade. Em certo sentido, foram engolfados pela grande onda que varreu a Europa no fim do século XVII e início do XVIII e que atendia pelo nome de "anglomania": o centro de gravidade da "nova filosofia" deslocara-se da França para a Inglaterra. Isso foi parcialmente um modismo, mas no fundo havia uma admiração pelo pragmatismo dos ingleses. A abordagem francesa do conhecimento — ornamentada, racional, abstrata — seguira elegantemente a construção medieval aristotélica. Descartes — com seu sistema grandioso, seu esforço por construir uma visão holística da realidade, baseada na razão e no *cogito*, que englobaria tudo, dos cristais de sal à graça divina, das emoções humanas às luas de Júpiter — era parte disso. Os ingleses encaravam o novo pensamento mais como uma caixa de ferramentas. Faziam experimentos; criavam novas ligas metálicas, cerâmica vitrificada e molas de relógio. Se os franceses criaram a nova filosofia, os ingleses inventaram a ciência aplicada. Enquanto os franceses faziam de seus salões instituições de ornamento social, os artesãos ingleses empregavam aprendizes e os faziam assinar contratos rígidos, como aquele em que o jovem Josiah Wedgwood prometia que "jogos de dados ou outros jogos ilegais, ele não iria praticar; tavernas e bares, ele não frequentaria ou sequer entraria; a fornicação, ele não cometeria — e o matrimônio, ele não contrairia".

Havia também uma dimensão política. Enquanto o Estado francês tentava controlar o novo pensamento — em parte com a criação de uma academia de ciências que iria, oficialmente, abençoar ou condenar as propostas de novas vias de estudos — os ingleses eram livres-pensadores. Eram assim mais adeptos da inovação, de forma que os inventores em Bristol ou em Birmingham, agindo por iniciativas próprias, levantando capital e criando mercados, tornaram-se industriais de pequena escala e começaram a remodelar a maneira como o mundo funcionava.

O indivíduo com maior parcela de responsabilidade nessa mudança — a pessoa que, pode-se dizer, lançou Descartes para o passado sem muito esforço — foi Isaac Newton. As leis de Newton para o movimento, seu trabalho em ótica e o desenvolvimento dos princípios da gravidade formaram uma base sólida e prática sobre a qual a revolução científica pôde ser erguida. Os próprios franceses louvaram Newton como o arauto de uma nova era. Voltaire, o patrono do Iluminismo francês, escreveu sobre "*la supériorité de la philosophie anglaise*"* e saudou Newton como o "destruidor do sistema cartesiano" — ou seja, o homem que afastou a ciência das nuvens da teoria. Esse tipo de separação nacionalista entre o pensamento e a ação cristalizou-se, na sistematização da filosofia, através dos termos *racio-*

* Em português, "a superioridade da filosofia inglesa." (N. da E.)

nalismo e *empirismo*. Nessa compartimentalização ordenada, Descartes não só é o pai da modernidade, mas também o inventor da "escola" do racionalismo, que percebe a realidade tendo como ponto de partida a mente humana e cujos líderes eram todos figuras do continente, enquanto os líderes do empirismo — John Locke, David Hume e George Berkeley, inglês, escocês e irlandês, respectivamente — começaram, por sua vez, pela realidade externa do mundo.

Ainda que haja uma boa dose de verdade nessa simplificação, há também uma dose de engodo. A carreira de Descartes, o foco de toda a sua vida na medicina ou na dissecação e na observação, torna menos nítido o rótulo do racionalismo. Indo mais diretamente ao ponto: ele foi fundamental tanto para a tradição racionalista quanto para a empírica, assim como para as ideias políticas do Iluminismo. Sob os princípios de Newton e as máximas de Voltaire está o *cogito*. Enquanto disciplina, a própria filosofia tende a se esquecer disso. Como o filósofo inglês contemporâneo Jonathan Rée diz, Descartes "foi o fundador da 'nova filosofia', cujo trabalho foi levado adiante por Newton e por cientistas posteriores. [...] Os princípios da 'nova filosofia', da teoria do conhecimento e da teoria da natureza humana que a acompanham; os conceitos de uma ideia, das leis matemáticas da natureza [...] são tão fundamentais para a consciência moderna que fica difícil não considerá-las como parte da propriedade natural da mente humana. Mas, na verdade, são o produto do século XVII e, acima de tudo, do trabalho de Descartes".

Assim, a essência do cartesianismo — seu núcleo filosófico, que abrange muito mais do que a ciência — não só persistiu, como expandiu-se por praticamente todos os ângulos da vida humana, evoluindo, adaptando-se e brotando em novas gerações, cada qual com seus traços característicos, mas todas vinculadas ao seu ancestral, mesmo com o apagar da chama dos cartesianos originais.

"Razão versus fé" talvez seja a febre crônica da modernidade, mas se o mundo ocidental a contraiu no período do Iluminismo, a divisão não era, então, tão clara quanto algumas pessoas podem achar atualmente. Parece que hoje em dia há uma ideia entranhada de que as pessoas daquela época brandiam firmemente a bandeira da razão contra a da fé e as duas, desde então, mantêm-se em um embate eterno e mortal. Talvez essa ideia venha de nosso desejo por simplificar as coisas, nossa ânsia por frases curtas e textos rápidos. Pode, talvez, trazer mais clareza para religiosos intransigentes e facções antirreligiosas, ambas com bastante vitalidade nos dias de hoje. As pessoas que desejam conduzir a sociedade e a política segundo suas visões religiosas — sejam muçulmanos, evangélicos americanos, católicos romanos, membros do partido nacionalista hindu — têm se manifestado com bastante intensidade, nos anos recentes. Porém o outro lado — podemos chamá-los de "ateístas políticos" — também tem se expressado, como atestam títulos de livros recentes: *Deus, um delírio*, *A morte da fé*, *Deus não é grande*. A raiz desses manifestos ateístas é a crença de que a sociedade despertou há três ou quatro séculos para o fato de que Deus não controla o universo, o qual, na verdade, é regido pelas forças cegas da natureza, mas muitas pessoas ao redor do mundo ainda caem na armadilha da religião e ameaçam, recorrendo à violência e à intimidação, arrastar a humanidade pelo ralo. Se os fiéis linha-dura têm seus antigos textos em que se apoiar, os novos ateístas contam com o Iluminismo.

Mas a situação nunca foi simples assim. Tratava-se mais de uma luta com três lados, pois os próprios novos filósofos dividiam-se em duas frentes, cada uma com um enorme impacto sobre a modernidade e todas elas ainda existindo, com representantes dando continuidade àqueles embates em programas de entrevistas pela TV a cabo e nas colunas de opinião. A cisão começou, como vimos, com a primeira geração de cartesianos, com Malebranche et al. adaptando a nova filosofia ao ensino católico, enquanto que Rohault, Arnauld e outros mantinham essas duas áreas separadas. Ao longo das gerações seguintes, os "moderados" continuaram a crer que a razão funcionaria paralelamente à fé, para aumentar a felicidade humana e a duração da vida, eliminar as doenças, reduzir os sofrimentos de todos os tipos e dar às pessoas um maior poder sobre a natureza e uma maior liberdade em suas vidas. Esses moderados trabalharam com a Igreja e dentro dos governos: muitos trabalharam, literalmente, na Igreja e no aparato do Estado. O grupo dos moderados inclui algumas das figuras mais conhecidas do Iluminismo: Montesquieu, Newton, Locke, Jefferson, Hobbes, Voltaire.

Mas havia ainda outro elemento. Dois historiadores contemporâneos especialistas naquele período — Margaret C. Jacob, da UCLA, e Jonathan Israel, do Instituto de Estudos Avançados de Princeton — escreveram livros com títulos praticamente idênticos, atribuindo um nome a essa facção secularista mais obscura. *The radical enlightenment* (O iluminismo radical, ainda não traduzido), de Jacob, publicado em 1981, e *Radical enlightenment* (Iluminismo radical, também não traduzido), de Israel, que saiu em 2001, concentram sua atenção nos pensadores da época que encaravam a razão como uma espécie de nova crença, insistindo que uma consequência necessária do pensamento que se seguiu a Descartes foi trazer à baila a extinção da religião tradicional — dar fim ao que eles acreditavam ser a tirania da superstição, sob a qual a humanidade existia havia milênios, uma tirania que, segundo afirmavam, sob o domínio da Igreja e do Estado, era mantida em benefício das próprias instituições dominantes. Além disso, em vários aspectos, esses primeiros iluministas radicais não só prefiguravam o que estava por vir, mas desenvolveram plenamente as ideias que levariam às mudanças históricas mundiais de uma era posterior. Como diz Israel: "Pode ser que a história do alto Iluminismo após 1750 seja mais familiar aos leitores e historiadores, mas isso não modifica a realidade de que esse movimento posterior era basicamente apenas a consolidação, popularização e anotações de conceitos revolucionários surgidos anteriormente."

As mudanças que ocorreram no fim do século XVII e início do XVIII não se restringiram ao desenvolvimento de engrenagens e polias. Envolvia algo mais, para além da mera inventividade. A ideia de fazer da razão a base para o pensamento e para o comportamento teve consequências quase imediatas na esfera social. Já na década de 1660, o holandês Franciscus van den Enden defendia uma nova e radical abordagem da sociedade, que incluía a igualdade de educação para pessoas de todas as classes, propriedade compartilhada dos bens e governos democraticamente eleitos. Van den Enden, na verdade, traçou um plano para uma comunidade utópica que seria baseada na colônia holandesa do Novo Mundo, que se chamaria Nova Holanda e cuja capital seria Nova Amsterdã, na ilha de Manhattan. Um grupo de colonos chegou a fundar a base para a nova comunidade, na baía de Delaware, mas, em poucos meses, os ingleses tomaram a colônia holandesa (mudando o nome de Nova Amsterdã para Nova York), e o esquema — talvez a primeira tentativa de estabelecer uma sociedade baseada no princípio moderno da democracia — chegou ao fim. Na década de 1720, Alberto Radicati — um nobre italiano que se tornou um filósofo radical — defendeu, na mesma linha, que a filosofia natural demonstrava que a democracia era a única forma adequada de governo. Ele também desprezava a maioria dos ensinamentos bíblicos e dizia que as pessoas deviam desfrutar dos prazeres da vida, mas que, se a vida fosse realmente terrível, o suicídio era algo razoável. (Um autêntico radical, só lhe restaria sentir-se lisonjeado quando o principal magistrado da Itália considerou seu trabalho como "o livro mais ímpio e imoral que já li".)

Mesmo entre a primeira geração de cartesianos, já surgira a ideia de que, baseando-se estritamente na razão, não haveria qualquer justificativa para regras sociais que subjugassem as mulheres. Especialmente em Paris, as mulheres começaram a participar ativamente dos salões e a avançar nas discussões filosóficas. Como que confirmando os piores medos daqueles que criticavam tais tentativas de nivelar a sociedade no que diz respeito ao gênero, a literatura erótica — romances, assim como manuais de instruções — começou a surgir. O pensamento por trás dela, segundo um dos mais entusiasmados promotores da nova liberdade sexual, era de que a sociedade negara às mulheres o direito de compreender e expressar seu prazer sexual como uma maneira de mantê-las sob controle. O escritor holandês Adriaan Beverland devotou-se altruisticamente — tanto em sua vida pessoal como em seu trabalho — a libertar as mulheres de suas inibições sexuais.

Esse iluminismo sexual refletia os rumos do Iluminismo mais amplo, com um pequeno número de livros, no fim do século XVII, que foi gradualmente crescendo até se transformar em uma literatura plena, da qual as obras do marquês de Sade — em que o sexo era um veículo para explorar noções radicais de liberdade individual — são a expressão máxima. De fato, tanto quanto Jefferson ou Rousseau, Sade foi uma figura do alto Iluminismo; pode-se pensar nele como o Thomas Jefferson do sexo. A conexão com a nova filosofia também se encontrava nessas páginas. Uma boa parte da literatura sobre a liberdade sexual que surgiu nas décadas pós-cartesianas tinha fontes abertamente ligadas à filosofia, com autores criando cenas de mulheres se masturbando e freiras enclausuradas dedicando-se ao coito, ao mesmo tempo que fazia referência a Descartes, Espinoza, Ovídio e Petrônio.

Por maiores que fossem as transformações prometidas pela arriscada revolução sexual, ela era uma rebelião menor, se comparada ao impacto da nova filosofia sobre as instituições religiosas e sobre as crenças religiosas individuais. Antes de Descartes, a religião era a linguagem usada para discutir as mais básicas ideias sobre a vida e sobre o mundo. Os debates filosóficos eram debates religiosos: tinham lugar entre católicos e luteranos, ou entre luteranos e calvinistas, ou entre o catolicismo e o protestantismo, ou eram disputas doutrinárias entre os membros de uma seita específica. Mais ou menos na época do novo enterro de Descartes, em Paris, a ênfase mudou de direção. A razão aplicada para além das fronteiras da teologia — o livre-pensamento — incendiou-se e se espalhou por todo o continente, com uma velocidade e força que deixaram o clero atordoado. No que dizia respeito aos filósofos radicais, o cristianismo posicionava-se de um lado da escala e o pensamento secular, no extremo oposto. Um filósofo inglês chamado Anthony Collins fez soar os clarins dos novos pensadores em seu tratado de 1713 (um campeão de vendas, ainda que publicado anonimamente), chamado *Um discurso do livre-pensamento*, ao declarar: "Por livre-pensamento refiro-me ao uso da compreensão em um esforço para se descobrir o significado de qualquer proposição que seja, ao se considerar a natureza da evidência a favor ou contra ela, e julgando-a conforme a aparente força ou fraqueza da evidência." E declarou abertamente que "se eu reivindicar o direito do homem de pensar livremente em toda a extensão de minha definição, não só desculpo a mim mesmo, que afirmo praticar diariamente o pensamento livre 'de quolibet ente' [de qualquer ser], mas também a todos os livres-pensadores que já se foram ou ainda virão."

Os filósofos eram realmente influentes nos séculos XVII e XVIII. Escreviam nos jornais, trabalhavam em gráficas e imprimiam seus próprios panfletos, vociferavam nos parlamentos e nos conselhos, debatiam com líderes das igrejas e, portanto, moldavam a opinião pública. O resultado foi que o novo secularismo começou a ganhar espaço entre as pessoas comuns, bem pouco tempo depois dos primeiros cartesianos. No início do século XVIII, viajantes em visita aos Países Baixos observaram que, enquanto um povo, os holandeses pareciam ter perdido a crença popular em bruxas e demônios; Anthony Collins relatou que "o demônio foi inteiramente banido das Províncias Unidas, onde o livre-pensamento atingiu sua maior perfeição". Um acadêmico moderno, o francês Michel Vovelle, estudou os arquivos do sul da França no século XVIII e descobriu que, exatamente por volta da época dos primeiros cartesianos franceses, as pessoas começaram a dar menos dinheiro às organizações religiosas e o uso da linguagem piedosa começou a diminuir em seus testamentos e outros documentos oficiais. Enquanto antes os testamentos eram repletos de apelos à Virgem Maria e aos santos locais, para que zelassem pela alma do falecido, em 1750 cerca de 80% deles não continham mais qualquer referência religiosa. Claro que a Europa manteve-se cristã, mas o secularismo era uma nova força em ação na sociedade. Gysbert Voetius — que se opusera tão vigorosamente a Descartes em Utrecht, dizendo que a filosofia dele levaria ao ateísmo e ao individualismo insensível — estava certo.

No início do século XVIII, escritores de todos os países da Europa tornaram-se célebres ao defender que o pensamento mágico — a crença no poder dos amuletos para afastar o mal e o próprio Satã — não fazia sentido. Alguns enveredaram pelo território proibido do ateísmo, ainda que nenhum deles tenha de fato aderido ao conceito, uma vez que professar a não existência de Deus era considerado crime em toda a Europa. O que surgiu, em lugar disso, foi o deísmo — a crença em Deus baseada mais na razão do que em princípios religiosos —, ou o "panteísmo materialista", que sustenta que Deus e o mundo, significando todas as forças físicas do universo, são uma única coisa. Radicati esboçou essa visão em 1732: "Por *universo* compreendo o espaço infinito que contém a imensa *matéria* [...] Essa *matéria*, modificada pelo *movimento* em um *Número* infinito de formas variadas, é o que eu chamo de Natureza. Desta, as Qualidades e Atributos são *poder*, *sabedoria* e *perfeição*, as quais ela possui no mais alto grau."

Poder, sabedoria e perfeição são, é claro, atributos anteriormente aplicados a Deus, e brincar com esses conceitos de maneira leviana não enganava o clero, que se mantinha vigilante para com qualquer tentativa de ludibriar sua autoridade e visão de mundo. Em 1708, um teólogo alemão criou um guia para permitir que seus colegas frustrassem esse tipo de pensamento, em que "chamava a Natureza de Deus", caracterizando-a como "a mais sistematicamente filosófica forma de ateísmo".

Figuras mais radicais do Iluminismo — Collins, Radicati, Van den Enden e outros — não têm o mesmo poder de atração que outros astros, mais moderados, do período. Mas nem todos se afundaram na obscuridade. Jonathan Israel defende que a principal força por trás da ala radical, o padrinho intelectual dela (e um dos mais influentes filósofos da história), era Baruch Espinoza. Espinoza usou diversas categorias de Descartes e aplicou-as da maneira mais implacável — à religião, entre outras coisas. Como Descartes, ele "provou" a existência de Deus, mas também "provou" que Deus não pode ter propriedades humanas, não realiza milagres e tampouco intervém nos assuntos humanos. A Bíblia contém muita sabedoria, escreveu Espinoza, mas não se deve confiar no que ela diz quando se trata de histórias de mares se abrindo ou de água se transformando em vinho. Ele ridicularizou a crença popular em seres sobrenaturais, respondendo ao debate sobre o sexo dos anjos com a seguinte frase: "Aqueles que conseguiram ver espíritos nus não deveriam voltar os olhos para seus órgãos genitais."

Esse debate de três vias entre secularistas radicais, secularistas moderados e teólogos abrangia praticamente qualquer assunto imaginável, mas centrava-se na noção de Deus. A acusação de ateísmo parecia estar sempre por perto, no fim do século XVII e início do XVIII, e não porque seus alvos afirmavam não crer em Deus, mas porque O definiam de tal forma que acabavam por dispensar a Igreja como sua mediadora. Uma concepção de Deus que não se baseava nas Escrituras era considerada um perigo para a Igreja e para o Estado. Longe de se considerar ateu, Espinoza acreditava que Deus *devia* existir, pois O definia como a substância infinita e concluía que "uma substância consistindo de infinitos atributos [...] necessariamente existe". Segundo essa visão, Deus era sinônimo de natureza, referindo-se não apenas ao mundo natural, mas à totalidade das coisas. Ele chegou ao ponto de recuperar a noção medieval de "substância", ao definir Deus como a substância única existente no universo: tudo o mais eram subpartes de Deus.

Espinoza insistia no fato de que existia algo como uma verdade religiosa, mas também reafirmava que as instituições religiosas estavam muito mais preocupadas em proteger suas próprias posições. Em algumas passagens, o pensamento de Espinoza sobre superstição e sua manipulação soa não apenas moderno, mas ultramoderno; simplifique-se a linguagem de seu *Tratado teológico-político* e o texto ficará parecido com o de um sucesso de vendas antirreligioso do século XX: "A mente humana é prontamente levada de um lado para outro em tempos de dúvidas [...] Qualquer coisa que desperte o assombro leva as pessoas a acreditar que se trata de um portento, significando a ira dos deuses ou do Ser Supremo, e, confundindo superstição com religião, consideram um ato de impiedade não afastar o mal com orações e sacrifícios. Conjuram sinais e maravilhas desse tipo perpetuamente, ao ponto de considerarem que a Natureza corresponde à sua própria imagem, interpretando-a das maneiras mais fantásticas." As instituições religiosas — dizia Espinoza, em uma passagem com a qual várias pessoas, ao longo dos séculos, concordaram tacitamente — alimenta-se dessa coleção de inseguranças: "Dores terríveis foram empregadas para [...] [investir] a religião, fosse verdade ou não, de tamanha pompa e cerimônia que ela se erguia superior a qualquer choque, e sempre observada com estudada reverência por todo o povo."

A forma de panteísmo de Espinoza foi execrada por cristãos e judeus de sua época e de depois (ele foi expulso de sua comunidade judia de Amsterdã aos 23 anos), mas ajustou-se bem à era moderna. Einstein, quando desafiado a explicitar suas próprias crenças religiosas, fez uma declaração famosa ao dizer: "Acredito no Deus de Espinoza, que se revela na ordem harmônica do que existe, não em um Deus que se preocupa com os destinos e ações dos seres humanos."

O ateísmo autêntico — a crença de que não existe qualquer divindade envolvida no universo ou em sua criação, de que estamos sós — seria, é claro, uma consequência decisiva para a virada moderna que ocorreu na Europa nos séculos XVII e XVIII. Mas seria errado imaginar que o Iluminismo opunha-se à religião. Seus principais pensadores, assim como muitos, se não a maioria, dos radicais, eram contrários à Igreja, não à fé. Seu problema com a religião era que ela mantinha as pessoas impedidas de seguir suas mentes e de aplicar sua razão inata à compreensão do mundo e de seus lugares dentro dele. Essa crítica foi aplicada não só ao catolicismo, mas também à teologia protestante. É verdade que o protestantismo foi um movimento em nome do indivíduo. Veio à luz em grande parte porque seus líderes achavam que os cristãos individuais precisavam estabelecer relações pessoais com Deus, sem a intermediação da Igreja. Lutero condenava a Igreja Católica por fazer das pessoas escravas do clero. Mas, ao mesmo tempo, escreveu *Da vontade cativa*, em que defendia que os indivíduos deveriam prostrar seu intelecto e vontade ao Deus das Escrituras. Como disse o marquês de Condorcet, um dos líderes do Iluminismo francês, sobre personagens importantes da Reforma, como Lutero, "O espírito que animou os reformadores não levava à verdadeira liberdade de pensamento. Cada religião permitia, no país em que era hegemônica, apenas opiniões determinadas". As igrejas protestantes não estavam mais dispostas a aceitar o argumento de que "Deus é igual à natureza" do que o Vaticano.

As figuras do Iluminismo desejavam que as pessoas tivessem suas mentes completamente livres, que fizessem uso da razão. Isso incluía a aplicação da razão à fé: avaliar e valorar as substâncias subjacentes da vida — o universo, Deus, a natureza — com os olhos abertos, sem necessariamente empregar as ferramentas da fé sistematizada. Pode-se dizer que, na verdade, toda a crença do Iluminismo não estava em um esforço de diminuir Deus, mas, pelo contrário, na insistência em ampliar a ideia de Deus, alargando o alcance da palavra para incluir tudo o que as novas formas de aprendizagem englobavam. Os inimigos, nessa concepção, eram dois: a autoridade — qualquer poder ou organização que ditava como e em que acreditar — e o pensamento desordenado.

Tudo isso levava de volta a Descartes, que começou a se voltar para a filosofia quando, ao concluir os estudos, viu-se "tomado por tantas dúvidas e erros que mais parecia nada ter ganhado ao tentar educar-se, exceto descobrir, mais e mais, a dimensão de sua ignorância". "Ideias claras e distintas" seriam a meta — de Descartes e dos pensadores do século seguinte. É nesse quadro, portanto, que se vê Espinoza vociferando contra a superstição. Nos anos 1740, Denis Diderot, a força por trás da famosa *Encyclopédie* e um dos pais intelectuais da Revolução Francesa, explicitou o zelo pela clareza na forma de uma máxima: "A superstição é mais nociva do que o ateísmo."

Os períodos históricos normalmente não nomeiam a si próprios. As pessoas que circulavam ao redor do mundo em torno de 1300 não se cumprimentavam dizendo "Está uma bela manhã de fim de Idade Média". O Iluminismo — cujos líderes eram inteiramente conscientes de si mesmos — foi uma exceção. *Aufklärung, les lumières, ilustración, illuminismo, verlichting*: por toda a Europa, em qualquer que fosse o idioma, havia a consciência, por parte dos indivíduos, de que as mentes haviam se modificado em relação às gerações anteriores, e, por toda parte, a ideia era expressa por metáforas de luz invadindo áreas antes ocupadas pelas trevas. Uma das expressões mais claras disso veio do miúdo e introvertido filósofo alemão Immanuel Kant, cujo projeto grandioso tinha como objetivo, em parte, identificar a fundamentação "transcendental" da religião — basear a fé não em uma igreja ou em um livro sagrado, mas na mente humana, no mundo e na relação entre ambos. Kant era do tipo discreto e recolhido, que jamais afastava-se mais do que algumas dezenas de quilômetros de sua cidade natal na Prússia, e seus escritos são tão densos quanto os de qualquer filósofo, ainda que, por vezes, ele seja capaz de lançar aos ares brados de propagandista. "O Iluminismo", ele declarou quando lhe pediram que definisse as forças pelas quais ele e seus contemporâneos foram tomados, "é o êxodo do homem de sua tutela autoimposta. A tutela é a incapacidade de usar a própria compreensão sem a orientação de outra pessoa. [...] Ouse saber (*sapere aude*)! Tenha a coragem de usar seu próprio entendimento; esse é o lema do Iluminismo".

No século XVIII, o "lema" foi colocado em prática politicamente de duas maneiras dramáticas e bem diferentes entre si. Nos anos 1770, houve uma calmaria metafórica no frenesi inventivo e científico, com todo o mundo fazendo uma pausa para testemunhar o surgimento de uma arena totalmente nova no campo da modernidade. Do outro lado do oceano, os habitantes das antigas colônias britânicas da América do Norte decidiram livrar-se da pátria mãe e submeter a um teste de realidade as ideias sobre governo representativo que foram alimentadas ao longo do século pelas teorias de homens como John Locke. Os americanos costumam achar que a revolução de seu país foi o clímax de um século de efervescência intelectual da Europa. Como o grande acadêmico americano Henry Steele Commager escreveu em 1977: "O Velho Mundo imaginou, inventou e formulou o Iluminismo; o Novo Mundo — por certo que a parte anglo-americana dele — colocou-o em prática e realizou-o plenamente." Os europeus veem a história de maneira diferente. Para eles, a Revolução Americana foi um espetáculo secundário, pois o principal foi a Revolução Francesa, com todo o seu banho de sangue, sua glória e sua tragédia, e a colossal derrota da Igreja e do Estado, o que representou a expressão máxima do Iluminismo e do longo processo de transformação iniciado com o *cogito*, de Descartes.

Claro que ambas as revoluções estão intimamente ligadas ao século de transformações que as precederam. Os líderes americanos, Jefferson, Madison, Adams e os demais, nadaram nas mesmas correntes de ideias dos europeus. Estavam encharcados da filosofia política de Locke, que afirmava que as sociedades mantêm sua coesão devido a um "contrato social" entre os governantes e os governados e que, se há abuso de poder, o povo tem o direito de se rebelar. Jefferson escreveu que sua filosofia política derivava de Newton, Bacon e Locke, especialmente a ideia de levar o questionamento e a observação científica ao âmbito político — era o *cogito*, pode-se dizer, tomando assento no governo. Mas havia um outro aspecto, na revolta americana. O estudo de 1976 de Henry May, *The Enlightenment in America* (Iluminismo na América, sem tradução), afirma que a religião estava de tal modo entrelaçada ao tecido americano que a questão não era "Iluminismo *e* religião", mas sim "Iluminismo *como* religião". Nas décadas de 1730 e 1740, um fervor evangélico tomou conta das colônias americanas; o primeiro assim chamado "Grande despertar" deu um tom espiritual ao drama político que se avizinhava. Ao mesmo tempo, havia diversos deístas entre a elite americana, os quais, essencialmente, transformaram a ciência de Newton em religião. Jefferson incorporou o deísmo ao tecido nacional com o apelo da Declaração da Independência às "leis da natureza e ao Deus da Natureza". Nenhuma igreja foi queimada em Bunker ou em

Yorktown. A Revolução Americana, vista por essa luz, era a expressão plena da ala moderada do Iluminismo, que enfatizava a ordem, a harmonia e o equilíbrio entre a fé e a razão.

Mas o outro Iluminismo, a versão radical, teria a sua própria e muito diferente expressão política. Em 1789, quando a população de Paris foi para as ruas exigir de seu rei uma Constituição, os cientistas e inventores, os especuladores e panfleteiros da Europa fizeram nova pausa para prestar atenção, pois lá estava um esforço para estender os ideais políticos de seu Iluminismo a uma das nações mais antigas e estabelecidas do continente. De maneira completamente diferente do que aconteceu na América, a Revolução Francesa foi uma ruptura sistemática com a velha ordem e seus representantes: não só a monarquia, mas também a Igreja Católica. O que começou nas mentes de um pequeno número de intelectuais — uma antipatia pelo rei e pela Igreja, por acorrentarem as pessoas nas cadeias, controlarem suas vidas, suas mentes, suas bolsas — espalhou-se por todos os níveis da sociedade, com ferocidade e com o enfrentamento cara a cara, bafo a bafo, de uma colisão de forças sem precedentes.

Se a modernidade, em seu auge, exigiu uma completa ruptura com as estruturas existentes — do pensamento humano, da fé, da sociedade, de tudo —, então o que ocorreu na França nas décadas de 1780 e 1790 era terrivelmente necessário. Isso também demonstraria algo que não havia sido compreendido por Descartes, quando ele reorientou sua visão de mundo em torno da razão, mas que se tornaria deprimentemente familiar nos séculos vindouros. Como princípio organizador, ou grito de guerra, a razão não necessariamente leva à paz e à ordem; ela pode, da mesma forma, fomentar a violência desumana em escalas épicas.

Foi em meio a essa lição mundial de história que os ossos de Descartes, uma vez mais, voltaram ao reino dos vivos.

ELE TINHA UM ROSTO CUJA MELHOR descrição seria "angelical". Se essa palavra sugere pureza, também aponta para elementos como "sobrenatural" e "fantasmagórico", e todas essas qualidades aplicavam-se àquele estranho, apaixonado, vigoroso, meticuloso e etéreo homem chamado Alexandre Lenoir. Ele nasceu em Paris, em 1761, quase um século depois dos restos mortais de René Descartes terem sido enterrados na capital francesa. Em um retrato pintado quando ele tinha 35 anos, Lenoir se parece sinistramente com um adolescente: sua pele brilha como alabastro, os lábios são arroxeados e femininos, curvados em um sorriso leve e caprichoso, os olhos que atraem o observador são redondos e negros como portais para a escuridão; ele usa um chapéu preto extravagante de abas largas, e uma echarpe dourada está presa com um nó em torno do seu pescoço.

Era um amante da arte. Estudou pintura. Casou-se com uma pintora. Também era, aparentemente desde que nasceu, obsessivamente fascinado pela morte, por imagens da morte, efígies e restos humanos. Ele era adulto em uma época perfeita para o exercício de tal interesse; a Revolução Francesa deu-lhe o contexto perfeito para sua curiosa vida. Em 1763, quando Lenoir era criança, o rei Luís XV criou uma série de novos impostos. No passado, uma tal medida poderia gerar apenas alguns resmungos rabugentos, mas durante a década anterior surgira metade do que seria a enciclopédia de 32 volumes de Diderot. Diderot e seus coautores tentaram reunir ali todo o novo conhecimento que proliferava pela Europa, e oferecia não uma visão objetiva, mas crenças francas sobre, por exemplo, a conexão entre um compromisso com a razão e a necessidade moral de se obter o consentimento dos governados. Ao longo dos anos, os volumes, e sua lógica subjacente, entremearam-se no tecido mental do país. Os parlamentos da França juntaram-se para manifestar sua oposição aos impostos. Alguns dos parlamentos (que não eram entidades legislativas, mas conselhos judiciários regionais) prenderam os governantes do rei; pichações surgiram nos prédios governamentais exigindo a cabeça do monarca. À medida que o problema aumentava de proporções, os parlamentos declararam, pela primeira vez, que juntos eles representavam a vontade do povo e que os impostos não poderiam ser aplicados sem o seu consentimento. O rei reagiu dramática e intempestivamente, sem manter absolutamente qualquer decoro. Cavalgou diretamente de seu palácio em Versalhes para Paris (com uma pausa na Pont Neuf, quando se deparou com uma procissão religiosa, diante da qual apeou e ajoelhou-se na lama, enquanto os religiosos passavam), adentrou o Palácio de Justiça e deflagrou o que entrou para a história francesa como a "*séance de la flagellation*" — algo que poderia ser traduzido por "a seção da chibata". Essa foi uma recusa violenta à ideia de que partes do governo poderiam se unir em oposição ao chefe de Estado, além de uma afirmação de que o poder monárquico era tão real quanto se poderia imaginar: "O poder soberano repousa unicamente sobre a minha pessoa [...] É apenas de mim que a corte deriva sua existência e autoridade [...] Apenas a mim pertence o Poder Legislativo [...] Por minha única autoridade agem os oficiais de minha corte."

Assim teve início a batalha que levaria à queda da mais autocrática monarquia europeia. Em 1770, o rei dissolveu os parlamentos, mas, em certa medida, o mal já estava feito. Manifestantes tinham espalhado as razões do parlamento; os argumentos ressoavam em meio ao povo e isso continuou pelos anos que se seguiram. Em 1788, o parlamento de Paris, restaurado, avisou ao novo rei Luís (o XVI) que eles não se curvariam ao despotismo real; agora, os parlamentares haviam passado a usar expressões como "direitos do homem" e "confirmado pela razão". No ano seguinte, os representantes do Terceiro Estado — voltando à Idade Média, a sociedade era dividida entre um Primeiro Estado, que compreendia o clero, um Segundo, que era a nobreza, e um Terceiro, os plebeus — aprofundaram-se ainda mais na nova linguagem, declarando que eles não eram nenhum tipo de Estado — tampouco um conselho de terceira categoria para orientar aqueles que estavam no poder —, e sim "o povo". Na verdade, eles eram uma Assembleia Nacional. O rei bloqueou-os do lado de fora do plenário. Eles então reuniram-se em uma quadra de tênis próxima e fizeram um juramento de manterem-se unidos até que o rei concordasse com uma Constituição. Os soldados avançaram sobre Paris. Com um só golpe, a Assembleia Nacional "aboliu o feudalismo" e publicou a Declaração dos Direitos do Homem e do Cidadão.

Alexandre Lenoir tornava-se um homem adulto justo à época do tumulto que levaria à Revolução, e o desmazelado artista participou do fervor. Todavia, seus interesses logo se distanciaram de maneira crucial dos objetivos dos revolucionários. Seus mentores incluíam o artista Gabriel François Doyen, que conquistou fama com enormes e floreadas pinturas religiosas à maneira dos renascentistas italianos, e o polímata Charles-François Dupuis, que, além de ser um dos inventores do telégrafo, escreveu um livro de enorme sucesso chamado *A origem de todos os cultos*, em que afirmava que o cristianismo não passava de uma atualização de religiões antigas de adoração do sol. Encharcando-se nas influências embriagantes de Doyen e Dupuis, assim como na maçonaria (que por si só surgiu da mente dos livres-pensadores como uma teologização ritualizada da natureza), e mergulhando em seus próprios e exóticos mistérios, Lenoir desenvolveu um sistema particular de crença universalista centrado na razão, na história, na arte religiosa e na arquitetura.

Para o seu horror, à medida que a Revolução se intensificava, multidões dos seus colegas revolucionários literalmente atendiam ao chamado de seus líderes para colocar abaixo as estruturas do antigo regime: multidões atacaram igrejas e palácios; prédios eram saqueados, pinturas e esculturas, destruídas; os claustros dos monges foram transformados em estrebarias. Uma a uma, muitas das mais antigas estruturas religiosas do país — como a abadia de Cluny e a igreja de St.-Denis, onde eram enterrados os monarcas franceses — foram sendo pilhadas. Relíquias um dia consideradas preciosas, incluindo os ossos de reis anteriormente reverenciados, foram carregadas pelas ruas em desfiles. O corpo do próprio Luís XIV, ainda em estado de semiconservação, foi desenterrado e despedaçado a facadas, diante de gritos de alegria. Era a loucura, mas com método. A ideologia da Revolução, que se desenvolvia, enfatizava os valores da liberdade, da igualdade e da fraternidade, com suas raízes profundamente entranhadas na "nova filosofia" do século XVII. Essa ideologia rejeitava todos os símbolos do passado que colocavam o misticismo acima da razão, que "não tinham a marca da utilidade", e que "eram contrários à boa moral". O governo não só instigava as massas, como também levava adiante um programa oficial de "descristianização", que resultou na destruição ou dessacralização dos prédios religiosos em praticamente todas as cidades da França, desde igrejas de vilarejos à Notre-Dame de Paris, onde as esculturas de figuras bíblicas da fachada tiveram seus rostos desfigurados.

Os líderes revolucionários, no entanto, não eram inteiramente radicais em seu ímpeto destrutivo. À medida que o vandalismo ideológico aumentava, algumas pessoas de dentro dos comitês revolucionários começavam a se preocupar. Na verdade, constava em um relatório do Comitê de Instrução Pública para a Convenção Nacional, em um lamento das perdas sofridas pelo país, que a palavra "vandalismo" fora cunhada em referência à tribo germânica que no século V d.C. entrou para a história da infâmia por ter saqueado Roma.

E quis o acaso que o pintor Doyen fosse um dos membros desse comitê. Lenoir, seu pupilo desconsolado, procurou-o com uma ideia. Que tal se o governo, ainda que sem abrir mão do apelo para que a velha ordem fosse posta abaixo, escolhesse alguém para vasculhar os escombros da Revolução em busca de obras de arte que tivessem valor histórico? Certamente havia como se chegar a um equilíbrio entre a destruição de símbolos que carregassem o veneno da obediência escravizada ao rei e à Igreja e a obliteração da memória da nação.

Doyen levou a ideia ao prefeito de Paris, que, por sua vez, apresentou-a ao governo revolucionário. Talvez para sua própria surpresa, a tarefa de pôr em ordem a desordem artística e arquitetônica da Revolução foi oferecida ao próprio Lenoir. Ele recebeu um amplo mandato, dois assistentes e um salário. Foi escolhido um local como repositório para os itens que encontrasse, para que fossem preservados: um dos bastiões católicos que foram confiscados pelo governo, o antigo convento de Petits-Augustins, às margens do Sena.

Lenoir dedicou-se ao trabalho com um zelo que podia ser chamado "religioso" ou "revolucionário", a escolha é livre. As notícias de um ataque a um monastério, igreja ou *château* chegariam até ele; com seus assistentes, percorreria apressadamente as ruas de Paris, marcadas pelas cicatrizes da guerra. Ao chegar à cena, brandia uma ordem judicial do Comitê de Instrução Pública, ou do Comitê de Alienação de Propriedades Nacionais, exigindo, em nome do governo revolucionário, que determinados itens não fossem danificados. A multidão recuaria e Lenoir e seus homens recolheriam os despojos em uma carroça e os levariam para o depósito à beira do rio. Parte de um registro semanal incluía:

> Quarta-feira — um anjo da tumba de Bérulle; o mausoléu de Louvois.

Quinta-feira — mármores do oratório dos capuchinhos.
Sexta-feira — uma *Cybèle* e uma *Méléagre*.
Sábado — um filósofo, da maneira antiga.
Domingo — a estátua do cardeal Bérulle, do Oratório de St.-Honoré. A estátua do cardeal Richelieu, da Sorbonne.

Ocasionalmente, os revolucionários recusavam-se a reconhecer a sanção oficial de Lenoir. Durante a última apropriação mencionada, ele enfrentou os soldados que estavam no processo de destruir a tumba do cardeal Richelieu e acabou ferido. Uma gravura mostra Lenoir igualmente se defendendo de *sans-culottes* armados com lanças e machados, enquanto protegia a tumba de Luís XII.

Entre as centenas de locais religiosos ocupados pelo Estado durante a Revolução, um deles tinha uma história especial. A igreja de Ste.-Geneviève, dedicada à santa padroeira de Paris, localizada no ponto mais alto da cidade — que, por sua vez, era também o local onde René Descartes estava enterrado —, estava em péssimas condições desde 1744, ano em que Luís XV se comprometera com a construção de uma nova igreja. Seu arquiteto, Jacques-Germain Soufflot, um amante da Grécia clássica e também das linhas góticas, criou a nova edificação seguindo os padrões de um templo grego, com um pórtico grandioso, colunas na fachada e um imponente domo central, assim como elementos medievais. Foram necessárias décadas para criar a estrutura, que foi erguida do outro lado da praça, diante da velha igreja. Quando a Revolução irrompeu, a construção estava quase no fim, bem a tempo de ser condenada pelo governo revolucionário como um templo ao feudalismo e ao misticismo, dois "ismos" que praticamente equivaliam ao mal em si.

O prédio foi tomado pelo Estado e, em parte talvez pela exagerada estrutura clássica, que combinava com os ideais artísticos da Revolução, foi descristianizado e convertido no que é, indiscutivelmente, a mais pura expressão do Iluminismo "radical" lavrada em pedra: o Pantheon. O Pantheon não foi dedicado aos deuses, no sentido usual, mas aos grandes homens da França — ou, como se dizia com o espírito histriônico da época, "à fama". Assim como uma igreja, seria um lugar de reflexão, mas seria um salão devotado rigorosamente à meditação secular. Como em uma igreja, abrigaria restos mortais humanos — mas em vez de indicar uma ligação entre o corpo físico e a alma imaterial, louvaria a conexão entre os mortos e o grande trabalho realizado na Terra pelos vivos, trabalho a serviço da marcha em direção à liberdade e à igualdade humanas. Seria um templo secular, um santuário da razão e do progresso humanos, despido da religião e da "superstição".

Ao refazer o projeto, substituindo arquitetonicamente a fé pela razão como fonte de adoração, os revolucionários criaram um monumento único — visitá-lo hoje evoca o sentimento não só da motivação deles, mas também da ingenuidade e do vazio de suas ideias. A estranheza toma conta de nós no momento em que entramos: a amplidão é quase tão risível quanto a ideia de dedicar uma construção aos "grandes homens" e à "fama". Soa caricatural e vazio. As paredes estão cobertas com pinturas de cenas míticas e da história francesa, mas não há nada entre elas. Metros e metros de espaço vazio, com colunas altas como árvores em um deserto de mármore. E no subsolo, nas criptas, estão as tumbas de grandes homens (e, nos dias de hoje, de umas poucas mulheres), iluminadas de maneira tão dramática que se poderia pensar tratar-se de um *set* de cinema. Talvez o que mais cause estranheza na despojada ausência de adornos seja a gritante ausência de motivos religiosos em um santuário devotado aos mortos. Em um lugar assim, o visitante sai com a ideia de que a razão, sozinha, é uma urna vazia.

A secularização do prédio, sua associação com a ciência e com a ordem, estende-se em diversas direções. A cruz sobre o domo foi substituída por um globo (mais tarde por uma estátua e, por fim, novamente por uma cruz). O alto do domo, sendo o ponto mais alto da cidade, também serviu de plataforma de onde, na proporção em que a ira da Revolução avançava, Jean-Baptiste-Joseph Delambre, o grande astrônomo francês, fez seus cálculos sobre o tamanho da Terra, para determinar a nova unidade de medida baseada em dados científicos — o metro — que iria substituir a velha confusão feudal de sistemas. A atração do prédio como um salão em homenagem à modernidade prosseguiria pelo século XIX, quando o físico Léon Foucault pendurou seu pêndulo do alto do domo, apresentando uma prova da rotação da Terra e oferecendo uma sensação tangível de ciência aos milhares de pessoas que foram assistir à experiência.

O Pantheon simbolizou uma abordagem total da modernidade. A descristianização tornou-se um componente oficial do programa de modernização da Revolução Francesa e se espalhou por cada aspecto da vida. O calendário — estabelecido conforme os dias santos da Igreja Católica — foi parcialmente alterado, por estar impregnado de religião, e foi criado um novo, com base na observação científica da natureza: do sol, da lua, das estações, do giro e das revoluções da Terra. Nomes de ruas e de cidades tiveram as referências religiosas eliminadas: St.-Jacques, St.-Louis e St.-François desapareceram, enquanto heróis republicanos, locais e importados — não apenas Danton e Mirabeau, mas Catão, Brutus e Benjamin Franklin — tomaram conta das placas e dos mapas. A Revolução tomou o lugar das superstições religiosas de tal forma que, ao avançar para sua fase mais radical, foi realizada uma cerimônia na catedral de Notre-Dame em que a religião foi denunciada, o ateísmo foi proclamado e um "Culto à Razão", instaurado, com uma atriz desempenhando o papel da Liberdade, prostrando-se diante das chamas ardentes da Razão.

Para se ter uma ideia da diferença entre as revoluções francesa e americana, pode-se tentar imaginar os patriarcas fundadores dos Estados Unidos reunidos em uma multidão furiosa, saqueando uma igreja na Filadélfia de seus símbolos religiosos e convertendo-a em um templo da razão. O fato de uma imagem dessas parecer absurda é uma questão a se considerar não só em relação à história, mas também em relação à realidade atual. Alguns dos problemas com os quais o mundo ocidental se debate hoje, ao defrontar-se com forças como a militância do islã, estão relacionados ao fato de que o moderno mundo ocidental sofre de dupla personalidade: está confuso e dividido quanto à relação entre razão e fé, se pode haver uma relação entre ambas ou se uma se sobrepõe à outra. Em termos simplistas, os Estados Unidos, onde a religião ainda é uma força poderosa tanto na vida pública quanto na privada, mantêm a tradição moderada do Iluminismo — uma modernidade moderada — e a Europa Ocidental, que abandonou amplamente o cristianismo organizado, inclinou-se mais a seguir o caminho dos radicais. Essa divisão remete diretamente às diferenças entre o que aconteceu em 1789 e os fatos de 1776 — e, é claro, remontam a Descartes.

Enquanto a nova Ste.-Geneviève era radicalmente secularizada, a velha e arruinada igreja ainda era mantida em pé. Continha dezenas de tumbas, monumentos e estátuas de santos, e por isso, em 1792, tornou-se alvo do zelo revolucionário. Depois que o governo interditou-a para ritos de adoração religiosa, seu abade recorreu ao guardião do "*dépôt des monuments*" — Lenoir — para que salvasse o que pudesse ser removido antes da destruição do prédio.

Em meio às tumbas e aos monumentos, é claro, estava o túmulo de Descartes. Cento e quarenta e dois anos após sua morte, Descartes era agora considerado parte da lendária herança francesa. Ele era "um grande homem" e os revolucionários — alguns deles — queriam reconhecê-lo como tal. No ano anterior, pediram a Lenoir que resgatasse os restos da velha Ste.-Geneviève, e os ossos de Descartes entraram para o debate do governo revolucionário sobre a conversão da nova igreja em Pantheon — e, além disso, sobre o significado da própria Revolução. O prédio seria um templo à grandeza, mas quem era grandioso? Como decidir sobre os restos de quem recairia a honra da "panteonização"? Os debates, realizados em meio ao levante e ao vitupério da Revolução, algumas vezes tornavam-se inflamados a ponto de chegar à barbárie, e a história dos primeiros, e poucos, "grandes homens" a serem eleitos — e deseleitos — para a panteonização revela um ou dois aspectos sobre as falhas inerentes à ideia de que a razão pudesse ser uma força essencialmente objetiva.

Foi a morte de Honoré Mirabeau, um dos heróis universalmente reverenciados da Revolução, em 2 de abril de 1791, que originou a ideia de transformar a nova igreja em um mausoléu secular, o que a princípio sugeria que as facções da Assembleia Nacional se unificariam para apoiar a panteonização do próprio Mirabeau. Mas logo após receber um enterro oficial nas entranhas do enorme prédio, descobriu-se que ele vinha fazendo concessões à monarquia enquanto o rei tentava se manter no poder (e com vida). Robespierre afirmou que Mirabeau havia traído os ideais revolucionários e deveria ser desenterrado e removido do Pantheon. E ele foi — discreta e constrangidamente, retirado por uma porta lateral.

Enquanto esse debate avançava, os líderes reuniram-se em torno da ideia de transferir os restos de Voltaire para o Pantheon. Era uma escolha popular — uma das poucas que não vinham acompanhadas de debates carregados de rancor. Voltaire algumas vezes fora execrado como ateísta; estivera preso na Bastilha. Agora, era considerado santo (secular) patrono do Iluminismo. Ao morrer, trinta anos antes, fora enterrado discretamente, mas a procissão para o novo enterro no Pantheon veio a ser um dos grandes eventos da Revolução. Cem mil pessoas foram para as ruas assistir ao cortejo, que incluiu uma orquestra completa, puxada por 12 cavalos brancos, uma caixa de ouro carregando os 92 volumes da produção literária de Voltaire, uma falange de *citoyens* comuns que orgulhosamente haviam participado do ataque à Bastilha e um sarcófago de três níveis, coberto por uma bandeira, contendo os restos mortais do próprio homem.

Mas Jean-Paul Marat — o revolucionário que foi uma das forças por trás do Reino do Terror e que é mais lembrado hoje em dia pelo retrato, pintado por Jacques-Louis David, de sua dramática morte ocasionada por uma facada dada enquanto ele se banhava — sofreu um destino similar ao de Mirabeau. Quase um ano após ser escolhido como um dos santos seculares da nova república, o sentimento em relação a ele mudou e seus restos mortais foram arrastados para fora do Pantheon.

Em 12 de abril de 1791, apenas dez dias após a morte de Mirabeau ter suscitado a questão da panteonização, a Assembleia Nacional deparou-se com o caso de Descartes. A petição original foi apresentada por um descendente do irmão mais velho do filósofo, Pierre, mas foi assumida por Condorcet, um dos líderes da Revolução, que, ao lado de Voltaire, era um dos homens cujos trabalhos melhor representavam o espírito do Iluminismo. As centenas de homens reunidos em um círculo de bancos ordenados ao redor dele na câmara central do governo sabiam de suas vastas e diversificadas energias. Condorcet se esforçara durante anos para criar uma perspectiva científica aplicável à política, à economia e à educação, com o fim de promover uma reforma de toda a sociedade em torno do princípio da razão. Como matemático, identificou o que veio a ser conhecido como o paradoxo de Condorcet, uma discrepância matemática na regra majoritária da votação. Politicamente, foi um surpreendente e avançado defensor da plena igualdade, favorável à concessão de direitos plenos às mulheres e às minorias.

Condorcet identificou a fonte da grande mudança pela qual ele e seus contemporâneos passavam. No século anterior, ele escrevera em algum lugar que a Europa estivera afundada "em um vergonhoso torpor supersticioso". Foi Descartes quem "trouxe a filosofia de volta para a razão", pois ele "compreendeu que sua origem deveria vir inteiramente daquelas verdades primárias e evidentes que podemos descobrir pela observação do funcionamento da mente humana". Então, Condorcet apresentou aos seus companheiros revolucionários o caso de um de seus compatriotas, que fora mais fundamental até mesmo do que Voltaire na condução dos eventos extraordinários dos quais eles agora eram participantes. "Descartes, que se vira forçado a deixar a França devido à superstição, morreu em solo estrangeiro", assim começou Condorcet, teatralmente. "Seus amigos, seus discípulos, desejavam que ele ao menos tivesse uma sepultura em seu próprio solo. Seu corpo, transportado por seus cuidados, foi depositado na velha igreja de Ste.-Geneviève [...] Eles prepararam uma elegia pública, mas a superstição impediu as homenagens a um filósofo, o orgulho não permitiu que a honra cobrisse um indivíduo que não passava, afinal de contas, de um grande homem [...] Mas esta longa espera poderá, quem sabe, ser reparada. Ao romper as barras que trancafiavam o espírito humano, ele preparou a destruição eterna do cerceamento político e merece ser homenageado em nome de uma nação livre."

Condorcet apresentou um caso convincente. A Assembleia concordou em enviar a petição ao Comitê da Constituição. Mas os eventos do mundo exterior ameaçavam suplantar os políticos. Enquanto o comitê considerava a transferência dos ossos de Descartes da velha Ste.-Geneviève através da praça até a nova Ste.-Geneviève (ou seja, o Pantheon), Lenoir recebeu notícias do abade da velha igreja de que ela já estava em processo de pilhagem; ele agora apelava para que os objetos preciosos fossem resgatados. Foi uma sequência de meses especialmente caótica na vida da Revolução Francesa. Medos (e expectativas) de que a Revolução fosse se espalhar para além das fronteiras do país levaram à guerra com a Áustria, em abril de 1792. Em agosto, os radicais tomaram a Comuna de Paris e forçaram o governo a revogar os poderes do rei de uma vez por todas e a estabelecer uma autêntica república. A descristianização atingiu seu ápice em setembro, quando as multidões, convencidas de que os padres católicos estavam sabotando o esforço revolucionário, invadiram as prisões parisienses (os padres que insistiram em rezar missas haviam sido afastados nos meses anteriores) e assassinaram 230 sacerdotes e mais de mil outros prisioneiros. Naquele mesmo mês, a monarquia foi dissolvida; em janeiro, Luís XVI, aos 39 anos, letrado, sério e régio em seu íntimo, teve a cabeça removida do corpo, e a Revolução consumou-se de fato.

Lenoir recolheu seus artigos ardentemente durante todo o levante e cuidadosamente fez o registro dos itens:

> De *St.-Etienne-du-Mont*, o epitáfio em mármore branco de Blaise Pascal [...]
>
> Da igreja de *Notre-Dame*, duas estátuas ajoelhadas, de Coustou e Coyzevox, representando Luís XIII e Luís XIV [...]
>
> De *St.-Chaumont*, uma estátua, em gesso, da *Ste.-Vierge*; outra de *St.-Joseph;* e um baixo-relevo representando *Jesus no sepulcro*, também em gesso, de Duret.
>
> De *St.-Benoît*, o epitáfio em mármore branco de Winslow, o famoso anatomista.

Mais tarde, ele admitiu que aquela fora uma época de infelicidade para ele — o que sugere que não estava seguro de si —, ainda que não possamos saber qual poderia ser a origem de sua infelicidade. Mesmo assim, ao longo das diversas viagens empreendidas por ele e por seus assistentes à velha Ste.-Geneviève, ele registrou, meticulosamente, diversos itens que retirou da igreja e carregou para a segurança de seu depósito no Sena:

> Quatro figuras femininas, esculpidas em madeira, de Germain Pilon [...]

> A estátua reclinada, esculpida em pedra, do rei Clóvis I [...]
>
> Duas colunas de Verona; outras duas em mármore flamengo [...]
>
> Duas pequenas colunas em granito cinza [...]
>
> A estátua ajoelhada em mármore branco do cardeal de la Rochefoucauld, acompanhado por um anjo segurando seu casaco [...]
>
> Duas antigas colunas negras vindas da capela baixa [...] Uma mesa de mármore preto que sustentava dois trabalhos em terracota de Germain Pilon, representando "Jesus no sepulcro" e "sua Ressurreição" [...] Duas outras pequenas colunas que também vieram da capela baixa.

Lenoir fez um cuidadoso diagrama da disposição de Ste.-Geneviève, mostrando a localização de cada caixão que repousava sob seu piso, assim como desenhos detalhados de diversos caixões, alguns dos quais incluíam representações repugnantes de corpos em diferentes estágios de decomposição.

Adicionalmente, em 1º de janeiro de 1793, ele se deu ao trabalho de registrar um acidente. Havia incumbido seu assistente, um carpinteiro chamado Boucault, da tarefa de remover o tabernáculo em mármore "ricamente ornamentado" da igreja. Boucault carregou-o em uma estrutura semelhante a um trenó, atrelada a oito cavalos que fariam o transporte até o depósito, mas quando os cavalos puseram-se em movimento, o trenó não resistiu e o tabernáculo desfez-se em pedaços. Lenoir foi tão meticuloso em suas observações que até mesmo registrou como dispôs dos fragmentos: as bases e os capitéis revestidos de cobre foram vendidos ao Hotel de Nesle, na rue de Beaune.

É curioso, portanto, que, com toda essa atenção dedicada à Ste.-Geneviève, ele não tenha registrado a recuperação dos restos mortais de Descartes. Mais tarde, ele insistiu que de fato escavara a tumba do filósofo. Não só ele retirou o caixão com os restos mortais de Descartes da igreja

— contendo ossos e seus fragmentos —, levando-o pela encosta da montanha abaixo, até seu depósito junto ao rio, segundo informou, mas estava "especialmente animado com seu conteúdo". Como Condorcet e outros luminares do Iluminismo, Lenoir acreditava na ideia de progresso: de que a cada geração, a cada século que se passava, a humanidade avançava rumo à felicidade, à liberdade, à igualdade e para um estado superior de civilização. A geração atual e em especial a Revolução Francesa eram o ponto para o qual a história ocidental vinha evoluindo. Para Lenoir, Descartes não só era um dos principais agentes da história, mas "o pai da filosofia" e "o primeiro a nos ensinar a pensar".

O fascínio de Lenoir pela morte, por ossos e sepulcros aprofundara-se, por assim dizer. Além de resgatar as tumbas e os monumentos, ele desenterrou diversos corpos, inclusive o de algumas outras figuras históricas notáveis, como Molière, os famosos amantes medievais Heloísa e Abelardo, e o protegido de Descartes, Jacques Rohault. Existem indícios de que Lenoir dedicou-se a esse aspecto de seu trabalho com um apreço macabro. Um colega lembra-se de tê-lo visto aspirando o perfume de um caixão recém-aberto e mergulhando as mãos, reverentemente, em suas entranhas úmidas. Após desenterrar o corpo do rei Henrique IV, ele deliciou-se diante do excelente estado de conservação, escrevendo, "tive o prazer de tocar esses agradáveis despojos, sua barba, seu bigode avermelhado tão bem preservados". Não conseguira refrear o impulso de apertar a mão petrificada do monarca, apesar do fato de, como achou necessário reafirmar, ser "um republicano autêntico". No caso de Descartes, mais tarde escreveu que chegara a ponto de pegar um fragmento de osso — "um pedaço bem pequeno de uma placa óssea" — da qual esculpiu diversos anéis. Ou seja, Lenoir transformou uma parte de Descartes em joias. Esses anéis, ele escreveu, foram presenteados a "amigos da boa filosofia".

Por mais grosseiro e sinistro que isso pudesse parecer para alguém da época de Descartes, e para a nossa própria, Lenoir não estava só; o uso de ossos humanos e cabelos como troféus, enfeites, bibelôs era um traço de seus dias, uma secularização do culto católico das relíquias. Como o próprio Pantheon demonstrava, a necessidade moderna de distanciar a sociedade da religião não aplacava a necessidade humana de se ligar ao passado e de se entender com a própria mortalidade. Assim como os prédios religiosos foram cooptados para fins seculares, humanísticos, mas que de alguma forma aspiravam à transcendência, a noção de que alguns ossos humanos poderiam se tornar condutores entre o mortal e o divino foi incorporada e recebeu um novo significado. As relíquias podem ter sido dessacralizadas, transformadas em símbolos do avanço e das conquistas terrenas, mas o Iluminismo ainda tinha as suas relíquias. Ainda por cima, o fetichismo dos restos mortais avançou pelas gerações seguintes. Os exploradores do século XIX, que percorreram o planeta em busca de espécimes deste ou daquele animal, reuniram seus achados em "gabinetes de curiosidades", usados como peças decorativas nas casas para impressionar os visitantes, sendo comum a inclusão de pedaços de mortos famosos. Um suposto pedaço do crânio de Descartes está hoje na coleção do Museu Histórico de Lund, na Suécia, onde originalmente pertencera a um desses gabinetes.

Mais tarde, Lenoir declarou que, ao escavar a igreja, ele encontrou os restos mortais de Descartes em um caixão de madeira apodrecido, razão pela qual, ao retornar ao seu depósito, transferiu os ossos cuidadosamente para aquilo que considerou um abrigo adequado e permanente: um antigo sarcófago egípcio feito de alabastro, que fora retirado da igreja de St.-Germain-l'Auxerrois. Colocou-o no jardim do antigo convento, ao lado de sua crescente coleção de estátuas e tumbas — em poucas palavras, milhares de objetos artísticos de pedra, vindos de toda a França e datados de praticamente todos os períodos da história do país.

Enquanto isso, o comitê responsável pela panteonização publicou seu relatório, prontamente aceito pelo governo, e é sensato achar — até mesmo modesto — que, em uma era em que a velocidade de tal forma sobrepunha-se à reflexão, seria difícil pensar no governo revolucionário fazendo uma longa pausa em meio à gravidade de seus trabalhos para refletir sobre uma questão como aquela — parar a história, na verdade, para ponderar sobre seus rumos e seu lugar dentro dos acontecimentos. O relatório foi apresentado por Marie-Joseph Chénier, um dramaturgo que enfrentara fracassos sucessivos, até uma de suas peças, com toques revolucionários, ser levada aos palcos, pouco depois da queda da Bastilha, e ele se tornar uma sensação da noite para o dia — e, em seguida, um membro do governo revolucionário. Seu irmão, André, ficou ainda mais famoso como poeta da Revolução. Ao longo de sua leitura da proposta de Condorcet, Chénier enamorou-se da ideia de Descartes como o primeiro defensor da razão, da liberdade, do progresso e da igualdade — em resumo, o pai da Revolução. Chénier era jovem, bonito, destemido, apaixonado, e, naquele momento, ele e seu irmão eram queridinhos da Revolução (no ano seguinte, André sucumbiria à guilhotina); e assim apresentou um discurso fluente em nome do comitê:

> Cidadãos,
> Vosso comitê de instrução pública encarregou-me de apresentar-vos um assunto referente à glória nacional e que vos oferece nova ocasião para apresentar diante dos olhos da Europa vosso respeito pela filosofia, a fonte de instituições válidas e das leis autenticamente populares. Nos primeiros séculos do império francês, uma aldeã de Nanterre foi declarada santa e proclamada padroeira de Paris. Nos dias de hoje, Paris e toda a França têm apenas a Liberdade como padroeira. Um templo foi erguido para Geneviève: esse templo, hoje tão superado quanto o preconceito, sucumbe às mãos do tempo; mas em meio aos escombros religiosos, junto às relíquias sagradas que, pelas vias da estupidez humana, a fé devota de nossos ancestrais imbuíram-se de uma crença estéril, e em meio a altares adornados pelo medo, a túmulos ornamentados pelo orgulho, uma estreita laje nua cobre os restos mortais de René Descartes.

Obviamente, é possível imaginar que, em meio à confusão daqueles dias, Chénier e seu comitê não soubessem que Lenoir já havia resgatado aqueles restos mortais da velha igreja. Existe uma outra possibilidade, no entanto, que consideraremos mais tarde. Chénier foi em frente para colocar Descartes na linha de frente dos pensadores cujos trabalhos formaram a espinha dorsal da modernidade — "Locke e Condillac, [...] Newton, Leibniz, Euler, Lagrange" — e resumiu as constatações do comitê: "Achamos que uma nação que se torna livre pelo efeito benéfico do Iluminismo deve recolher com veneração as cinzas de seus homens prodigiosos que contribuíram para ampliar o alcance da razão pública." Ele lamentou os descaminhos da vida do filósofo, forçado pelo "despotismo" a errar pela Europa, e concluiu com um floreio: "A vocês, republicanos, cabe a tarefa de vingar o desprezo dos reis pelos restos mortais de René Descartes."

O governo concordou e elaborou um decreto:

DECRETO
DA
CONVENÇÃO NACIONAL
Datado de 2 e 4 de outubro de 1793, o segundo ano da única e indivisível República da França,
Que concede a René Descartes as honras de grande Homem e ordena a transferência de seu corpo para o Pantheon da França, e que sua estátua seja erguida pelo celebrado Pajou.

1. Em 2 de outubro.
A CONVENÇÃO NACIONAL, após ter ouvido o relatório de seu Comitê de Instrução Pública, decreta o seguinte:

ARTIGO UM.
René Descartes mereceu as honras de grande homem.

II.
O corpo do filósofo será transferido para o Pantheon francês.

III.
Na tumba de *Descartes* serão gravados os seguintes dizeres:
Em nome do povo da França
A Convenção Nacional
Para René Descartes
1793, segundo ano da República.

IV.
O Comitê de Instrução Pública consultará o ministro do Interior para estabelecer a data do translado [...]

2. Em 4 de outubro.
A Convenção Nacional decreta que a estátua de Descartes, feita pelo celebrado Pajou, e que se encontra no salão das antiguidades, será transferida para o Pantheon no dia em que os restos do grande homem forem igualmente transferidos para lá; e autoriza o ministro do Interior a tomar todas as providências necessárias para levar a termo esta incumbência.

Foi um reconhecimento grandioso, completo e oficial, não só do lugar de Descartes na história da França, mas das forças em jogo em relação à ideia de progresso. De certa maneira, foi um momento perfeito para que a sociedade reconhecesse tais forças — mas, em outro sentido, pode ter sido perfeito demais, pois a Revolução estava chegando ao seu ápice sangrento. As monarquias da Europa — aliadas aos aristocratas e ao clero de dentro da França — tentavam conter a perigosa revolta contra o *status quo* político, o que levara a sucessivas guerras contra o regime revolucionário. As guerras e as intrigas, por sua vez, pioraram as condições de vida do povo, e a fome aproximou as massas dos elementos mais radicais entre os revolucionários. Robespierre tomou o controle do governo e introduziu o terrorismo institucional como forma de lidar com as ameaças à nova república. A guilhotina tornou-se símbolo dos excessos sanguinolentos da Revolução. Cabeças rolaram — dezenas de milhares —, incluindo a mais famosa delas, a de Maria Antonieta, e até mesmo a do próprio Robespierre. Mais explicitamente, Condorcet também acabou vitimado pelo Terror. Como resultado de certas tendências contrarrevolucionárias — ele se opôs à execução do rei, para início de conversa —, um mandado foi emitido para sua prisão no dia seguinte ao discurso de Chénier em apoio à panteonização, e ele se viu forçado a fugir. Foi enquanto se escondia que escreveu seu *Ensaio de um quadro histórico do espírito humano*, livro em que resume suas crenças no Iluminismo e em seus valores, e no qual destaca a contribuição de Descartes. Acabou sendo capturado e morreu na prisão, sob circunstâncias duvidosas.

Assim, se a panteonização de Descartes durante a Revolução Francesa — indiscutivelmente o gesto de autoexpressão mais afiado da modernidade — era perfeitamente adequada, o fato de a decisão de homenagear o fundador da era moderna ocorrer às vésperas do Reino do Terror foi duplamente significativo. Liberdade, igualdade, democracia brotaram do *cogito* e da orientação da humanidade em torno da razão. Já em 1739, o filósofo escocês David Hume afirmava que era um erro considerar a razão como base dos princípios morais: a razão, ele sabia, poderia ser colocada a serviço dos fins mais irracionais. Como ferramenta, ela pode construir uma nova sociedade, mas também pode matar e mutilar, e seu mau uso — pela via da duplicidade ou de uma crença ingênua — é um dos lugares-comuns da história moderna. Os historiadores há tempos consideram o Reino do Terror — a suspensão das leis pelo Estado e a instauração da violência como instrumento oficial para fins supostamente nobres e racionais — como precursor de diversas crueldades recentes, dos expurgos stalinistas à lógica infame de que "é preciso destruir o vilarejo para salvar o vilarejo" da guerra do Vietnã. "Não é contrário à razão preferir a destruição do mundo a um arranhão no meu dedo", foi como Hume caracterizou, derrisoriamente, a aplicação negativa da razão. Exatamente no mesmo ano da eclosão do Reino do Terror na França, Kant, no isolamento de sua cidadezinha alemã, chegou à conclusão paradoxal de que, ainda que a razão agora fosse identificada como o princípio primeiro da sociedade moderna, a "propensão ao mal" da humanidade era inegável. A conclusão dele ainda é a nossa conclusão:

> O que o homem é, ou virá a ser, em termos morais, bom ou mau, é o próprio homem que já fez ou virá a fazer de si mesmo. Qualquer que seja a condição, deve ser um efeito de sua livre escolha; pois de outra forma não pode ser responsabilizado por isso e portanto não será moralmente nem bom nem mau. Quando se diz que "o Homem foi criado bom", isso não significa mais do que: ele foi criado para o bem e sua predisposição original é para o bem; e não que, portanto, ele já é de fato bom, mas sim

que carrega essa predisposição consigo e pode se tornar bom ou mau, caso adote ou não em seus princípios os incentivos que essa predisposição traz consigo.

Assim como foi morbidamente apropriado que Robespierre e outros instigadores do Terror fossem eles mesmos vitimados pelo regime, o gosto da modernidade pela ironia também é plenamente satisfeito com o fato de que os expurgos e a violência, em 1793 e 1794, impediram a culminação dos esforços para homenagear um dos progenitores do mundo moderno. Com tantos cadáveres frescos a serem enterrados, com tantos de seus próprios membros enfrentando a prisão ou a execução, a Convenção Nacional achou que tinha assuntos mais prementes a tratar do que determinar uma data para a transferência dos restos humanos decompostos de um único indivíduo. Os ossos de Descartes permaneceram no depósito de Alexandre Lenoir.

O Terror, no entanto, foi bom para os negócios de Lenoir. À medida que o caos tornava-se maior, sua coleção aumentava: empilhava-se elegantemente no interior e nos jardins do adorável ex-convento junto ao Sena, criando uma cascata ressoante de efeitos esculturais e cinzelados, beleza alternando-se com violência, um fluxo majestoso do passado confundindo-se com um presente deformado. Foi nessa época histórica de mudanças e caos mundiais que Lenoir teve uma ideia. O que afinal deveria ser feito com aquele amontoado glorioso — com todas aquelas lembranças do passado de uma nação — que ele havia resgatado? Uma vez mais, a ideia de *progresso* ocupava sua mente. Ele pensava nas eras passadas como uma construção do momento presente — a idade da razão e das luzes. Essas eras eram representadas e refletidas na arte que produziam. Estaria tudo fadado à obliteração? Diante das forças destrutivas com que se defrontavam, haviam os povos de tudo esquecer? A memória do passado poderia ser varrida em uma geração — não seria isso um erro terrível? A história e suas lições, a marcha do progresso, não deveria ser gravada nas mentes dos cidadãos em uma democracia?

Por que então não usar a força da razão — a mesma força que fizera eclodir toda essa violenta e grandiosa mudança — para ser aplicada a esse material desalojado, impor-lhe uma ordem, dar ao povo uma representação clara da história como detentora de uma finalidade subjacente? Sua ideia era criar um espaço para a história e para a arte, um fórum educacional, um local que deveria revelar os mais nobres sentimentos da humanidade postos em prática. Ele criaria um templo às musas: um museu.

Um aspecto notável sobre as pessoas que tiveram os ossos de Descartes nas mãos é como todas elas incorporavam, de alguma forma, algum aspecto da modernidade cuja existência se atribui a Descartes. Quando, em 1796, com o apoio governamental, Lenoir transformou seu depósito no Museu dos Monumentos Franceses, ele possivelmente criou o primeiro museu histórico e tornou-se um dos primeiros a adotar uma abordagem sociocientífica da arte e da história. Usando a razão e o progresso como princípios-guia, recolheu os escombros da destruição causada pela guerra revolucionária e construiu algo novo: uma instituição pública que contava a história da nação e sua evolução.

Já havia um museu nacional a caminho, e o ministro do Interior determinou em sua carta de autorização para Lenoir que a instituição fosse, tecnicamente, uma filial do novo Louvre. Lenoir arrepiou-se — o Louvre, em sua opinião, era uma desordem. Ele estava determinado a que seu museu seguisse um princípio organizador.

E foi o que fez. Sua primeira determinação era a de que o visitante experimentasse a história como uma progressão da ordem mais baixa para a mais alta da civilização. Ao percorrer o museu, o visitante passaria de um século para outro, seguindo o avanço cronologicamente. Enquanto trabalhava, ele demonstrava uma grande inclinação pelo design, e cada sala recebeu uma atmosfera que ele achava adequada ao período histórico — assim como sua própria áurea fúnebre. Ele descreveu a primeira sala, dedicada à arte do século XIII, nos seguintes termos:

> Iluminação sepulcral pende das abóbadas. As portas e janelas [...] foram desenhadas pelo célebre Montereau, conforme o gosto arquitetônico revivido dos árabes. O vidro da janela também

> exibe uma estampa naquele estilo [...] A iluminação sombria que permeia esse salão também é uma imitação daqueles tempos [...] [representando] a mágica através da qual os homens mantiveram os seres humanos em um estado perene de fraqueza, a quem a superstição enchia de medo.

As visões de Lenoir sobre a história e o progresso revelam-se em suas descrições do uso da luz nas igrejas em diferentes épocas: "Observei que ao longo dos mais distantes séculos que vêm se aproximando do nosso, mais aumenta a luz nos monumentos públicos, como se a visão da luz do sol fosse adequada apenas ao homem educado." Até, supostamente, chegar à Revolução, quando os telhados foram literalmente arrancados das igrejas, expondo os interiores obscuros à luz plena do dia.

O Museu dos Monumentos Franceses de Lenoir marca não apenas o início dos museus, mas também das reclamações sobre os museus: de que deslocam os objetos de suas origens, finalidades e significados originais e os lançam em uma estrutura nova e estranha. Os museus produzem novos significados para os objetos, alguns deles jamais imaginados por seus criadores. Uma escultura da Virgem, que por séculos estivera no altar da igreja de uma vila provençal e recebera as preces de várias gerações — sendo então a *sua* Madona, um objeto em que se combinavam a reverência por uma mulher palestina do século I com todos os aspectos profundos e cotidianos de suas existências, um objeto que fazia parte de suas vidas tanto quanto as montanhas que emolduravam a paisagem —, agora ocupava uma parede ao lado de outros itens dissociados a ela, aproximadamente do mesmo século, os quais ajudavam a contar a história do desenvolvimento do realismo na arte, o que, para Lenoir, dava a ver a evolução da humanidade.

Se, por acaso, isso soou como uma reclamação sobre a modernidade, sobre a vida moderna, sobre a força da razão — em que as coisas são retiradas dos padrões orgânicos em que evoluíram, fragmentadas em porções analisáveis e reconstruídas em novas formas que podem lançar uma nova luz, mas que, para muitos, tem um brilho frio e desumano —, fica ainda mais interessante observar que o museu de Lenoir tornou-se a atração cultural mais popular de toda a Paris durante os anos da Revolução. Por estranho que pareça, os turistas de fato iam visitar a cidade em meio ao levante, e o Museu dos Monumentos Franceses estava no itinerário de todos (um esboço inglês sobre Paris, publicado em 1801, dedicou 14 páginas a ele), de tal forma que Lenoir publicou um catálogo, mais tarde traduzido para o inglês, que as pessoas compravam (por cinco francos) e levavam consigo enquanto percorriam os jardins sepulcrais e os salões. Lenoir abriu o catálogo alardeando o tema subjacente do projeto: "Os franceses apreciam essa famosa Revolução, realizada por eles e para eles. A Revolução estabeleceu uma nova ordem para as coisas, fundamentada na razão e na justiça." O catálogo continha também, na capa, um aviso cuja natureza prática, impecavelmente burocrática, igualmente poderia servir como um sinal de modernidade: "O Museu dos Monumentos Franceses está aberto ao público às quintas-feiras, das seis às duas, e aos domingos, das seis às quatro, no verão, e até as três, no inverno."

Ao mesmo tempo em que se preocupava com informar o público, Lenoir também dedicava-se a organizar seu museu de acordo com suas preferências macabras. No centro, havia um jardim repleto de tumbas históricas. Era seu maior motivo de orgulho e alegria, um *jardin élysée* — nomeado segundo a arena dos mortos da mitologia grega, reservada para as almas mais nobres —, onde o visitante era convidado a ponderar sobre a beleza e a morte. A descrição que ele faz em seu catálogo mostra seu apreço especial pelos aspectos sepulcrais: "Neste calmo e pacífico jardim, encontram-se mais de quarenta estátuas; tumbas colocadas aqui e ali sobre um gramado verde erguem-se dignamente em meio ao silêncio e à tranquilidade. Pinheiros, ciprestes e álamos as acompanham; máscaras mortuárias e urnas cinerárias colocadas nas paredes combinam-se para dar a este agradável local uma doce melancolia que toca a alma sensível."

A importância do *jardim*, de acordo com a sensibilidade de Lenoir, repousava na concentração de ossos de homens e mulheres relevantes do passado — filósofos, poetas, pintores, dramaturgos — que contribuíram para a glória da França. Ele acreditava que "a reunião de todos em um único lugar concentra a glória de tal forma que ela se espalha pelo mundo com brilho ainda maior". Contemplar essa "reunião" pública levava-o ainda mais longe em seus devaneios:

> Imagine-se esses restos inanimados recebendo uma nova vida, sendo vistos e ouvidos, desfrutando uma glória comum e inalterável? Será que uma imagem do antigo Elíseo é mais sedutora do que esta oferecida a nós diante de tal reunião? [...] Tenho prazer em dizer que sinto uma nova e doce emoção cada vez em que piso neste augusto ambiente; devo acrescentar que a recompensa mais cara ao meu coração seria transmitir às almas de meus leitores e àqueles que visitam este *élysée* o respeito sagrado com o qual fui imbuído ao criá-lo, diante da inteligência (dos que aqui repousam), por seus talentos e virtudes.

Foi no jardim que Lenoir depositou o caixão de pedra que continha os ossos de Descartes, assim descrito (e criteriosamente numerado) por ele em seu catálogo:

> Núm. 507. Sarcófago, em pedra maciça, com interior oco, contendo os restos mortais de René Descartes, morto na Suécia em 1650, apoiado em grifos, um animal astrológico composto por uma águia e um leão, ambos consagrados a Júpiter — e o emblema do Sol, representando o lar. Os álamos, que sobem quase até chegar às nuvens, as coníferas e as flores sombreiam esse monumento, erguido em homenagem ao pai da filosofia, a ele que foi o primeiro a nos ensinar a pensar.

Mas por quanto tempo os ossos de Descartes repousariam à sombra dos álamos e das coníferas? A França tinha agora um novo governo revolucionário — o Diretório, cuja direção executiva, que governava com duas câmaras legislativas, era formada por cinco cavalheiros — e mal o museu de Lenoir abrira suas portas, o Conselho dos Quinhentos, a câmara baixa da recém-criada legislatura, retomou a questão da panteonização uma vez mais. Novamente, é notável. Sentar-se nos dias de hoje no claustro pós-moderno da Biblioteca Nacional, em Paris, percorrendo atentamente as páginas originais das atas legislativas do conselho — envelhecidas, amareladas, manchadas de mofo, alternando o negrito dos tipos romanos serifados com itálicos melancólicos, assinalando tipograficamente os tempos difíceis —, para se dar conta de que, em meio a tamanha atividade vital, os legisladores eram capazes de se deixar absorver completamente por um debate sobre um assunto aparentemente tão transcendental. Ao longo de um período de alguns dias, o conselho debateu a condição dos refugiados, a questão dos "réus acusados de assassinatos e massacres cometidos em Lyon e nos departamentos do Rhône e do Loire", impostos sobre propriedades, "a preservação das manufaturas de seda, linho e lã", "o restabelecimento dos oficiais da paz em Paris", e os "meios para vivificar o espírito público".

Em meio a tudo isso, no dia 7 de maio de 1796, Marie-Joseph Chénier uma vez mais dirigiu-se a seus colegas. A questão, supostamente, seria simples — emitir finalmente a ordem para a transferência dos restos mortais ao Pantheon —, porém um evento tão simbólico tornara-se agora politicamente relevante. "*Citoyens répresentans*", ele começou, usando a fórmula revolucionária correta para se dirigir aos seus pares, "a notável questão que nossos comissários foram convocados a examinar, e que o corpo legislativo deve resolver hoje, relativa a René Descartes, é saber se o translado de seus restos mortais ao Pantheon deve ocorrer no décimo dia do Prairial, o dia da *Fête de la Reconnaissance*, conforme o convite feito a vocês pelo diretório executivo". Ele fez uma anotação sombria sobre a ironia de que, desde o decreto de outubro de 1793, autorizando a transferência dos restos mortais para o Pantheon, o próprio Condorcet, que havia promovido a ideia de considerar Descartes como o patriarca fundador da Revolução, fora eliminado por sua violência. Ao longo do discurso de Chénier, ficou claro que havia uma ruptura na câmara sobre a panteonização de Descartes, e, até certo ponto, algumas linhas foram traçadas em relação a como as pessoas viam a Revolução.

Os radicais, os líderes do Terror — "tiranos anarquistas", como Chénier os chama —, representavam a deformação da razão subjacente à Revolução, e essas mesmas pessoas desejavam agora negar ao patriarca da modernidade sua justa homenagem. "Os que perseguiram Condorcet em vida não desejam homenagear Descartes em morte", Chénier acusou. Ele lembrou aos colegas, novamente, dos "numerosos serviços prestados por

Descartes à humanidade". Listou o nome dos homens que contribuíram para a transformação do conhecimento, dos quais eles agora eram beneficiários — Locke, Newton, Leibniz, Galileu, Kepler —, e reafirmou o lugar primordial de Descartes em meio a eles. Ele então brandiu as instâncias da "ignomínia do governo hereditário francês" contra seu compatriota um século e meio antes e concluiu com um apelo para que o decreto anterior fosse cumprido e os restos mortais desse "grande homem" fossem transportados para o Pantheon na data combinada.

Chénier aparentemente esperava oposição, e ela veio na figura de Louis-Sébastien Mercier, um dos mais prolíficos e opiniáticos escritores daqueles dias. Ao longo dos seus 56 anos, publicara diversos volumes, nas mais diversas formas literárias, mas seu renome tinha origem em dois trabalhos que, por si só, eram exemplos extremos da modernidade literária. *Le tableau de Paris* e *Le nouveau Paris* eram guias, compêndios sobre todos os aspectos da cidade e seus habitantes, advertindo os leitores sobre os animais desgarrados e sobre a neblina, orientando sobre como dar instruções aos cocheiros e com digressões impressionistas da cidade para cada hora do dia (às duas da tarde, "saíam os que tinham convites para jantar, vestidos com seus melhores trajes, rostos empoados, bem-arrumados e caminhando na ponta dos pés para não sujar as meias"). Mercier também escreveu um bizarro romance protocientífico chamado de *L'an 2440*, um *best-seller* sensacional, em que antecipava como seria a cidade naquele ano fantasticamente distante.

Quando jovem, vendendo sua prosa a qualquer preço, Mercier compusera uma série de *éloges* — encômios, feitos através de fórmulas estabelecidas, para figuras famosas, uma das quais fora Descartes. Mas, desde então, sua cabeça havia mudado. Ele agora erguia-se e, evocando os floreios do discurso de Chénier, começou: "Também eu fiz um elogio a Descartes em minha juventude." Mas disse que, então, ainda não se dera conta de que "os maiores charlatães do mundo algumas vezes haviam sido os homens mais celebrados". Mercier preferiu evitar combater a argumentação política de Chénier. Em vez disso, voltou-se contra "a história do profundo mal que Descartes fizera ao país". Descartes, ele declarou, "visivelmente retardou o progresso pela longa tirania de seus erros: ele é o pai da mais impertinente das doutrinas que já reinaram na França. Trata-se do cartesianismo, que mata a física experimental e instala pedantes em nossas escolas, em lugar de observadores naturalistas".

O cartesianismo, disse Mercier, enraizara-se nas escolas e, com seu foco na teorização, em vez de na experimentação, permitiu que os ingleses avançassem para a liderança do conhecimento científico. Mas ele insistiu que sua fala não se tratava de uma preleção nacionalista. "Nós não nos ofendemos com a superioridade dos ingleses", afirmou. "Newton pertence a toda a humanidade." Mas Descartes conduziu os franceses pelo caminho errado em todas as ciências naturais — apenas na matemática Mercier concedeu que Descartes fizera uma contribuição. Mercier retomou os enterros prévios de Descartes: em Estocolmo, supervisionado pela rainha Christina, e em Paris, sob os olhos dos membros da Igreja e da Sorbonne. "Creio que essas honras sejam suficientes para a memória de Descartes e que seu espírito esteja inteiramente satisfeito", disse. "O Pantheon é um templo republicano, reservado aos heróis e mártires da Revolução."

Mercier havia marcado um ponto — algo que ainda hoje poderia se considerar válido. Os franceses há muito têm uma propensão cultural para a abstração, que eles mesmos consideram, ocasionalmente, como contraprodutiva. Para além das fronteiras nacionais, existe o lado da modernidade que prefere ponderar em lugar de agir. Amplas áreas — sociologia, crítica literária e artística, e a própria história — foram acusadas de criar cultos acadêmicos que se autoperpetuam, cujos membros falam exclusivamente entre si, sem se envolver com o mundo real. E havia então a ironia de que a diatribe de Mercier contra o cartesianismo — de que havia se enraizado nas escolas e bloqueado o progresso — fora exatamente a acusação de Descartes e seus seguidores contra o sistema aristotélico.

Ainda que a crítica de Mercier tivesse lá sua parcela de razão, suas observações também sofriam de uma certa miopia. Outro membro levantou-se para expressar sua confusão. "A natureza ordenou os eventos de forma que a Revolução Francesa viesse existir ao final do século XVIII", disse. "No entanto, confesso que, ao ouvir esse discurso, é preciso se perguntar se estamos de fato avançando em direção ao século XIX ou se nos encontramos retrocedendo para a escuridão." Esse membro da legislatura via o curso da vida de Descartes como um padrão que era seguido sucessivamente, desde então — mais recentemente na vida de Jean-Jacques Rousseau, que também viajara por vários países estrangeiros, sempre fugindo às críticas contra seus escritos. Rousseau fora panteonizado dois anos antes. "Será suficiente lembrar da carreira de Descartes para julgar seu gênio e a homenagem que a ele é devida", disse o legislador. "Ele foi perseguido por reis e por sacerdotes; foi banido [...] Esses perseguidores podem ser vistos perseverando em suas práticas ao se voltarem contra outro celebrado escritor cujas memórias são mais recentes [...] Os mesmos homens, eu afirmo, perseguiram Descartes e Jean-Jacques." Essas eram meias verdades: Descartes não fora exatamente perseguido por reis e sacerdotes, nem fora banido. Mas o desejo de apontar precursores históricos para a luta revolucionária era irresistível.

A câmara agora oscilava; aparentemente os pontos de Mercier tinham feito eco em alguns membros. Chénier tomou a palavra novamente e dirigiu-se aos colegas com fúria. "Quanto ao projeto que apresentei em nome da comissão", ele começou, "acredito que o corpo legislativo se cobriria de desgraça [...]". O resto da frase foi abafado por "murmúrios violentos", como o secretário anotou em suas minutas. "Não posso, de outro modo, expressar meus pensamentos", Chénier prosseguiu após um momento. "Acredito que o corpo legislativo comprometeria sua glória e a glória nacional se, ao ceder à inclinação que, aparentemente, algumas pessoas parecem seguir, negasse hoje a promessa solene à memória de Descartes feita pela Convenção Nacional."

O debate cresceu; Voltaire foi citado e os membros começaram a comparar as credenciais revolucionárias de Voltaire, Descartes e Rousseau. Um membro ergueu-se para esclarecer as diferenças entre as contribuições de Voltaire e Descartes. "Voltaire iluminou todas as classes de pessoas", declarou. "Adotou, para poder ser compreendido por cada um, a linguagem mais adequada ao seu público. Os trabalhos de filosofia profunda não chegam a todo o mundo. Quanto a Descartes, li parte de seus trabalhos e admito jamais ter visto um gênio de tamanha grandiosidade. Também li Newton, mas tenho maior veneração por Descartes, pois foi o primeiro, e talvez também por ser francês. Eu peço que o projeto de Chénier seja instantaneamente adotado."

Entretanto, havia ainda muito desacordo. Alguns sugeriram adiar a questão. Chénier disse que concordaria com um adiamento, mas insistiu que se a panteonização de Descartes fosse atacada uma segunda vez, "que nada fosse decidido até que fossem ouvidos, naquela plataforma, todos os que defendiam o Iluminismo e a filosofia".

O ADIAMENTO SE MOSTROU FATAL à causa de Chénier. Os anos se passaram e os ossos de Descartes permaneceram no jardim do museu de Lenoir. O próprio museu continuou a ser um sucesso, mas muitas outras coisas se modificaram. As guerras da França contra as monarquias da Europa levaram ao fim de sua revolução — não pelas perdas para as potências estrangeiras, mas pela ascensão de um dos comandantes militares do próprio governo revolucionário. Após as vitórias na Itália e no Egito, Napoleão Bonaparte regressou em 1799 para conquistar seu próprio país, derrubando o frágil governo do Diretório e instalando-se no poder. A mudança mais notável promovida por ele como "primeiro-cônsul" foi devolver à Igreja Católica uma parte de seu antigo status. Então, em 1804, após consolidar-se no poder, modificou seu título. Ele agora era um imperador. A república democrática — e, aparentemente, toda a montanha de sonhos e ideais baseados na reorientação da sociedade em torno da razão, da ciência e do indivíduo — estava acabada.

Se Napoleão representou um grande problema para a França, e para a Europa, era também um problema especial para Alexandre Lenoir. Ele agora se via em uma posição complicada. Era o curador de um "museu revolucionário", fruto do caos da Revolução e dedicado aos valores da Revolução. Ele tentou revendê-lo ao novo regime, apresentando-o não mais como uma visão do progresso da história, cujo clímax seria a Revolução, mas sim como uma celebração do passado da França. Concentrou seus esforços na esposa de Napoleão, Josephine, e conseguiu que ela fosse visitar o museu, acompanhada de seu entourage. Ela foi ao anoitecer, e Lenoir enfeitara o prédio e os jardins com tochas ardentes, a melhor maneira de exibir os encantos sepulcrais. O próprio Napoleão visitou-o uma vez também e observou que a atmosfera sombria — as figuras de pedra reclinadas sob um teto azul coberto de estrelas pintadas — lembravam-no da Síria.

O esforço de Lenoir foi recompensado até certo ponto: o museu resistiu ao reinado de Napoleão. Mas, depois de Elba e de Waterloo, com a saída de Napoleão e a restauração da monarquia dos Bourbon em 1814, a sorte de Lenoir chegou ao fim. Completando um dos mais notáveis movimentos pendulares entre o secularismo e a religião que caracterizaram os séculos modernos, a Igreja Católica retornou ao poder ao lado da monarquia, com força renovada. Um dos aspectos desse retorno foi que as igrejas de todo o país exigiram que suas propriedades lhes fossem devolvidas. Lenoir tentou apelar ao clero para que sua coleção fosse preservada, propondo acrescentar um foco religioso ao museu. Sua ideia era reunir todas as tumbas em uma capela que ele projetaria, onde seriam celebradas missas. Mas a ideia não agradou. Em 1816, Luís XVIII emitiu um decreto determinando que as propriedades religiosas do Museu dos Monumentos Franceses voltassem às instituições de origem; no mesmo ano, o terreno do museu foi doado ao Instituto Nacional de Belas-Artes. A École des Beaux-Arts continua a ocupar o local até hoje.

Lenoir supervisionou o desmonte da coleção que ele pessoalmente reunira. Muitos dos objetos voltaram para as igrejas de onde haviam sido retirados. Outros foram para o Louvre, onde ainda estão. As estátuas dos reis franceses voltaram para a Basílica de St.-Denis — e com elas também foi Lenoir. Em reconhecimento por seu trabalho de preservação de uma parte tão expressiva da nação e do patrimônio da igreja, ele recebeu o cargo de conservador dos monumentos da basílica. Lá ele passou o resto de sua vida e continuou a catalogar objetos de arte e artefatos até morrer, em 1839. Seu filho, Albert, continuou do ponto em que ele parou, tornando-se fundador de um novo campo dentro da história da arquitetura e passando 27 anos a compilar sua volumosa obra *Statistique monumentale de Paris.*

Quando o Museu dos Monumentos Franceses fechou as portas, a questão sobre o que se fazer com as tumbas de tantos franceses notáveis despertou algum interesse popular, e diversos membros do governo envolveram-se. Uma das ideias considerava o vasto cemitério de Père-Lachaise. Fora criado sob o reinado de Napoleão, mas ficava tão distante do centro da cidade que o movimento era mínimo. A ideia envolvia a transferência dos restos mortais famosos do antigo estabelecimento de Lenoir para o cemitério e celebração da ocasião como um acontecimento público, em que os restos mortais antigos e históricos dessem ao novo cemitério, nos extremos orientais da cidade, alguma atenção e status. Em março de 1817, o conservador de monumentos da cidade escreveu ao ministro do Interior e à prefeitura propondo que as tumbas de Descartes, de Abelardo e Heloísa, do poeta Nicolas Boileau e dos acadêmicos Bernard de Montfaucon e Jean Mabillon fossem incluídas, alegando que "todos esses Ilustres personagens mereciam a mesma homenagem e o mesmo tratamento religioso". Os oficiais concordaram e as tumbas foram transportadas maciçamente. O plano funcionou. A presença das tumbas do grande Molière, do poeta La Fontaine e, especialmente, dos infelizes amantes Abelardo e Heloísa — cuja trágica história de amor ocorrera em um contexto que era uma espécie de versão, no século XII, daquele mesmo conflito entre a fé e o conhecimento — despertou interesse mórbido e estimulou que parisienses cultos comprassem lotes do cemitério. Atualmente, o Père-Lachaise — cujos residentes mais novos incluem Chopin, Oscar Wilde, Gertrude Stein, Edith Piaf e Jim Morrison — é um dos pontos turísticos mais populares de Paris.

Mas Descartes não fez parte da migração em massa para o Père-Lachaise. Uma vez mais, aparentemente, um grupo de "amigos da filosofia" interessou-se particularmente por seus ossos e exerceu sua influência. O cemitério era muito distante. Se a igreja da santa padroeira de Paris já abrigara os restos mortais do patriarca da filosofia moderna, um outro lugar, igualmente simbólico, tinha de ser encontrado. Eles escolheram a igreja de Saint-Germain-des-Prés, na margem esquerda do rio. Era a igreja mais antiga de Paris, fundada no século VI, e sua história entremeava-se com a história da cidade até os dias de sua destruição parcial, durante a Revolução. Em 26 de fevereiro de 1819, outra cerimônia religiosa formal — a terceira — foi realizada em torno dos ossos. Diante da presença do comissário de polícia, do prefeito do décimo distrito e de delegados do conselho da cidade, os restos mortais de Descartes, junto com os de Mabillon e Montfaucon, foram retirados do antigo museu, "extraídos" de suas tumbas, "com uma atenção religiosa", e colocados em caixões de carvalho novos. Um grupo formado por diversos membros da Academia Francesa de Ciências seguiu em procissão com os caixões pela curta distância ao longo da margem esquerda, deixando o antigo convento em direção à igreja. Lá, os caixões foram enterrados e três placas de mármore foram colocadas em uma capela, do lado direito da nave.

As placas ainda podem ser vistas na igreja hoje em dia; a de Descartes mostra uma arcaica inscrição de banalidades em latim, exaltando suas realizações imortais. Mas o que exatamente se encontra sob a placa que exibe seu nome é objeto de controvérsia. Quando a caixa de alabastro foi aberta, os membros da Academia que examinaram seus recessos ancestrais mostraram-se confusos e desalentados diante do que encontraram — assim como pelo que não encontraram. Alguma coisa estava errada. As coisas não se encontravam da maneira como eles haviam sido levados a crer.

Por fim, os estudados cavalheiros decidiram-se por fazer aquilo que, como bons e modernos cientistas, haviam sido treinados a realizar: analisar as informações, pesar antigas teorias e construir novas hipóteses. Os ossos de Descartes estavam prestes a deixar a história e entrar para a ciência. Ou, para fazer referência a uma outra construção moderna — literária, no caso — que estava então sendo inventada, eles seriam objeto de uma história de detetive.

4

A cabeça perdida

Estocolmo, 6 de abril de 1821
Monsieur,
Tenho a honra de dirigir-me à Vossa Senhoria para comunicar um fato algo curioso. Em uma reunião de vossa Academia de Ciências, à qual estive presente durante minha estada em Paris, ouvi o relato feito por membros da Academia, que estiveram presentes ao transporte dos ossos de Descartes, creio que da Igreja de Ste.-Geneviève para um outro local. Foi anunciado que algumas partes estavam ausentes do esqueleto e, se não me engano, a cabeça havia sido perdida.

Se a saga dos ossos de Descartes pode servir como uma metáfora da modernidade, então é duplamente simbólico que, durante suas peregrinações, a cabeça, de algum jeito, tenha sido separada do corpo e acabado por se transformar, enquanto circulava por seus descaminhos ao longo dos séculos, em uma fonte de mistério para vários pensadores, artistas e cientistas. Pois o que mais Descartes representa hoje em dia além do domínio do cérebro sobre a matéria — da cabeça sobre o corpo? Quem trouxe para nós a questão corpo-mente?

No século XVII, era considerado normal que os pensadores se ocupassem profundamente de uma variedade relativamente impressionante de assuntos — toda a realidade, mais ou menos. Alguém como Descartes, Hobbes ou Leibniz poderia dedicar um trabalho importante ao estudo da luz e da ótica, outro à geologia, outro a Deus e mais um ao livre-arbítrio, ou ainda ao movimento das marés e também ao dos planetas. Com a chegada do século XVIII, essa grandiosidade tornou-se cada vez menos possível. Um tratado botânico escrito em 1542 listava quinhentas variedades de plantas conhecidas. Ao fim do século XVII, o catálogo incluía 10 mil; em 1824, o botânico suíço Augustin Pyramus de Candolle indexou 15 mil plantas. A especialização, naquela época, tornara-se a única maneira de promover o progresso do conhecimento. Descartes e outros exploradores naturais de seus dias acreditavam que a natureza era um quebra-cabeça que apenas a sequência certa de descobertas decifraria, levando a mudanças tão fantásticas que mal podiam ser imaginadas. Claro que estavam certos quanto às mudanças fantásticas, mas foram ingênuos em sua avaliação da complexidade do quebra-cabeça.

No século XIX, havia uma noção bem maior dessa complexidade. A tarefa de compreender o universo estava no processo de ser dividida em diferentes campos, e, algumas vezes, havia uma influência geográfica sobre essa especialização. Por acaso o país que Descartes escolhera para a sua morte era especialmente rico em depósitos minerais, o que o tornava um centro para o emergente e novo campo da química. Os químicos suecos descobriram uma grande parte dos 68 elementos conhecidos em fins do século XIX, incluindo o oxigênio, o elemento essencial, por assim dizer (embora a descoberta do oxigênio por Carl Wilhelm Scheele, em 1773, tenha sido superada pela publicação de Joseph Priestley, o crédito é muitas vezes atribuído aos dois).

O maior de todos esses químicos — e uma das figuras mais proeminentes da história da ciência — foi Jöns Jacob Berzelius, o homem que, em 1821, sentou-se para compor a curiosa carta cuja abertura foi reproduzida anteriormente. Ele iniciara sua vida na Suécia rural, fazendo a triagem de sementes de cânhamo e dormindo no depósito de batata; depois, lançou-se na carreira médica, mas acabou por se descobrir antes um amante da experimentação e da análise do que da cura. Foi trabalhar na Escola de Cirurgiões em Estocolmo, sob a supervisão de um professor de medicina e farmacologista chamado Anders Sparrman, morou na casa do dono de uma mina e dividiu um quarto com um médico que administrava um spa onde as pessoas iam se tratar nas águas minerais — em outras palavras, viveu cercado pela química e por químicos. O jovem Berzelius vivia continuamente sem dinheiro e fez um acordo para, em vez de pagar por suas refeições, criar novas combinações de água mineral — efervescentes, amargas, alcalinas, "água para o fígado" — para o deleite dos frequentadores do spa.

Junto a Sparrman, Berzelius realizou feitos — a descoberta de alguns elementos químicos — que hoje poderiam ser dignos de um prêmio Nobel, e quando Sparrman se aposentou, Berzelius o substituiu. Na verdade, ele pretendia se dedicar a uma carreira de médico do interior, mas o jovem que ocuparia o cargo de Sparrman morreu subitamente, e Berzelius foi encarregado de um dos poucos empregos para químicos que existiam no mundo. Ele era um homem simpático e maneiroso, com uma enorme energia, e herculeamente voltado para o trabalho. Uma das dificuldades que deviam ser enfrentadas por ele era a determinação dos pesos atômicos de cada elemento, necessária para saber como eles poderiam ser combinados uns com outros para formar novos compostos. Em um feito intelectual e físico que se tornou lendário entre os químicos, Berzelius dedicou-se ao estabelecimento dos pesos de todos os elementos então conhecidos. Normalmente, ele trabalhava das seis e meia da manhã às dez da noite; em um dado momento, quase ficou cego devido a uma explosão. As recompensas foram doces. Após estabelecer as combinações do cloreto de prata, do ácido sulfúrico e do hidróxido de bário, observou ser "impossível descrever a felicidade [...] Mas, para esse fim, dois anos de trabalho incessante foram despendidos". Ele publicou seus resultados no que rapidamente se tornou o texto canônico dos estudos químicos. Enquanto isso, atrapalhado e aborrecido, como outros também estiveram, com a terminologia e os símbolos caóticos que vários cientistas haviam estabelecido para os elementos e suas combinações — alguns semelhantes a hieróglifos e desenhos de crianças —, ele inventou o que acreditou ser um sistema mais claro, usando as letras iniciais dos termos em latim de cada elemento. Assim ele deu à tabela periódica — e ao panorama da química — a aparência que ela tem hoje.

Imediatamente após esse esforço extremo, Berzelius sofreu um colapso nervoso. Os amigos sugeriram que viajasse, para se recuperar, e ele seguiu rumo a duas importantes capitais da ciência. Ele agora era uma celebridade internacional, sendo recebido nos círculos restritos de Londres e Paris. Em Londres, foi à Sociedade Real; em Paris, à Academia de Ciências. Essas instituições refletiram as diferentes abordagens da ciência que se desenvolveram nesses dois países. Os ingleses eram independentes, e a Sociedade Real era algo como um clube de cavalheiros. Mas se a abordagem vertical, de cima para baixo, dos franceses atrasou o crescimento da indústria na França, por outro lado gerou um importante benefício para a história ocidental. Como uma ramificação do governo, a Academia de Ciências podia exercer uma autoridade da qual a Sociedade Real não dispunha. Como Maurice Crosland, um historiador da ciência da Universidade de Kent, em Canterbury, observa, essa autoridade para definir o que era a ciência começava pela própria palavra. A Sociedade Real tinha, a respeito do conhecimento, uma abordagem holística e, eventualmente, bem-humorada, que ecoava as concepções dos filósofos naturais do século XVII. No início do século XIX, seus membros ainda tendiam a usar a palavra "ciência" no amplo sentido medieval, de forma que a teologia ainda podia ser considerada a "rainha das ciências". Crosland defende que foi a Revolução Francesa que levou os membros da Academia de Ciências a começar a restringir o uso da palavra a um tipo específico de investigação secular do mundo natural, de modo que, enquanto em inglês a palavra "ciência" só veio a ser utilizada da maneira atual nos anos 1830, a *Académie des Sciences* demonstrou em seu nome que os franceses já haviam tomado, bem antes, essa moderna direção.

A Academia adotou uma abordagem científica própria para a ciência, organizando-se em divisões, subdivisões e subsubdivisões; ao fazer isso, ajudou a definir, até os dias de hoje, a maneira como o conhecimento é estruturado nos departamentos universitários e nos institutos de pesquisa. Astronomia, geografia, química, física, mineralogia, botânica, mecânica, agricultura — cada área com seu departamento, cada departamento ligado a uma escola, dedicada ao ensino do referido campo; e cada uma realizando conferências, concedendo prêmios, financiando pesquisas. Quando necessário, os membros da Academia reuniam-se para discutir a criação de uma nova subdivisão, como na época em que as crescentes coleções de fósseis por toda a Europa levaram à criação de uma divisão de paleontologia e, depois, a uma subcategoria de paleobotânica.

Remontando ao período anterior à Revolução, a Academia também definiu o que não era ciência. Quando Franz Mesmer chegou a Paris, tendo sido expulso de Viena após causar uma rebelião com seu "magnetismo animal" — um precursor da hipnose —, os membros da Academia reuniram-se, em 1784, para considerar se o "mesmerismo", como também ficou conhecido, tinha alguma base científica. A técnica de Mesmer usava ímãs, olhares fixos e a pressão das mãos e dos braços para provocar mudanças nos pacientes; ele afirmava a existência de um fluido desconhecido, ou "fluxo", dentro do corpo humano, que poderia ser deslocado dessa maneira para provocar curas. A Europa inteira estava num frenesi para saber se o magnetismo animal era real ou não. A Faculdade de Medicina e a Academia de Ciências resolveram examinar a questão. O comitê examinador que foi reunido era algo como um time dos sonhos da ciência do século XVIII, incluindo Lavoisier, o pai da química moderna, Joseph-Ignace Guillotin, cujo nome em breve seria atribuído ao dispositivo símbolo da Revolução, e um visitante que era uma autoridade em eletricidade e outras correntes, Benjamin Franklin. Em uma instância preliminar, utilizando placebo e testes cegos, os cientistas disseram a algumas pessoas que elas estavam sendo magnetizadas, quando, na verdade, não estavam, ao mesmo tempo em que outras eram magnetizadas sem saberem disso. Os que foram informados de que estavam sob influência dos ímãs, mesmo sem que houvesse ímã algum, relataram resultados positivos; as que foram magnetizadas sem sabê-lo não apresentaram qualquer resultado. Os cientistas concluíram que as provas não sustentavam a ideia do movimento de marés de fluidos dentro do corpo; em vez disso, elas demonstravam os efeitos da "imaginação". A Academia considerou que o mesmerismo não era ciência — e, daquele momento em diante, deixou de ser. Mesmer deixou Paris no ano seguinte, e o mesmerismo acabou tendo uma carreira animada na América do século

XIX, embora, por fim, tenha tido o mesmo destino de um mamute peludo, a história acabando por relegar a Franz Mesmer o status imortal de substantivo, de algo que um dia fora algo impressionante, mas que acabou por se tornar um adjetivo efêmero.

Berzelius chegou a Paris em 1818, como convidado da Academia. Ficou maravilhado com Paris e com as grandes casas em que foi recebido, fascinado pela natureza igualitária dos salões ("Não há distinção nas conversas entre os de alta estirpe e outras pessoas de bem. Títulos como 'príncipe', 'conde' etc. jamais são usados nas conversas") e como a sua área do conhecimento havia evoluído na cidade ("acredito que existam mais de cem laboratórios dedicados à pesquisa, e diversos comerciantes especializados em artigos de vidro, cujos estoques são uma fonte de assombro para um pobre habitante de Estocolmo, que, quando precisa de uma simples retorta, não a consegue em menos de três meses"). Os salões podem ter exibido uma sensibilidade democrática, mas a Academia ela mesma, o reduto sagrado da ciência europeia, impressionou Berzelius por sua grandiosidade. Os membros vestiam até mesmo um traje especialmente desenhado, verde com borlas de ouro (eram franceses, afinal de contas), o equivalente a um uniforme científico. A viagem de Berzelius destinava-se a sua recuperação, mas ele agora sentia-se suficientemente renovado para dedicar-se a uma furiosa investida de trabalho. Com Claude-Louis Berthollet e Pierre-Louis Dulong, dois dos maiores químicos da época, ele vislumbrou uma forma de refinar ainda mais seus cálculos do peso atômico do hidrogênio. Conheceu os descobridores dos ácidos graxos e do peróxido de hidrogênio, objetos de sua admiração (apesar de que ainda não tivessem se tornado um verdadeiro modismo), e trabalhou em uma tradução francesa de seu livro.

Por coincidência, Berzelius estava em Paris no terceiro enterro dos ossos de Descartes. Um dos convidados para a cerimônia foi Jean-Baptiste-Joseph Delambre, o principal astrônomo da época e um dos dois secretários permanentes da Academia, que atuavam como codiretores. Delambre era apaixonado não só pela ciência, mas igualmente por sua história. Sua devoção a um ideal de precisão resultou em conquistas que definiram o mundo, tal como o conhecemos hoje. Quase trinta anos antes — em meio à Revolução — ele abrira uma ampla frente para a modernidade ao dirigir o projeto que levou à criação do sistema métrico. Ao longo dos séculos da Idade Média, em diversos locais da Europa foram criadas centenas de diferentes unidades de pesos e medidas, que variavam de uma vila para outra, e até mesmo aquelas que tinham o mesmo nome variavam, de forma que uma libra de pão, ou um *pint* (ou quartilho) de cerveja, representava quantidades diferentes em diferentes locais. Esses sistemas não sistêmicos preservavam as tradições locais, mas inibiam o comércio — e, em um nível absolutamente prático, mantinham a Europa em sua condição medieval. A nova ideia moderna era oferecer ao mundo todo um único sistema, que não seria baseado no costume, em lendas ou em mitos antigos, mas na natureza — mais precisamente, no cálculo científico de um padrão natural.

A Revolução era um ambiente adequado para que uma tal ideia se desenvolvesse, não obstante ela também fosse uma ideia perigosa. Um comitê do governo revolucionário — a Comissão para Pesos e Medidas — decidiu que a nova unidade básica, o metro, deveria estar vinculada ao tamanho do globo, especificamente, deveria corresponder à décima milionésima parte do meridiano que corta o equador e Paris e segue até o polo Norte. Calcular essa distância significava percorrer uma parte dela — basicamente, a extensão da França — com equipamentos sofisticados de visualização e triangulação, para poder obter medidas precisas de trechos individuais da distância. Esse foi o trabalho ao qual Delambre se dedicou em sua juventude, e foi uma aventura traiçoeira. Com uma guerra em andamento, ele e sua equipe de cientistas e assistentes — usando lunetas, ajustando a pontaria, tomando notas — pareciam espiões, aos olhos dos bandos errantes de revolucionários e contrarrevolucionários, e Delambre teve que se desviar de balas e escapar da prisão para completar sua missão. Algum tempo se passaria até que o sistema métrico fosse adotado generalizadamente (os primeiros países a aceitá-lo foram a Holanda e a Bélgica, que adotaram o sistema apenas dois anos depois do novo enterro dos ossos de Descartes, em 1819; a própria França só o adotaria em 1840), mas Delambre há muito conquistara fama internacional dentro da comunidade científica, para além de suas realizações astronômicas, quando concordou em participar daquilo que acreditava ser uma cerimônia *pro forma* para um novo enterro dos ossos do fundador da modernidade.

Sendo assim, o velho astrônomo acompanhou devidamente a remoção de um caixão de madeira de dentro do sarcófago de alabastro em que Lenoir havia colocado os restos mortais de Descartes e seguiu em procissão pelos poucos quarteirões, colina acima, do jardim do antigo museu de Lenoir até a igreja, onde, cercados pelo frio das pedras medievais, o caixão foi aberto. O que foi encontrado no interior foi tão inusitado que Delambre decidiu anotar; e, até mesmo, incluiu um relato sobre o enterro e o conteúdo do caixão em sua *História da astronomia*, a qual estava concluindo. "No caixão interno havia uma placa de chumbo", ele escreveu, "onde, após ter sido limpa, pudemos ler uma inscrição muito simples, com o nome de Descartes, o ano de seu nascimento e o de sua morte". Além disso, os oficiais se surpreenderam ao encontrar apenas alguns ossos reconhecíveis; o resto eram fragmentos de ossos e pó. "O homem que retirou os ossos", Delambre acrescentou, "encheu as mãos de pó para nos mostrar". A assembleia acompanhou enquanto esses escassos restos eram colocados no nicho aberto para recebê-los e selados sob uma pesada pedra.

Os demais envolvidos no quebra-cabeça dos ossos de Descartes usariam palavras como "religiosos" e "relíquias preciosas" para descrever os restos mortais, mas o interesse de Delambre era de outra natureza. Aos 70 anos, ele era um ateu da velha guarda, dos tempos áureos da Revolução e do Iluminismo; não tinha qualquer afinidade com os sentimentos religiosos ou espirituais. Seu interesse era pela ciência e pela precisão histórica. O conteúdo do caixão que estivera sob a guarda de Alexandre Lenoir parecia contar uma história diferente daquela que fora apresentada para Delambre e os outros. Se os ossos tivessem sido enterrados adequadamente, certamente teriam sobrevivido aos 169 anos desde a morte de Descartes em melhor estado de conservação. Seriam mesmo de Descartes aqueles ossos? Teriam ele e os outros enterrado solenemente os restos mortais corretos? Se fossem de fato de Descartes, como poderiam ter acabado em tal condição?

Ainda que a curiosidade de Delambre tivesse sido despertada, ele não avançou em suas investigações, apenas voltou para casa e fez anotações sobre o que testemunhara. No entanto, discutiu essas observações com alguns de seus colegas cientistas, antes ou depois de um encontro na Academia. Vários desses outros homens também haviam acompanhado o novo enterro e, em suas conversas, voltavam repetidas vezes à questão do crânio. Um crânio humano sobreviveria relativamente intacto, mesmo sob condições razoavelmente adversas. Parecia inconcebível que fosse reduzido a pó. A única conclusão era de que fora separado do resto do corpo. Aparentemente, um dos cientistas fizera algumas investigações e relatou ter ouvido uma suspeita de que o crânio jamais estivera entre os restos trazidos para a França — de que jamais deixara a Suécia.

Berzelius, o sueco, foi informado dessa recente intriga. Ele se mostrou indignado. Se, por algum motivo, um de seus conterrâneos separara o crânio do grande Descartes do resto de seus ossos — Berzelius não tinha vergonha de usar terminologia religiosa e qualificou o objeto como uma "preciosa relíquia" —, então todos os suecos deveriam ser reprovados por um tamanho "sacrilégio".

E assim o assunto foi encerrado. O que restava fazer senão comentar os estranhos fatos e deixar os ossos sobreviventes entregues à decomposição, junto aos demais restos mortais? Delambre retornou às tarefas de secretário permanente da Academia. Berzelius, tendo concluído seu período de restabelecimento, voltou para casa e assumiu novas funções, que refletiam aquela de Delambre, como novo secretário da Academia Sueca de Ciências.

Dois anos se passaram. Então, em um dia de março de 1821, Berzelius abriu um jornal de Estocolmo e sua atenção foi atraída por um artigo sobre o espólio do falecido professor Anders Sparrman, o homem para o qual Berzelius trabalhara pela primeira vez na Escola de Cirurgiões, e cujo cargo acabou por assumir. "Algo curioso foi observado recentemente", dizia o artigo. "No leilão que se seguiu à morte do professor e médico Sparrman, foi vendido o crânio do famoso Cartesius. O preço mencionado da venda foi de 17 ou 18 *riksdaler*."

Berzelius ficou chocado pela coincidência — de que ele estivesse em Paris quando se descobriu que o crânio de Descartes havia se perdido e de que, aparentemente, esse crânio estivera na posse de um homem que fora seu conhecido. Imediatamente, pôs-se a trabalhar. Entrou em contato com o leiloeiro e descobriu que o crânio fora comprado pelo dono de um cassino — e, evidentemente, uma figura notoriamente infame — que se chamava Arngren. A voga de manter um "gabinete de curiosidades" — ossos, presas de marfim, fósseis, esculturas, cocares de plumas, sementeiras, feitiços para fertilidade, borboletas, estrume seco: tentativas microscópicas de dar ordem ao caos crescente dos mundos naturais e antropológicos — estava então no auge, e Arngren parecia considerar que o crânio do grande pensador seria uma ótima aquisição, a ser exibida em seu cassino. Berzelius procurou-o, contou a história dos ossos de Descartes e explicou que, recentemente, haviam descoberto em Paris que a cabeça havia se perdido. Para surpresa de Berzelius, Arngren concordou em entregar o objeto a ele pelo preço pago no leilão.

Berzelius sentou-se para escrever a carta citada no início do capítulo, que acompanhou o próprio e notável objeto, o crânio de Descartes. Seu conhecido mais próximo na Academia parisiense era Berthollet, um colega químico, mas ele achou melhor escrever ao biólogo Georges Cuvier, por ter ele demonstrado um grande interesse pelos ossos de Descartes e por atuar como segundo secretário permanente junto a Delambre. Ao receber o crânio, Cuvier decidiu que ele seria mantido no Museu de Anatomia Comparativa, que fazia parte do Museu de História Natural. Mas ele não o depositaria lá imediatamente. O crânio merecia uma atenção especial.

Ao menos tanto quanto os demais que tiveram seus nomes associados aos ossos de Descartes — Rohault, Condorcet, Alexandre Lenoir, Descartes, e o próprio Berzelius —, Georges Cuvier personificava algum aspecto importante da modernidade. De fato, todos os três homens que se envolveram com os ossos nesse momento construíram seus nomes associando-os ao que era então a principal preocupação científica da época: a classificação e medição da quantidade avassaladora de dados que chegavam de todos os lados. Delambre deu existência ao que se tornaria o padrão global de medições. Berzelius desenvolveu o método moderno de representar os elementos químicos e confirmou como eles se combinavam para formar praticamente todas as substâncias existentes sobre a Terra. A situação na biologia era especialmente complexa. Os biólogos ansiavam por princípios básicos, como os que Newton desenvolvera para a física. Ao tentar classificar as formas de vida, não se podia deixar de lado a questão sobre a finalidade geral que se tinha em mente. O sistema ainda amplamente adotado no início do século XIX era o da "taxonomia teleológica", criado por Aristóteles e refinado pelos filósofos escolásticos: o sistema da "escala dos seres", que os franceses denominavam *série*, popularmente conhecido como "a grande cadeia da existência". E quanto ao sistema medieval dos humores corpóreos, era bem mais complexo e útil do que seu estereótipo popular sugere, mas tinha uma limitação séria, que era a base teleológica. A teleologia refere-se a um fim ou propósito final, e isso normalmente significa uma finalidade religiosa, de acordo com o plano divino. A orientação aristotélica do conhecimento era teleológica, o que tornava fácil para os escolásticos adaptarem-na para que estivesse de acordo com a visão cristã da Criação, de tal forma que a cadeia de formas de vida iniciava-se com os organismos mais simples e avançava até os mais complexos, o que também refletia uma hierarquia espiritual. No século XVIII, esse sistema começou a perder sua utilidade. No princípio do século XIX, os biólogos e botânicos desenvolveram um caso explícito de "inveja da física" — um anseio por uma figura como Newton, que criasse as leis básicas para as suas ciências. Cuvier defendia um sistema completamente novo, que ignorasse a teleologia e, em vez disso, se fundamentasse na observação das partes do corpo e em seu funcionamento. Ao apresentar seu sistema, ele ajudou a inventar a zoologia moderna e a anatomia comparativa.

O trabalho de Cuvier apoiava-se no de seu predecessor, o sueco Carl Linnaeus, que classificou os seres vivos em reino, classe, ordem, gênero e espécie. Linnaeus considerou as partes do sistema reprodutivo como base para a classificação e diferenciação das criaturas, mas ainda que a reprodução fosse, inegavelmente, um elemento fundamental, não era, necessariamente, o princípio organizador mais útil. Em vez disso, Cuvier baseou seu sistema na correlação das partes e em como essas partes trabalhavam juntas e também no ambiente em que a criatura vivia (um animal com garras afiadas também tendia a ter dentes apropriados para rasgar as presas capturadas). Ele dividiu os animais em quatro categorias, com base na estrutura óssea — vertebrados, moluscos, articulados (como os insetos) e radiados (como a estrela-do-mar) —, um sistema que se manteve como base para a biologia pela maior parte da era moderna. Cuvier empregou seu sistema com uma lógica quase matemática. Um animal ruminante, por definição, tinha que ter um rúmen no qual digerisse parcialmente os alimentos; assim sendo, se fosse encontrado um animal que tivesse essa organização digestiva, tratar-se-ia claramente de um ruminante; e, em contrapartida, se o animal não apresentasse o rúmen, seria absolutamente impossível incluí-lo entre as criaturas que digerem os alimentos em duas etapas. Uma história, possivelmente apócrifa, conta que um dos estudantes de Cuvier enrolou-se em um couro de boi e desafiou o professor a identificar a besta. Quando o mestre entrou na sala, o estudante gritou: "Cuvier, sou o demônio, estou aqui para devorá-lo!" Diante do quê, Cuvier supostamente respondeu algo como: "Não seja ridículo. Você tem o casco partido, sendo assim, só come grãos."

A anatomia comparativa foi apenas um dos campos desbravados por Cuvier. Seu interesse pelos ossos o levou diretamente ao estudo dos fósseis. A comparação de esqueletos de animais extintos de diferentes eras geológicas levou-o a concluir que a Terra passara por diversos cataclismos pré-históricos, os quais resultaram na extinção em massa de espécies. Ele observou, é claro, as leves modificações nos esqueletos de criaturas aparentemente relacionadas, mas não levantou argumentos em defesa de uma teoria da evolução. Era um tema que pairava pela época; seu conterrâneo e colega da Academia, Jean-Baptiste Lamarck, recentemente desenvolvera alguns avanços em defesa do argumento da evolução. Cuvier, ao contrário, apesar de suas diversas conquistas inovadoras, é mais conhecido por retardar o avanço da teoria da evolução dentro da comunidade científica, mantendo-a fora dos debates mais sérios, até a publicação de *A origem das espécies*, em 1859. Técnica e cientificamente, a objeção de Cuvier baseava-se na teoria da correlação entre as partes. A natureza, ele escreveu, "realizou todas essas combinações que não são repugnantes, e são essas repugnâncias, essas incompatibilidades, essas impossibilidades de coexistência de uma modificação com outra que estabelecem, entre os diversos grupos de organismos, as separações e os distanciamentos que marcam os limites necessários e criam as ramificações, classes, ordens e famílias naturais". Ou seja, cada espécie que existe, ou que já existiu algum dia, era um todo funcional que precisava de todas as suas partes para ser exatamente como era. Uma leve mutação em uma das partes provocaria o colapso de todo o sistema. A evolução baseada em pequenas mudanças ao longo das gerações era, portanto, impossível. Ao invés disso, Cuvier defendia o contrário — "a fixidez das espécies" — e fez tudo o que era possível, usando seu poder de secretário permanente da Academia de Ciências, para promover essa visão.

Havia um aspecto menos científico na visão de Cuvier sobre a evolução. Ele era um cristão devoto, e os primeiros anos do século XIX foram uma época em que os cristãos estavam usando a ciência para fundamentar a Bíblia. Tais esforços, é claro, levavam-nos de volta ao próprio Descartes, que acreditava que sua teoria mecanicista da natureza era, na verdade, uma defesa da cristandade — que "enlaçava" o mundo material, estabelecendo o domínio da ciência e deixando a teologia livre para tratar da alma humana. A crença na ciência evoluíra bastante no princípio do século XIX, a ponto de até mesmo os cristãos mais literais tenderem a buscar provas científicas para amparar, por exemplo, o relato bíblico da Criação ou o dilúvio sobre o qual Noé navegou.

Cuvier era um cientista rigoroso e não manipulava os dados abertamente para amparar os relatos cristãos. No entanto, interessava-se em demonstrar que a ciência e a fé eram compatíveis e sua abordagem da biologia e da paleontologia refletia isso. O problema era que as provas científicas que pareciam contradizer partes básicas da Bíblia estavam se tornando avassaladoras. Ele adotou as mesmas provas que Darwin utilizaria para defender que as mudanças nas espécies ao longo do tempo eram baseadas na seleção natural, porém para colocá-las a serviço de uma teoria contrária, que enquadrava as visões bíblicas da Criação. De certa forma, seu argumento soava curiosamente moderno. Ele acreditava em Deus inquestionavelmente — na verdade, considerava um mau uso da razão questionar Deus —, e sua crença era a base de sua ciência, inclusive suas visões sobre a "repugnância" que a natureza tinha pelas mudanças em suas concepções. Para Cuvier, em outras palavras, a natureza demonstrava a inteligência do Criador, e a ideia de que as espécies evoluíam, ao longo do tempo, afetadas por forças aleatórias, era repulsiva tanto para essa grande inteligência quanto para a própria inteligência humana. Sob sua ciência, portanto, está presente uma variante do século XIX da teoria bem contemporânea da "concepção inteligente", defendida por pensadores cristãos que, como Cuvier, acreditam que a teoria da evolução é um ataque à concepção cristã do mundo.

Ainda assim, Cuvier era um modelo de cientista do século XIX e, como tal, apaixonado pelo desenvolvimento de seu campo de pesquisa, por sua crescente complexidade, assim como por seus princípios. Quando, em maio de 1821, ele recebeu um pacote das mãos do embaixador da Suécia na França, enviado por Berzelius, acompanhado de uma carta descrevendo os acasos da descoberta, ele o abriu com um sentimento próximo a um temor reverente. Como Delambre, ele ficou arrasado com a descoberta do estado lamentável dos restos mortais, durante o novo enterro, dois anos antes, e pela ausência do crânio. Agora, ali estava um objeto que parecia aprofundar aquele mistério e desencadear um outro.

Com toda a certeza, o crânio não era um objeto qualquer — tampouco era um crânio qualquer. No mundo da arte e das pinturas antigas, um certificado de procedência — um documento de autenticidade comprovando uma cadeia de antigos proprietários — é tudo. Esse crânio, aparentemente, chegou com seu próprio certificado de procedência, o que aprofundou o interesse de Cuvier. Ele entrou em contato com Delambre imediatamente e os dois incluíram o assunto na agenda da Academia.

Em 30 de abril de 1821, a Academia de Ciências reuniu-se em sua sede, às margens do Sena. Os membros contavam com alguns dos nomes mais famosos da história da ciência, entre eles Berthollet, que ajudou a criar a linguagem da química moderna; Jean-Baptiste Lamarck, defensor da teoria da evolução; Joseph-Louis Gay-Lussac, que formulou várias das leis da física, codescobriu a composição química real da água e realizou o trabalho subjacente que levou ao cálculo do "teor alcoólico", presente em cada garrafa de vinho, cerveja e bebida destilada; Pierre-Simon Laplace, que ampliou o trabalho de Newton na matemática e na física e teorizou sobre a origem do sistema solar; e André-Marie Ampère, o descobridor do eletromagnetismo, cujo nome foi usado para batizar a unidade básica das medidas elétricas. Eles ouviram um relatório sobre a inflamação das membranas do sistema nervoso central. Um membro, chamado Poyet, apresentou alguns exemplos de novos métodos para a construção de pontes que ele desenvolvera. Foi apresentado um relatório sobre as propriedades medicinais de flores das Antilhas. Então os luminares ali presentes reuniram-se em torno do objeto que Cuvier colocou diante deles e o estudaram com, conforme disse o químico Berthollet, "reverência religiosa". Cuvier leu a carta de Berzelius relatando como o acaso o trouxera a Paris na época do novo enterro de Descartes, como ele soube da ausência do crânio entre os restos mortais do pensador, e como, apenas um mês antes, ele descobrira que o suposto crânio de Descartes fora levado a leilão. "Nosso ministro em Paris, M. le comte de Löwenhjelm, que partiu daqui anteontem, foi muito gentil em incumbir-se do transporte dessa relíquia", dizia a carta de Berzelius, "da qual eu rogo ao senhor, monsieur, que faça o melhor uso que julgar razoável".

Faltava a mandíbula inferior do crânio, mas, fora isso, ele estava intacto. Com suas órbitas vazias, ele devolvia o olhar para aquele círculo de sábios históricos, como se os reprovasse por qualquer presunção que pudessem ter acumulado em suas buscas pelo progresso do saber, forçando-os a ponderar sobre o duro limite que todos eles encaravam, a indiferença implacável da morte.

Ao mesmo tempo, apresentava um desafio. Pois todos eles eram homens cujas vidas foram dedicadas a decifrar os enigmas da natureza, para quem o *método* tornara-se uma segunda natureza, e ali estava um enigma sobre o homem que, indiscutivelmente, era o patriarca de todas as suas diversas disciplinas, o verdadeiro criador "do método". O que era ainda mais fascinante era que o crânio estava coberto de intricados manuscritos feitos a pena. Muitos eram assinaturas, marcas de propriedade. Mas cobrindo todo o topo, em latim e com letras cursivas, havia um poema que praticamente clamava aos observadores:

> Este pequeno crânio foi um dia do grande Cartesius,
> O resto de seus ossos está oculto nas distantes terras da
> França;
> Mas por toda a volta do círculo do globo, seu gênio é glorificado,
> E seu espírito ainda rejubila-se na esfera do paraíso.*

* O poema e as assinaturas eram bem visíveis em sua maioria nos dias de Delambre, mas apagaram-se consideravelmente, desde então. O original em latim dizia: "*Parvula Cartesii fuit haec calvaria magni,/ exuvias reliquas gallica busta tegunt;/ sed laus ingenii toto diffunditur orbe,/ mistaque coelicolis mens pia semper ovat.*"

As questões se multiplicavam. Quem escrevera isso e quando o fizera? O que será que "oculto" significava? Seria possível que os ossos reenterrados em Saint-Germain-des-Prés não fossem de Descartes? Seria esse verdadeiramente o crânio de Descartes, e, caso fosse, como fora separado do corpo? O que exatamente acontecera aos restos de René Descartes nos 171 anos desde sua morte?

Uma pista a mais — aparentemente, bastante importante — também se revelava no crânio. Estava bem na frente, rabiscada sobre a testa, escrita em sueco, mas Berzelius havia enviado uma tradução:

> O crânio de Descartes, tomado por J. Fr. Planström, no ano de 1666, na época em que o corpo estava sendo devolvido para a França.

Cuvier realizara algumas investigações e estava inclinado a defender a autenticidade do crânio. Para corroborar essa hipótese, ele colocou ao lado uma gravura de um retrato de Descartes e apontou para os demais doutos o que ele considerava como similaridades nos traços cranianos. Mas havia mais trabalho a ser feito. Havia todo tipo de peculiaridades; para começar, acima da frase a respeito do misterioso Planström, havia algumas palavras pouco legíveis — um nome, que era difícil de identificar, seguido de "1666", e, de novo, a palavra sueca *tagen*, que Berzelius lhes dissera significar "tomado". Cuvier desejava mais informações sobre "essa preciosa relíquia", e os membros concordaram que alguém deveria prosseguir com a pesquisa. Passaram então para outros assuntos, talvez de não menor interesse, com um monsieur Virey levantando-se para apresentar seus estudos sobre "A membrana do hímen".

Foi Delambre quem assumiu a investigação sobre o crânio. Delambre reverenciava Descartes como o pai da ciência, e ele também sabia que seu próprio trabalho a serviço da ciência já estava ficando para trás. Tinha 72 anos e não contava com boa saúde; esta pequena e peculiar tarefa a que estava prestes a se dedicar poderia tornar-se o encerramento de sua carreira científica.

Na reunião da Academia de 14 de maio de 1821, ele apresentou suas descobertas em um relatório de 3 mil palavras, cuja leitura ocupou quase toda a sessão. O título era "Crânio vindo da Suécia é considerado como sendo de Descartes: fatos e reflexões", e, realmente, o relatório estava organizado em uma série de "fatos", cada um seguido de uma seção chamada "Comentários".

Mas se seu colega Cuvier esperava por uma confirmação exaustiva de suas próprias especulações, acabaria se desapontando. Tendo completado sua investigação, Delambre sentiu-se suficientemente seguro sobre o assunto para considerar necessário assumir o papel de advogado da causa contrária. No alto de seu relatório, rabiscou sua conclusão: "M. Cuvier [...] acredita que o crânio seja de Descartes, pois identificou uma grande conformidade com a gravura, e eu acredito no contrário."

Ele começou a ler em voz alta. Apresentou aos colegas uma história dos acontecimentos pertinentes associados aos ossos de Descartes, culminando na terceira cerimônia de enterro, dois anos antes, na qual ele e outras pessoas puderam ver o conteúdo do caixão, cuja pobreza ele considerava "realmente um tanto notável".

Depois, sua atenção voltou-se para o objeto diante deles. As marcas tatuadas na superfície eram intrigantes, ele admitiu. "Mas", disse, "que prova temos, de alguma origem diversa, relativa à sua autenticidade? Algumas inscrições, mais ou menos apagadas, aquela que acompanha a curvatura do crânio, que são os nomes de sucessivos proprietários, com algumas datas e nada mais". É verdade, havia o que parecia ser um testemunho de algum tipo sobre o crânio. Mas quem havia de dizer quem era esse Planström? E que informações poderiam ser obtidas sobre o suposto acusador que escrevera essa sentença quase ilegível sobre ele? Era possível tirar qualquer conclusão sobre isso. Mesmo se Planström de fato tivesse pegado o crânio em 1666, isso não informava quando o crânio tinha sido separado do corpo. Poderia ter sido feito "na casa do embaixador Chanut, imediatamente após a morte, ou na sepultura provisória de 1650, ou na tumba de pedra, ou na presença de Terlon, em 1666, ou finalmente em Peronne, quando o caixão foi aberto pelos oficiais da alfândega". Era até mesmo possível, Delambre acrescentou, que tivesse sido removido com uma finalidade específica que fazia parte do registro histórico. Sabia-se que Chanut tinha feito uma máscara mortuária de Descartes, a partir da qual um artista francês, chamado Valary, que era uma presença regular na corte de Christina, havia esculpido um busto (tanto a máscara mortuária quanto o próprio busto se perderam, posteriormente). Será que o escultor não poderia ter "separado a cabeça do tronco a fim de fazer o molde mais facilmente e depois não teve o cuidado de devolvê-la?" — Delambre perguntou aos colegas. "É preciso admitir que isso ao menos apresenta alguma plausibilidade." Isso significaria que havia um intervalo de 16 anos desde que a cabeça fora separada do corpo até que essa inscrição na testa do crânio, informando que ele fora "tomado" por Planström, fora feita. Como se poderia saber que alguém antes, sabendo da confusão em torno da exumação dos ossos de Descartes, não tivera a ideia de adornar um crânio qualquer com a inscrição, a fim de pregar uma peça ou forjar um engodo, quem sabe em troca de dinheiro? E uma vez que o proprietário fora enganado, todos os demais teriam aceitado o certificado de origem como genuíno. Tudo o que eles tinham, Delambre insistiu, "era uma afirmação carente de provas" de que o cérebro que uma vez estivera dentro daquele crânio um dia concluíra "penso, logo existo".

Ao fim das contas, Delambre considerou que o mais provável era que o crânio jamais tivesse sido separado do corpo. Os restos mortais que Delambre vira no caixão eram, em sua maioria, fragmentos, o que, ao se considerar, sugeria que o corpo sofrera uma intensa exposição, e era lógico supor que o crânio devia ter recebido tratamento similar e estar reduzido ao mesmo estado: "Não é impossível que o mesmo tenha se dado exatamente da mesma maneira com o crânio, após 169 anos." Delambre concluiu com um pedido para que seu relatório fosse incluído nos anais da Academia "para que alguém pudesse responder às minhas objeções ou esclarecer minhas dúvidas".

A resposta não demorou a vir. Cuvier parece ter ficado ouvindo o seu ilustre colega com um espanto crescente. O relatório de Delambre era um apanhado de contradições e irrelevâncias. Cuvier levantou-se para se dirigir aos colegas. Segundo qualquer análise, Cuvier acreditava, o senso comum exercia alguma influência sobre as reflexões de qualquer pessoa. Por que imaginar, por exemplo, que a cabeça tivesse sido serrada do corpo, logo após a morte, para a criação do busto? Que possível fundamento havia para uma suposição tão asquerosa? Cuvier censurou seu colega secretário por ele fabricar cenários tão elaborados e suspeitos. O "princípio da parcimônia", um princípio da ciência, diz que é melhor preferir as explicações mais simples às mais intricadas. Certamente, era mais razoável supor que esse Planström pegou o crânio do que imaginar que alguém *não* tivesse pegado o crânio de Descartes, mas usara o de outro homem e inventara uma ficção em torno disso. Especialmente ao se considerar o que deflagrara a investigação: o fato de que, quando o caixão fora aberto havia dois anos, não havia crânio algum em meio aos despojos.

Além disso, Cuvier afirmou, o próprio crânio indicava quando fora retirado do resto dos ossos: em 1666. Esse fora o ano em que os restos mortais foram exumados em Estocolmo, na cerimônia na residência do embaixador francês, ou na mesma época. Parecia claro para Cuvier que "o momento em que essa cabeça foi removida deve ter sido quando os ossos estavam sendo embalados a fim de serem transportados para a França". Quanto a quem fez isso, também havia provas claras sobre o assunto — inconclusivas, mas convincentes: "Planström." Se esse homem fosse descoberto, o mistério começaria a ser desfeito.

Cuvier pode ter se questionado a respeito do colega. Até mesmo fisicamente, Delambre, ao se dedicar ao exame do crânio de Descartes, provavelmente mostrava-se aos seus colegas cientistas como uma figura menor do que havia sido alguns anos antes. Estava bastante doente, a ponto de estar tomando as providências para sua própria morte (morreria no ano seguinte). Poderia a senilidade ou alguma enfermidade debilitadora ter afetado suas faculdades de raciocínio? Todos os membros da Academia conheciam a enorme tenacidade e determinação de Delambre, que poderiam ter se originado em um incidente de sua infância, ou ao menos serem exemplificadas por ele. Quando bem jovem, o futuro acadêmico contraíra catapora, o que o deixou parcialmente cego e, para completar sua desgraça, sem os cílios, dando a ele, pelo resto da vida, um aspecto desnudo e exposto, estranhamento indefeso, mas ao mesmo tempo intenso e melancólico.

A visão imperfeita o levara a buscar uma compensação exagerada: leu vorazmente durante a juventude, determinado a fazer com que sua visão melhorasse, e conseguiu. Então, como alguém afetado por um distúrbio muscular que se propõe a tornar-se um atleta profissional, ele desenvolveu o desejo de espiar pela pequena abertura de um telescópio, para forçar os olhos a enxergar pontos luminosos a centenas de milhares de quilômetros de distância e descobrir novas coisas sobre eles. Ele superou sua desvantagem a ponto de se tornar o principal astrônomo da época, para não mencionar a criação do padrão de medidas que revolucionaria a ciência.

Mas estariam suas forças ainda intactas? — Cuvier deve ter se perguntado. Delambre parecia ter percorrido um longo caminho para criar dificuldades em sua análise do crânio. Talvez fosse interessante observar outra possível explicação para a recusa de Delambre em permitir uma especulação mais bem fundamentada em seu raciocínio. Ele tinha um motivo particular e altamente incomum para se sentir vulnerável diante de qualquer coisa que sugerisse alguma incerteza na investigação científica — algo que nem Cuvier, nem qualquer um de seus colegas da Academia tinham como saber, e se soubessem teria sido um escândalo.

Trinta anos antes, quando Delambre liderou a equipe que fez os cálculos dos quais resultaram o tamanho do metro em relação à circunferência da Terra, medindo o arco de Dunquerque até Barcelona, ele tivera um parceiro que se chamava Pierre-François-André Méchain. Os dois astrônomos dividiram o trabalho, Delambre iniciando em Paris e indo para o norte e Méchain dirigindo-se para o sul. Tarde demais, após anos de trabalho duro, milhares de quilômetros percorridos e cálculos infinitos, e com o resultado final estabelecido, Delambre fizera uma descoberta devastadora. Seu parceiro errara os cálculos e depois encobrira o erro. Delambre fez essa descoberta em 1810, 11 anos antes de encontrar o crânio de Descartes. Então ele fez o que Ken Alder, autor de *A medida de todas as coisas* (2003), considera uma decisão pessoal e profissional fatídica: encobriu o que já fora encoberto. Nos arquivos do Observatório de Paris, Alder encontrou os manuscritos de Delambre, que aparentemente não foram mais vistos desde que ele os escrevera: "Não revelei ao público o que não é preciso saber. Suprimi todos os detalhes que poderiam reduzir a confiança nesta missão tão importante [...] Cuidadosamente silenciei qualquer coisa que pudesse alterar, minimamente, a boa reputação que monsieur Méchain conquistou e desfruta por direito." Ainda assim, Delambre preservou os registros com seus erros, junto ao reconhecimento de sua própria descoberta. Ele angustiou-se com questões que envolviam a verdade, o erro e a certeza, e teve que fazer uma concessão ao erro e à incerteza. Agora, no fim da vida, trabalhando em um projeto de mínima relevância para a vida real, mas que certamente tinha alguma importância simbólica, Delambre viu-se diante da necessidade de ter certeza absoluta ou de, caso contrário, desautorizar completamente a legitimidade do crânio. Não há como conectar essa necessidade de descoberta a um erro científico e a sua decisão de encobri-lo, mas Alder defende a tese de que o erro de Méchain e sua descoberta por Delambre são importantes para a história da ciência, pois esses dois fatos interligados mostram o despertar da consciência, por parte de cientistas "linha-dura", de que a certeza é impossível, de que o erro e a imprecisão são uma parte constitutiva de seus trabalhos. Se a determinação de Delambre de abafar os erros de seu parceiro indica uma consciência das noções tão modernas de probabilidade e erro como fatos da vida, então sua recusa em considerar as provas circunstanciais da autenticidade do crânio de Descartes talvez seja uma guinada na direção oposta — uma urgência reflexiva para erradicar a incerteza, para purificar.

Cuvier, no entanto, considerou que as provas relativas ao crânio eram suficientes para que ele assumisse a investigação. Era preciso saber mais sobre as circunstâncias em que os restos mortais foram desenterrados em Estocolmo. Ele procurou um homem chamado Alexandre-Maurice Blanc de Lanautte, conde d'Hauterive, que ocupava o cargo governamental de arquivista no Ministério de Assuntos Estrangeiros. Hauterive tivera uma carreira exótica, servindo em Constantinopla, como parte da missão diplomática francesa no Império Otomano, e em Nova York, como cônsul na recém-criada nação dos Estados Unidos, antes de instalar-se como pesquisador. Cuvier contou-lhe as particularidades sobre a vida e a morte de Descartes e também os nomes dos oficiais envolvidos no transporte dos despojos. Quem sabe não se poderia encontrar uma resposta na correspondência oficial da época?

Cuvier, Delambre e Hauterive tiveram acesso à mesma fonte primária sobre a vida de Descartes que temos hoje: a biografia setecentista do padre Adrien Baillet. Cuvier observou que Baillet indica em sua biografia ter tido acesso às cartas de Terlon para d'Alibert, o tesoureiro francês, e uma nota escrita por Simon Arnaud, o marquês de Pomponne, que estava no processo de substituir Terlon como embaixador na Suécia e presenciou a exumação de 1666 e a cerimônia na residência do embaixador.

Hauterive, no entanto, não conseguiu encontrar qualquer documento relevante nos arquivos do governo. "A correspondência de M. le Chevalier de Terlon, ministro da França na Suécia nos anos de 1666 e 1667, não faz qualquer menção sobre o transporte dos restos mortais de Descartes para a França", relatou Hauterive para Cuvier.

Porém, ele descobriu algo mais. Prosseguiu sua comunicação, informando que "alguém teve a ideia de consultar diversos trabalhos impressos, um dos quais apresentava informações curiosas sobre o objeto em questão". Hauterive descobriu um trabalho sueco, de meados do século XVIII, mencionando uma cadeia de proprietários do suposto crânio de Descartes. Havia um nome na origem dos acontecimentos, acompanhado de uma história. O homem que tomara o crânio, segundo essa fonte, desempenhara um papel nos eventos relativos à primeira exumação. A fonte deu o nome do homem: "Is. Planström."

E assim voltamos ao início, ou, melhor dizendo, ao fim — no meio da noite, em pleno inverno do ano de 1650. No andar superior de uma casa no centro de Estocolmo, um homem moribundo dá o seu último suspiro. Após alguma discussão, é decidido que ele será enterrado em um cemitério abandonado, a pouco mais de um quilômetro, na periferia da cidade. O sol de 16 verões aquecem a terra em que repousam seus restos mortais, e o frio profundo de 16 invernos a congela. No período inicial de 128 dias — segundo as estimativas da moderna antropologia forense e com base em uma temperatura média de 10°C — o tecido mole teria se decomposto. Os ossos provavelmente começariam a clarear no primeiro ano. Em menos de dez anos, os ossos teriam começado a descamar e rachar. Se o caixão fosse fraco (foi descrito como "poroso"), raízes, roedores e vermes apressariam a decomposição.

Dezesseis anos após o enterro, pois, os restos são desenterrados e levados de volta para o mesmo prédio onde o homem passou suas últimas horas. Lá, na capela da residência do embaixador francês, é realizada uma cerimônia, presidida por membros da Igreja Católica na Suécia. Os ossos — que haviam se separado — são transferidos para um cofre de cobre, de apenas 75 centímetros de comprimento. Hugues de Terlon, cavaleiro da ordem de São João e embaixador francês na Suécia, em vias de assumir seu novo posto na Dinamarca, pede permissão para pegar, como uma relíquia pessoal, um osso do dedo indicador direito. O caixão é mantido, até a hora da partida para Paris, via Copenhagen, na residência de Terlon, onde é vigiado por membros da guarda da cidade de Estocolmo.

Isaak Planström era o capitão desse destacamento da guarda. Os detalhes de seu envolvimento chegaram com as informações de Hauterive. Hauterive descobriu que, em 1750, um diretor escolar chamado Sven Hof, da cidade de Skara, escreveu sobre uma viagem que fizera alguns anos antes para Estocolmo, a fim de visitar um amigo e colega, Jonas Olofsson Bång, que orgulhosamente exibira-lhe o crânio de René Descartes. O objeto veio acompanhado de uma história. O crânio chegara a Bång por seu pai, um comerciante e cervejeiro chamado Olof Bång, que lhe contara como o conseguira. Um homem que lhe devia dinheiro morrera e o velho Bång recolhera alguns de seus bens em lugar do pagamento. Entre esses itens, estava o crânio de Descartes. Bång contou ao filho que o falecido, Plänstrom, ficara encarregado de vigiar os ossos de Descartes antes que fossem enviados para a França. Plänstrom explicara-lhe seu ato dizendo que lamentava que a Suécia fosse "perder completamente os restos de uma pessoa tão famosa". Bång dissera que o guarda conservara o crânio pelo resto de sua vida, como "uma relíquia rara de um santo filósofo". Bång, por sua vez, conservara-o por toda a vida e o passara ao filho.

O jovem Bång contou essa história ao amigo Hof e, aparentemente, expressou o desejo de encontrar as palavras apropriadas com que adornar o objeto, diante do que Hof escreveu alguns versos em celebração, em latim, e Bång, mais tarde, gravou-os no alto do crânio. O relato de Hof incluía os versos latinos, que eram idênticos àqueles encontrados no crânio que agora estava em posse da Academia.

Berzelius, em sua carta a Cuvier, observou os diversos nomes que enfeitavam o crânio, alguns deles ilegíveis, ou apenas parcialmente legíveis, e sugeriu a possibilidade de elaborar uma história da carreira sueca do crânio. Nas décadas de 1860 e 1870, um homem chamado Peter Liljewalch dedicou-se a isso. Liljewalch nasceu na cidade sueca de Lund, tornou-se médico, especializado em doenças infecciosas, entrou para o Exército e viajou pela Dinamarca, Alemanha e Rússia, para finalmente tornar-se o médico da corte de Desideria, rainha da Suécia e da Noruega, de 1829 a 1860. Algum tempo depois, Liljewalch retornou a Lund, passando a dedicar-se a um curioso projeto de aposentadoria: listar os proprietários suecos do crânio de René Descartes.

No verão de 2006, eu viajei para visitar a divisão de manuscritos da biblioteca da Universidade de Lund, onde um bibliotecário esparramou diante de mim uma coleção identificada como "Liljewalch". Abri as pastas repletas de folhas delicadas, cobertas de anotações em estilo elegante do século XIX. Liljewalch seguira os rastros no tempo, perseguindo as vidas e feitos dos homens que, por um motivo ou outro, haviam possuído o crânio. De alguma forma, o crânio passara do jovem Bång para um militar chamado Johan Axel Hägerflycht, que o manteve consigo até a sua morte, em 1740. Quando seus bens foram distribuídos, o crânio caiu nas mãos de um funcionário do governo chamado Anders Anton Stiernman. Seu nome é um dos que ainda são visíveis no crânio, do lado direito, junto com o ano de 1751. Quando Stiernman morreu, seu genro, Olof Celsius, viu-se como o novo proprietário e prontamente colocou sua própria assinatura no osso occipital, na base da parte posterior. Esse Celsius era um homem do clero, que se tornou bispo de Lund. Seu interesse pela cabeça de Descartes deve ter sido o de um feitiço ou talismã científico, pois a ciência fazia parte da família. Seu pai fora botânico e outros parentes foram astrônomos ou matemáticos, e seu primo, Anders Celsius, foi o astrônomo cujo nome batizou a escala Celsius de temperatura.

À primeira vista, Johan Fischerström, o proprietário seguinte, um "superintendente financeiro" de Estocolmo, parece não atender à inclinação do crânio por pertencer a pessoas com associações significativas a um ou outro aspecto relevante da modernidade. Mas Fischerström, evidentemente, era um homem apaixonado, e o aspecto notável de sua vida acaba por revelar-se não por sua carreira, mas por seus interesses amorosos. Ele veio a ser o alvo dos afetos de Hedvig Charlotta Nordenflycht, algumas vezes considerada a primeira feminista da Suécia. Ela foi uma dedicada estudante de filosofia e decana da principal sociedade literária de Estocolmo na época em que a cidade era uma das campeãs do Iluminismo, sociedade cujo excelente nome era "Ordem dos Construtores de Mentes". Nordenflycht tornou-se conhecida por sua combinação de tendência filosófica — interessava-se, por exemplo, por questões como o papel da razão na modelagem de decisões morais — com sofrimentos amorosos. A fama tem origem em sua poesia, que explorava temas da natureza e da perda. Ela conheceu Fischerström em uma reunião dos Construtores de Mentes, em algum momento no início da década de 1760, quando ela entrava nos 40 anos e ele saía dos 20, e apaixonou-se por ele. Ele a deixou por uma amiga mais jovem dela, e diz a lenda que ela, em consequência, se afogou. O insensível Fischerström seguiu sua vida e comprou o crânio de Descartes algum tempo depois, para colocá-lo em seu gabinete de curiosidades.

Fischerström conservou o crânio até sua morte, em 1796, e quando seus bens foram a leilão, o objeto foi comprado por um conselheiro fiscal de nome Ahlgren, cuja assinatura mal pode ser identificada atrás de onde seria o ouvido esquerdo.

Na década de 1760, enquanto Hedvig Charlotta Nordenflycht sofria com a indiferença de Fischerström em Estocolmo, um sueco devoto da filosofia do século XVIII, de nome Anders Sparrman, recebia a melhor educação científica possível, sob a tutela do grande botânico Carl Linnaeus. Ao concluir seus estudos, Sparrman alistou-se como médico de bordo de um navio, para viajar para a Ásia. Voltou após passar dois anos na China, carregando amostras da flora e da fauna do país, o que constituiu o princípio de seu próprio gabinete de curiosidades. Em 1772, animado pela paixão de colecionar espécimes do mundo natural, aventurou-se pela África, onde alimentou seu gosto pela coleta, dando conselhos médicos e instruindo os filhos de um oficial na colônia do Cabo. Um dia, no fim do ano, um inglês chamado John Forster apareceu por lá, vindo de um navio ancorado na baía da Mesa. Forster era também um naturalista e os dois tornaram-se amigos imediatamente. Forster declarou solenemente não haver melhor lugar para um jovem naturalista como Sparrman do que a bordo do navio em que ele se encontrava a serviço no momento. Seu capitão, James Cook, estava então em meio a sua segunda viagem de descobertas, e Forster convenceu Cook de que o naturalista sueco seria uma aquisição valiosa.

Tendo assim entrado de carona na história, Sparrman passou os três anos seguintes no mar com Cook, desviando-se das banquisas de gelo para dar a volta pelo círculo antártico, circum-navegando a Nova Zelândia e explorando o Taiti e outras ilhas do Pacífico Sul. Parte da missão de Cook consistia em um desafio moderno a um conceito antigo, assim como a teoria de William Harvey sobre a circulação do sangue fora um desafio ao antigo sistema dos humores corporais — ou mesmo a filosofia de Descartes, que representara um confronto com o sistema medieval do conhecimento desenvolvido pelos filósofos escolásticos. A Sociedade Real encarregara Cook de descobrir o continente da Terra Australis, que fora objeto de teorias de Aristóteles e de outros escritores subsequentes, os quais afirmavam que ele se localizaria no polo Sul. O pensamento antigo era de que deveria existir uma massa de terra gigantesca no fundo da Terra para equilibrar a que existia no extremo norte. Muitos membros da Sociedade Real ainda estavam convencidos disso, ainda que o próprio Cook tivesse concluído, com base em sua primeira viagem, que não era bem assim.

Além de auxiliar na viagem que provaria a não existência da Terra Australis — mas que, por frentes diversas, ampliaria o conhecimento do mundo —, Sparrman fez copiosas anotações e, a partir delas, escreveu *Uma viagem ao cabo da Boa Esperança*, que se tornou um dos clássicos do naturalismo do século XVIII e uma fonte padrão sobre a carreira de Cook. Mais tarde, após organizar sua própria expedição terrestre pela África do Sul, Sparrman voltou para casa, na Suécia, carregado de espécimes. Seguiu então em viagem a Londres, para visitar o que ele considerava o maior de todos os gabinetes de objetos naturais.

Na época em que se instalou novamente em Estocolmo, Sparrman já era honrosamente reconhecido como um dos maiores cientistas da Suécia.

Ele assumiu, então, o posto de professor na Escola de Medicina, em 1790. Em 1802, o jovem Berzelius começou a trabalhar como seu assistente não remunerado. Três anos mais tarde, Sparrman aposentou-se e Berzelius acabou por assumir seu cargo como professor. Mais ou menos na mesma época, Ahlgren, o tributarista, aparentemente entrou em contato com seu amigo Sparrman, para lhe dizer que tinha em sua posse um objeto que poderia interessá-lo. O apelo jamais cairia no vazio, tratando-se de Sparrman. Ele viajara todo o globo em busca de crânios e fêmures, fíbulas e fósseis, de todo tipo de criatura. O crânio que dera origem à moderna filosofia seria a coroa de sua coleção.

Portanto, enquanto Alexandre Lenoir zelava o que, supostamente, eram os restos mortais do corpo de Descartes no jardim de seu Museu dos Monumentos Franceses, em Paris, o crânio estava em Estocolmo, na coleção do velho mentor de Berzelius. Berzelius, que por acaso estava em Paris quando os restos mortais foram removidos para o novo enterro, tornou-se, por assim dizer, a ligação que reconectou a mente ao corpo.

Terá sido mesmo? Poderiam os sábios da Academia Francesa de Ciências concluir que o crânio era autêntico? Nenhum deles sabia muita coisa sobre a história de vida do crânio na Suécia, mas as informações de Hof sustentavam o caso. Cuvier e Delambre realizaram uma reunião de acompanhamento das investigações, cinco meses depois de terem visto o crânio pela primeira vez, e Delambre apresentou um relatório complementar, no qual comentava as novas informações fornecidas por Hauterive. Delambre admitiu que o relatório tinha seus pontos de interesse, mas mantinha-se cético e tinha algumas justificativas para seu ceticismo, pois novas dificuldades apareceram com as provas do diretor escolar Hof. Hof afirmou que "Isaac Plänstrom, oficial da guarda da cidade de Estocolmo, removeu o crânio do ataúde de Descartes, *substituindo-o por outro*". Se isso fosse verdade, explicaria por que aqueles que cuidaram dos despojos mais tarde — os agentes alfandegários que abriram o caixão na fronteira com a França em 1666, entre outros — não reportaram nenhuma ausência. Mas acrescentava um novo mistério: o que aconteceu com esse segundo crânio, a cabeça substituta de Descartes?

Enquanto os cientistas franceses confundiam-se com essas questões, Berzelius escreveu para um amigo, narrando-lhe as estranhas circunstâncias em torno do crânio de René Descartes e o que ele acreditava ser a sua solução satisfatória para o caso. A resposta que recebeu pode tê-lo feito soltar um profundo suspiro. A história parecia bastante fascinante, escreveu Hans Gabriel Trolle-Wachtmeister, um nobre que era também oficial do governo, com um interesse amador pela química, "mas você está absolutamente certo de que é o crânio verdadeiro?". Em Lund — Trolle-Wachtmeister informou Berzelius — havia um outro crânio de Descartes, "sobre cuja autenticidade o reitor e o conselho estão prontos a prestar juramento". Ele acrescentou ironicamente que, no estado atual da questão, não seria injusto se o grande Descartes tivesse duas cabeças, "uma vez que vemos tantos tolos com apenas uma".

Seria esse, então, o segundo crânio? Haveria de fato dois crânios de Descartes em circulação, um verdadeiro e outro substituto, introduzido sub-repticiamente por Plänstrom no caixão de cobre? Mas se assim fosse, como poderiam ambos ter permanecido na Suécia? Um deles não teria seguido para Paris, com o grupo de Terlon?

As complicações estavam apenas começando. Em Paris, os doutos embaraçavam-se com mais um item. As informações sobre Sven Hof estavam mergulhadas em uma biografia de quatro volumes da rainha Christina, escrita por um homem chamado Johan Arckenholtz. No primeiro volume, publicado em 1751, o autor incluiu o relato de Hof sobre o encontro do crânio de Descartes. No quarto volume, que apareceu em 1760, o próprio Arckenholtz escreveu essa exótica subtrama: relatou que, em 1754, "adquirira uma parte desse crânio, atestadamente genuíno, cuja outra parte restante encontrava-se no gabinete do falecido M. Hägerflycht". Sendo assim, agora parecia haver *quatro* crânios, ou pedaços de crânios, que, supostamente, haviam pertencido a Descartes. A situação começava a refletir o comércio de relíquias dos primórdios da cristandade, quando os ossos dos santos proliferavam e, como Calvino escreveu, com seu deboche protestante, havia então circulando pela Europa pedaços da "verdadeira cruz" suficientes para encher um navio.

É possível, no entanto, atravessar pelo menos parte do terreno pantanoso em que os restos do crânio estavam mergulhados. Trolle-Wachtmeister estava correto sobre a posse, pela Universidade de Lund, de um objeto cujos guardiões consideravam ser um pedaço de Descartes. Esse objeto provavelmente foi o que levou Liljewalch a rastrear os proprietários do crânio na década de 1860. Na verdade, o objeto ainda está lá. Assim como muitos outros museus históricos da Europa, o Historiska Museet de Lund foi montado a partir de um antigo gabinete de curiosidades legado por alguém. O museu tem aqui e ali toques museológicos do século XXI — algumas etiquetas dinâmicas e certa interatividade —, mas preserva, predominantemente, suas antiquadas e reconfortantes origens. Kilian Stobaeus, um cientista que deixou sua coleção para a Universidade de Lund em 1735 e, ao fazê-lo, fundou o que se tornaria o primeiro museu arqueológico da Europa, era especialmente interessado em objetos tribais de todo o mundo. É agradavelmente desconcertante encontrar uma ampla coleção de artefatos indígenas americanos — flechas, cestos, enfeites, canoas inteiras de bétula — no meio da Suécia. Hampus Cinthio, o historiador da equipe que foi meu guia para a coleção, contou-me que os museus americanos anseiam por esses objetos, que remontam a décadas antes de as colônias americanas terem feito sua revolução e os quais, em sua maioria, estão em excelente estado de conservação.

Na mesma sala em que se encontra a coleção de artefatos dos índios da América do Norte, há uma vitrine que contém, entre vários outros itens, uma parte de um crânio humano identificado por um velho rótulo escrito a mão: "Cartesi döskalla 1691 N.6." Justaposto a ele, certamente não por coincidência, está um par de chinelinhos púrpura bordados, tão pequenos que poderiam calçar uma boneca, mas que um dia cobriram os pés da rainha Christina. O pedaço recurvado de osso, do tamanho aproximado de uma mão em concha, é o objeto a que Trolle-Wachtmeister se referiu. É também a ele que Arckenholtz se referiu, sessenta anos antes, como "uma parte que se encontra no gabinete do falecido M. Hägerflycht". O trabalho de Liljewalch demonstrou que esse osso tinha sua própria história, muito paralela à história do crânio de Paris. O problema é que essa parte do crânio — o osso parietal esquerdo, que forma a parte esquerda do topo da cabeça — não está faltando no crânio que se encontra em Paris. É impossível os dois serem relíquias de René Descartes.

Em 1983, o curvo osso parietal em exibição em Lund chamou a atenção de C. G. Ahlström, um professor de patologia da universidade, o qual, junto com dois outros colegas, realizou uma detalhada pesquisa científica e histórica sobre ele. Além de relatar as particularidades anatômicas — medidas, coloração, uma leve indentação da parte frontal da *sutura sagittalis* (a junção entre os dois ossos parietais) —, eles assinalaram o fato de que o osso estava inteiro, o que é sugestivo. O crânio humano não é uma massa compacta, e sim uma combinação de 23 ossos separados, conectados por bordas irregulares denominadas "suturas". O osso de Lund está completo, incluindo suas intricadas suturas, o que significa que não foi serrado ou quebrado. "O aspecto totalmente íntegro do osso indica que foi extraído do crânio muito cuidadosamente, provavelmente usando o método conhecido como 'explosão'", relataram Ahlström e seus colegas. "Com esse método, a cavidade craniana é recheada de grãos secos de ervilha ou de painço e depois é cheia de água, para que os grãos inchem e assim os diversos ossos do crânio sejam lentamente separados uns dos outros devido à crescente pressão interna. O método, ainda em uso, vem sendo aplicado há muito tempo e foi usado para a preparação de crânios humanos e de animais para os gabinetes naturais durante os séculos XVII e XVIII."

O curioso quadro que se revela assim é o de alguém se dedicando cuidadosamente a separar os ossos do crânio para distribuir seus pedaços — para multiplicar as relíquias. Presumivelmente, o que Arckenholtz tinha era um outro pedaço do mesmo crânio, que agora se perdeu. Igualmente curioso é o fato de que, desde Hägerflycht, em meados do século XVIII, vários sucessivos proprietários do crânio completo também possuíram o fragmento. Os registros da Universidade de Lund indicam que o osso parietal entrou para a coleção em 1780, como presente de uma mulher cujo nome de solteira era Stiernman. Stiernman era também o nome de um dos donos do crânio completo e acontece que a doadora era a esposa do bispo Olof Celsius e filha de Anders Anton Stiernman. Esses dados, ao lado das informações de Arckenholtz — de que em 1754 Hägerflycht tinha um fragmento —, significam que três donos sucessivos do crânio completo (Hägerflycht, Stiernman, Celsius) também foram proprietários do osso parietal separado. Não há qualquer pista sobre o que poderiam ter em mente. Talvez o primeiro, Hägerflycht, uma vez tendo obtido um dos objetos, que tomou por verdadeiro, deparou-se depois com o outro, que comprou por diversão, uma vez que um ou o outro fragmento obviamente não era o que se pretendia que fosse. Ou, uma vez que cada um deles tinha seu próprio *pedigree*, talvez ele estivesse garantindo suas apostas, ao manter os dois, enriquecendo seu gabinete de curiosidades com uma dupla curiosidade. Sua coleção, portanto, com essa anomalia cartesiana, teria passado para as mãos de Stiernman em sua totalidade e dele para Celsius. E então a mulher de Celsius — que talvez se sentisse horrorizada com todo aquele assunto — deu o osso parietal para a universidade, enquanto o crânio passou para o amante, Fischerström, e assim por diante.

No registro original de 1780 do osso parietal, na coleção de Lund, sua autenticidade foi tomada como certa, mas rapidamente as dúvidas abriram caminho. Se tinham passado tantos anos sob a terra, por que estava tão reluzente quanto uma pérola, sem uma mancha? Como poderia o crânio de um homem de quase 54 anos ser tão fino? Os guardiães da coleção de Lund gradualmente de distanciaram das alegações de que fosse realmente uma parte do crânio de Descartes. Hampus Cinthio, que fez o *tour* pela coleção comigo, deu apenas uma risada diante da ideia.

Uma sucessão de suecos, ao longo do primeiro século e meio da era moderna, aparentemente, aceitou bem a ideia. Teria sido algo feito por Planström? Ou seria ele culpado apenas de substituir a verdadeira cabeça e guardado-a como um talismã pessoal? O osso parietal não aparece nos registros históricos até um século depois da morte de Descartes. Cem anos é uma cortina grande demais para sequer imaginar o que possa ter se passado por trás de suas dobras.

EM 1821, A ACADEMIA DE CIÊNCIAS de Paris — que agora se dedicava a votar a favor ou contra a legitimidade de ramificações inteiras da ciência — dedicara um tempo considerável a um único crânio, e parecia haver um consenso sobre o assunto. O químico Claude-Louis Berthollet escreveu para seu amigo Berzelius, em Estocolmo, após a primeira reunião em torno do crânio, contando que a "Academia de Ciências recebeu, na segunda-feira anterior, com reverência religiosa e vívida emoção o presente que ele lhes enviara. Comparamos o crânio com o retrato de Descartes e reconhecemos a correspondência entre eles, que, junto à prova que o acompanhava, não deixava dúvidas de se tratar do personagem a quem a cabeça pertencia".

Berzelius respondeu, agradecendo a informação e iniciando então uma longa discussão sobre seu trabalho com o enxofre alcalino, questionando se "nos líquidos de enxofre alcalino, o ácido sulfúrico se formava antes ou depois da introdução da água". Em sua resposta, Berthollet observou que, em uma reunião posterior da Academia, Delambre fizera o máximo para desacreditar que o crânio fosse o de Descartes, mas que "suas observações não pareceram bem-fundamentadas".

A reunião com os maiores cientistas do mundo chegara a uma conclusão, que não repousava sobre um ideal de certeza, mas sim sobre o moderno conceito de probabilidade. Eles aplicaram suas dúvidas exatamente à cabeça que introduzira a dúvida como ferramenta para o progresso do conhecimento. E, ao fim, cumprimentaram positivamente, com suas próprias cabeças, a cabeça de Descartes.

5

Capacidade craniana

Em algum momento em torno de 1767, um menino no vilarejo de Tiefenbronn, no estado alemão de Baden, observou que, entre seus colegas, os que tinham a melhor memória verbal — com maior capacidade para aprender extensas passagens da Bíblia e se lembrar delas, por exemplo — tendiam a ter olhos saltados. Um dos traços marcantes de Franz Joseph Gall, ao longo de toda a sua vida, foi a constância; vinte anos depois desse episódio, exercendo a medicina em Viena, começou a ministrar palestras públicas sobre o que chamava de "organologia". Desenvolvera uma técnica nova para a dissecção do cérebro — não o fatiava, como se ele fosse um pedaço de presunto, tal como os cientistas até então faziam, mas separando suas estruturas em partes e analisando-as — e com base nesse trabalho, concluiu que as diferentes partes do cérebro controlavam diferentes tipos de atividades mentais. Se tivesse parado por aí, Gall já teria merecido um lugar de destaque no cânone dos pioneiros científicos, pois o campo da neurociência foi construído de acordo com a localização das funções cerebrais; mas ele foi além. Postulou que as regiões do cérebro trabalhavam como os músculos do corpo, e, sendo assim, aquelas mais evoluídas eram mais desenvolvidas fisicamente. Ou seja, elas inchavam. Através do conhecimento das diferentes regiões do cérebro e de quais faculdades mentais funcionavam em cada uma, era possível "ler" o crânio de uma pessoa e determinar suas inclinações naturais.

Foi um dos acólitos de Gall quem cunhou o termo "frenologia". O próprio Gall não gostou muito, tampouco concordava com muitos dos dogmas desta nova ciência da mente, conforme eles eram desenvolvidos por outros; mas foi o nome dele que foi associado a ela. Um dos motivos foi a agressividade com a qual a promoveu. Suas palestras e demonstrações públicas em Viena tornaram-se amplamente populares, com as pessoas fascinadas por essa nova e "moderna" maneira de compreender o ser humano, em geral, e elas mesmas, em particular. Gall prometia a especificidade: não havia menos do que 27 regiões cerebrais, nas quais funções e propensões individuais — astúcia, coragem, tendências assassinas, senso de proporção, talento arquitetônico, senso satírico, benevolência, obstinação, habilidade linguística (que de fato ele situou atrás dos olhos) — estavam localizadas. Cento e sessenta anos antes, Descartes, acima de tudo, proclamara que a ciência iria desvendar os mistérios do ser humano; Gall declarava, naquele momento, que tinha levado a cabo essa tarefa.

E, exatamente como sucedeu com Descartes, Gall se viu enfrentando a oposição das maiores autoridades do país, por promover uma filosofia que poderia solapar a ordem estabelecida. "Essa doutrina relativa à cabeça, da qual se fala com entusiasmo", escreveu Francis, imperador da Áustria, em um edito que proibia Gall de prosseguir com suas apresentações sobre a organologia, "poderá levar alguns poucos a perder suas cabeças e aponta para o materialismo, sendo assim, opõe-se aos princípios essenciais da moral e da religião". O raciocínio era muito semelhante ao encontrado por Regius quando fez as primeiras palestras sobre o cartesianismo em Utrecht, na década de 1630. "Materialismo" descrevia uma filosofia em que tudo o que constitui um ser humano é atribuído a forças materiais, não deixando assim qualquer espaço para a teologia. Se a bondade e a tendência para o mal de alguma forma eram pré-programadas no cérebro, qual seria o papel da Igreja na condução do comportamento humano? E uma vez que a Igreja e o Estado eram tão interligados na maior parte da Europa (Francis enviara reforços para resistir ao governo revolucionário francês), uma ameaça dessa espécie, tão categórica em relação à religião, era, igualmente, um risco para o poder político.

Como todos os bons autopromotores, Gall se aproveitou da controvérsia: ele e um colega, Johann Spurzheim, deixaram Viena e levaram seu espetáculo craniano ambulante para uma excursão por 30 cidades, tornando-se famoso por toda a Europa. Quando Gall chegou a Paris, em 1807, foi saudado pela multidão; a "ciência da cabeça" foi motivo de caricaturas nos jornais e, nas festas, os jovens adotaram um modismo semicômico de cutucar a cabeça alheia com o dedo. Gall pretendia obter o reconhecimento de duas maneiras: apreciava a atenção popular, mas ansiava pela legitimação, e a Academia de Ciências era, indubitavelmente, a instituição que poderia outorgar-lhe a legitimidade científica. Assim, ele apresentou seu trabalho para a Academia em 1808. A resposta inicial foi cautelosa e dividida: em um relatório de 15 páginas de letra miúda, o comitê considerou o trabalho anatômico de Gall impressionante, mas se manteve zelosamente reticente sobre a questão da interpretação das protuberâncias.

Gall instalou-se em Paris. Estava determinado a obter a aprovação oficial e continuou a desenvolver suas ideias. A falha de sua teoria organológica era que tinha poucas conexões com a dissecação dos cérebros feitas por ele. Uma vez mais, ele apoiou-se pesadamente sobre um princípio que tinha de colocá-lo nas graças de Georges Cuvier, o qual, como secretário permanente da Academia, estava na posição de conceder a legitimação ao trabalho de Gall. Cuvier era um dos fundadores da anatomia comparativa, e essa era a base da argumentação de Gall. Em Viena, Gall divisara as linhas gerais de sua ideia de localização, enquanto trabalhava em um hospital para doentes mentais, com pacientes que sofriam de algum tipo de monomania. Ele concluiu que a fixação obsessiva em algo ou em um tipo determinado de comportamento poderia se relacionar a uma área específica do cérebro. Mais tarde, trabalhando numa prisão, estudou a cabeça dos internos e concluiu ter descoberto uma anomalia craniana na maioria deles. Concluiu que esse ponto (logo acima do ouvido) refletia uma tendência para a criminalidade ou para um comportamento antissocial.

Comparar os traços anatômicos seria a base sobre a qual a teoria de Gall se estabeleceria. Em Viena, tomou providências para que a polícia e o asilo para doentes mentais enviassem para ele os crânios de assassinos e "lunáticos" mortos, para que pudesse analisá-los e fazer comparações. Contudo, ele acreditava que tão importante quanto isso era examinar os crânios de pessoas conceituadas e responsáveis por notórias realizações. Obter a cabeça de grandes pensadores, artistas e estadistas não era uma questão simples, mas Gall era persistente e, com o tempo, conseguiu montar uma coleção com trezentos crânios e modelos de gesso. O caso de Goethe, em particular, põe em destaque as estratégias e a dedicação de Gall em obter crânios selecionados, pois Goethe ainda era vivo na época em que Gall foi procurá-lo. Gall estava tão ávido pelo crânio desse gênio, em especial, que, não contente com a generosidade de Goethe em concordar que sua cabeça fosse modelada, escreveu ao escultor que fez o busto para que, quando o poeta morresse, ele "subornasse os parentes" para que lhe dessem a cabeça para a sua coleção.

Gall foi obrigado a deixar a maioria de seus crânios em Viena, mas, uma vez em Paris, prontamente iniciou uma nova coleção, buscando avidamente exemplos notáveis. Os acontecimentos então combinaram-se de uma maneira curiosa, em 1821. No mesmo ano em que Gall concluiu que já reunira provas suficientes e um volume de trabalho impressionantemente grande para pleitear dramaticamente a sua admissão nos bancos da Academia de Ciências, o crânio de um dos mais renomados pensadores — um objeto no qual Gall apreciaria muito poder botar suas mãos — chegou à Academia.

As chances de Gall de obter seu primeiro objetivo não eram boas. Os membros foram quase unânimes em desdenhar a organologia e a "cranioscopia" (o apalpamento do crânio para avaliar as aptidões e deficiências de uma pessoa). Cuvier, em especial, considerou a filosofia de Gall mais especulativa do que baseada em trabalho clínico; e, mais importante ainda, assim como a evolução, ele achava que a organologia, com sua atribuição tão ampla do intelecto, das emoções e predileções humanas à biologia, era uma afronta ao que, para ele, era a noção central e inquestionável de um criador inteligente que concedera o livre-arbítrio a suas criaturas.

E de fato, quando a questão de sua associação foi levantada, Gall recebeu apenas um voto, de um amigo seu, o naturalista Etienne Geoffroy Saint-Hilaire. A amargura, no entanto, não impediu que ele insistisse em apelar para a Academia. Apresentou seu trabalho considerando que sua candidatura seria julgada em 15 de outubro de 1821, apenas uma semana depois de Delambre ter apresentado o relatório final sobre o crânio de Descartes. Gall provavelmente estava ciente da chegada do crânio cinco meses antes, no pacote de Berzelius, e pediu permissão para fazer um molde de gesso. Cuvier concedeu a autorização, e, assim, Descartes entrou para a coleção de Gall, ao lado de Voltaire e Goethe.

Gall morreu sete anos depois (de nada menos que uma hemorragia cerebral), tendo estabelecido em seu testamento que seu próprio crânio fosse incorporado à coleção. Pode parecer curioso, considerando a rejeição decisiva de Cuvier pelo trabalho ao qual a coleção se relacionava, que após a morte de Gall ele mesmo tenha comprado a coleção para o Museu de História Natural, mas, na época, até mesmo aqueles que se opunham aos argumentos específicos da frenologia acreditavam que o estudo comparativo de cérebros e crânios tinha validade e poderia contribuir para o avanço do conhecimento do cérebro. Foi nesse mesmo museu que os membros da Academia decidiram depositar o crânio de Descartes, após se satisfazerem quanto à sua autenticidade, de forma que a cópia em gesso do crânio reuniu-se então ao original, assim como o crânio do próprio Gall, ao lado da coleção de ossos de primatas variados e hominídeos primitivos.

Em 1821, enquanto Cuvier ocupava-se do comitê que avaliava a candidatura de Gall, participava também de um outro, que considerava a inclusão de um astro em ascensão no campo da pesquisa cerebral, chamado Jean-Pierre Flourens. Flourens começara seguindo Gall, mas afastou-se decisivamente em outra direção, a ponto de sua carreira incluir um ataque contínuo a Gall e à frenologia. Assim, enquanto Gall se apagava na cena, e sua própria cabeça era lançada na pilha de dados do cada vez mais combativo campo dos estudos cerebrais, um sucessor surgia. Flourens estava convencido de que Gall cometera um erro básico ao não fundamentar sua teoria na experimentação. Longe de negar a acusação, Gall de fato acreditava que o método experimental, devido ao seu elevado nível invasivo, levava a falsas conclusões. A marca da abordagem de Gall era a observação. Ele se sentava diante das estruturas labirínticas do cérebro e comparava crânios. Flourens, pelo contrário, acreditava que os cientistas precisavam ser ativos em seus esforços para penetrar nos segredos do cérebro. Ele realizou inúmeros experimentos com encéfalos dos mais variados tipos de animais vivos (patos, pombos, rãs, gatos, cães), identificando sistematicamente seus componentes (cérebro, cerebelo, bulbo, e assim por diante), e depois removendo a parte cuja finalidade desejava compreender ou fazendo sondagens para estimular regiões específicas (ao longo de seu trabalho, também foi pioneiro no uso do clorofórmio como anestésico) e, finalmente, estudava as alterações de comportamento do animal. Antivivissecionismo à parte, tal abordagem pode parecer uma maneira lógica de realizar a pesquisa científica hoje em dia, mas Flourens precisava defender o método experimental e, especificamente, estabelecer as diferenças em relação ao tratamento dado por Gall. A observação por si só, dizia, era "limitada demais para ser confiável". Ele reconheceu que a experimentação poderia levar a falsas conclusões, mas isso significava apenas que o experimentador precisava estar muito seguro de seu método e disposto a revisar suas conclusões com base em novas experiências.

O que é notável no trabalho de Flourens — além do estudo pioneiro das funções dos componentes básicos do cérebro e de sua contribuição para o reconhecimento da importância do próprio método experimental — é a fundamentação filosófica segundo a qual trabalhava. Pois Flourens era algo como um retrocesso entre os cientistas do século XIX — um total e assumido cartesiano. Seus diversos livros estão repletos de referências a Descartes, e ele escreveu: "Cito Descartes frequentemente; vou ainda mais longe, pois dedico meu trabalho à sua memória. Escrevo em oposição à má filosofia, enquanto estou empenhado em recuperar uma outra, mais robusta."

A má filosofia que Flourens tinha em mente era a de Gall, e ele não se referia apenas à preocupação do outro com os ressaltos cranianos, mas também às implicações da organologia. Se todas as categorias humanas do comportamento, pensamento e atitude correspondessem, como queria Gall, a pontos do cérebro, então o cérebro deveria ser a mente. Isso pode não parecer uma distinção tão notável, mas na verdade acaba por se mostrar uma das mais espinhosas questões da modernidade, até os nossos dias. Como temia o imperador austríaco, uma filosofia assim parecia implicar que toda a esfera de ações da humanidade poderia ser reduzida ao nível físico, a pedaços de matéria dentro do crânio. Os humanos, portanto, seriam algo como máquinas elaboradas, cujo funcionamento poderia ser, a princípio, completamente compreendido e mapeado. Uma vez adotada essa visão, pode ser relativamente fácil descartar — ou desvalorizar, ou, ainda, recategorizar — não só a alma, mas boa parte da cultura e da civilização dos homens: arte, religião, amor, casamento e laços familiares, relacionamentos políticos e sociais. Vincular o pensamento e o comportamento ao nível da biologia parecia remover os fundamentos de tudo isso, tornando-os nada mais do que instrumentos por meio dos quais lidar com a vida, podendo ser modificados ou descartados com base em outros critérios, tais como aquilo que seria mais conveniente para o indivíduo. A possibilidade de corrosão dos fundamentos da sociedade gerou alarme, de forma que houve — no século XIX, assim como ocorreu no século XVII com a primeira manifestação das filosofias modernas — um abalo ou tremor social.

Descartes, talvez mais do que qualquer outro indivíduo, colocou essas engrenagens em movimento, em parte por optar pelo corpo humano como objeto de estudo, tratando-o como se fosse qualquer outra coisa da natureza. Mas Descartes combateu, com total determinação, os críticos que o acusaram de "ateísmo" (um termo genérico para o materialismo e todas as suas implicações). Como sua filosofia era construída sobre uma sólida distinção entre a mente e o corpo, e como ele incluiu a alma dentro do conceito de mente, acreditava que, ao contrário de estar esvaziando os sentidos da humanidade, na verdade mantinha íntegra a separação entre mente e corpo, ao mesmo tempo que permitia que a ciência se ocupasse do lado físico das coisas.

Flourens seguia Descartes, ao contestar a identificação do cérebro com a mente. Sua ideia pode parecer um pouco curiosa, pois a equiparação cérebro-mente seria a conclusão lógica de alguém envolvido com estudos anatômicos do cérebro. Pressiona-se tal nervo e tal músculo se contrai; cutuca-se outra área e verifica-se se a fala é afetada, ou a coloração, ou a distinção entre certo e errado; finalmente, parecendo inevitável, se chegaria à crença de que todos os atributos associados à mente teriam sido mapeados no interior da massa física compreendida dentro do crânio. Porém, assim como Descartes, Flourens acreditava, apesar de todas as suas pesquisas do cérebro, que a mente era alguma *outra coisa*. Flourens afirmava que a organologia de Gall, com a localização das funções nas diversas partes do cérebro, era pouco mais do que um artifício para agradar às massas que iam assistir às suas palestras e vê-lo percorrer a cabeça das pessoas com seus dedos. As distintas funções, ou faculdades, de Gall não eram realmente separadas fisicamente: "Sua *faculdade*", ele zombava retoricamente, "é apenas uma *palavra*".

Flourens reconheceu que Gall conseguira gerar um grande e momentâneo interesse popular por sua teoria e acreditava que a frenologia se tratava de má ciência e que, em nome da Academia, precisava ser impedida. "Cada era sucessiva possui sua própria filosofia", ele dizia. "O século XVII entronizou a filosofia de Descartes; o XVIII, a de Locke e Condillac; será que ao XIX cabe entronizar a de Gall?" Em outra parte ele estreitava a comparação, de forma a sugerir uma dupla tragédia: "Descartes partiu para morrer na Suécia e Gall vem para reinar na França."

Flourens insistia em que a mente não era uma coleção de faculdades, mas uma entidade única, inteira e indivisível. Nesse sentido, também ele seguia seu herói. Uma importante diferença entre a mente e o corpo, escreveu Descartes, é que "o corpo é, por natureza, sempre divisível, e a mente, inteiramente indivisível". Essa conclusão baseava-se na observação de Descartes de si mesmo: "Quando contemplo a mim mesmo, e considero-me como algo que pensa, não consigo descobrir em mim qualquer parte separada, mas claramente sei e concebo que sou algo absolutamente uno e completo."

Definitivamente, esta é uma noção que parece anterior a toda psicologia. Um aspecto do mundo moderno é justamente concebermos o eu, ou a psique, ou a pessoa, como uma composição de partes diferentes, os nomes podem variar entre as gerações — "ego" e "id", "criança interior", "hippie", "figura paterna", "mãe terra", "complexo de Édipo" —, de forma que existe um certo sentido segundo o qual, apesar de todos os absurdos da frenologia, Gall foi o pensador mais moderno. Sua organologia *era* um sistema psicológico, uma tentativa científica de analisar o indivíduo que antecipava Freud em quase um século.

Mas Flourens, ao lado de todo o *establishment* científico, não estava pronto para marchar na direção indicada por Gall, por motivos científicos e não científicos. O historiador da ciência Robert M. Young destaca a divisão entre a ciência de Flourens e sua filosofia pessoal, escrevendo que "a defesa de Flourens da experimentação fisiológica é complementada por uma absoluta relutância em aplicar o método científico ao estudo dos fenômenos da mente". Apesar de todo o seu compromisso com os métodos da ciência nas atividades físicas do cérebro, Young afirma que "Flourens não estava preparado para analisar o caráter humano, a mente ou o seu órgão. Sua unidade era uma base necessária para suas crenças na dignidade e liberdade do homem". Flourens ansiava por fatiar o cérebro, mas não a mente, e não se dispunha a isso, porque acreditava que isso levaria a uma ruptura profunda na civilização.

Mas se a equivalência entre mente e cérebro levava a crises políticas, sociais e espirituais, havia um problema ainda mais essencial em manter essa duas instâncias separadas. Descartes também insistira em uma total distinção entre ambos, afirmando que as substâncias física e mental eram distintas. A questão lançada contra ele quase imediatamente era que, se o corpo e a mente existem em universos diferentes, por assim dizer, como eles interagem? Como a fome do estômago é transmitida para a mente, e como a mente diz para as pernas caminharem até a geladeira e instrui as mãos para abrir a porta, os olhos para que percorram as prateleiras e os dedos para que peguem a fatia restante de pizza? Em resumo, como é que fazemos qualquer coisa? Se uma questão básica assim coloca a "teoria mente/corpo" diante de um impasse, é porque deve haver uma falha profunda nela.

A solução de Descartes, baseada em seus trabalhos de dissecação, foi identificar uma pequena estrutura em forma de noz, que ele chamou de "glândula pineal", como sendo o ponto onde mente e cérebro se encontravam: "a sede principal da alma", ele a chamou, "e o local em que nossos pensamentos se formam". Sua conclusão era de uma simplicidade irresistível, baseada na simetria. "O motivo para acreditar nisso", ele escreveu,

> é por não ter encontrado nenhuma outra parte do cérebro que não fosse dupla, a não ser essa. Como vemos apenas uma coisa com dois olhos, e ouvimos uma única voz com dois ouvidos e,

> por fim, jamais nos ocorre mais de um pensamento de cada vez, necessariamente deve ser o caso de que as impressões que nos entram pelos olhos e ouvidos, e assim por diante, se unem em alguma parte de nosso corpo antes de serem consideradas pela alma. Mas é impossível localizar um tal ponto dentro de toda a cabeça a não ser por essa glândula; além disso, ela está localizada no lugar mais adequado possível para essa finalidade, no meio de todas as concavidades; e está apoiada e cercada pelas pequenas ramificações das artérias carótidas, que levam os espíritos para o cérebro.

Descartes mal tinha ventilado essa ideia e os críticos já contra-atacavam. Se "mente" e "corpo" eram de fato distintas, como uma glândula física poderia ser um condutor de energia mental? Essa tem sido a crítica desde então, e de fato demonstra o absurdo dos esforços de Descartes em juntar mente e corpo; contudo vale observar que Descartes não declarou categoricamente ter decifrado o enigma. Na verdade, pouco antes de embarcar para a Suécia, admitiu que esse poderia ser um problema grande demais para ser alcançado pela mente: "Não me parece que a mente humana seja capaz de formar um conceito muito distinto, tanto em relação à diferença da alma e do corpo quanto em relação à sua união; pois para isso seria necessário concebê-los como algo único e, ao mesmo tempo, como duas coisas; e isso é absurdo."

À parte esse rompante incomum de modéstia, Descartes deu ao dualismo sua forma moderna e insistiu nisso, e a filosofia ocidental, assim como a tradição ocidental desde então — a modernidade, em outras palavras — carrega o problema da mente/corpo em seu DNA, como se apresentou desde o princípio. A questão é tão essencial e ainda tão fugidia, que as tentativas atuais de resolvê-la perpassam diversas disciplinas, desde a ciência da computação até a neurociência e a psicologia. Como Francis, o imperador da Áustria, e Voetius, o teólogo de Utrecht que se opôs a Descartes, temiam que acontecesse, uma boa parte do mundo ocidental resolveu o problema do dualismo pendendo para o lado material da equação. O fisicalismo é o termo de nossos dias para a visão de que o mundo físico, ou material, é o mundo real — que nada mais existe fora dele — e muitos cientistas e filósofos são adeptos de algum matiz dessa opinião. As pessoas que se declaram ateias e dizem que sua crença está na ciência ou no mundo físico, ou no aqui e agora, estão adotando uma postura fisicalista.

Jean-Pierre Flourens tentou conter o avanço do fisicalismo trazendo o cartesianismo — que há tempos tinha batido em retirada — para ser atualizado como ciência de ponta do século XIX. Ainda que seus esforços possam não parecer desprovidos de malícia (como se ele colocasse anteparos para não ver coisas que perturbavam demais a sua visão do mundo), havia um certo juízo em sua tentativa. Pois, como muitos pensadores atuais assinalaram, existem problemas básicos com a visão fisicalista. O que é deixado de lado, para colocar em poucas e claras palavras, é o eu. O filósofo contemporâneo Thomas Nagel coloca a questão nos seguintes termos:

> Para muitos filósofos, o caso exemplar da realidade é o mundo descrito pela física, a ciência na qual alcançamos o maior distanciamento de uma perspectiva especificamente humana do mundo. Porém, exatamente por esse motivo, a física está fadada a deixar sem explicação o irredutível caráter subjetivo dos processos mentais conscientes, quaisquer que sejam suas relações íntimas com o funcionamento físico do cérebro. A subjetividade da consciência é um traço irredutível da realidade — sem o qual não praticaríamos a física, nem qualquer outra coisa — e deve ocupar um espaço fundamental em qualquer mundo digno de crédito, tanto quanto a matéria, a energia, o espaço, o tempo e os números.

Isto é, a consciência humana é o poço do qual retiramos boa parte do que é mais significativo para nós, assim, qualquer teoria do conhecimento que não a leve seriamente em consideração — junto com tudo o mais que faz parte da consciência humana: chorar os mortos, fazer carinho num gato, curvar-se para Meca, guardar cartas de amor borradas, arriscar a vida pela de outra pessoa, inconscientemente execrar a própria mãe, ou conscientemente odiar seu chefe — é uma teoria falha. Esse é o problema que as pessoas de hoje enfrentam, quando decidem resolver o enigma da modernidade rejeitando os sistemas do passado — normalmente os sistemas religiosos — e substituindo-os por uma sólida, consistente e "científica" linha de compreensão. A perspectiva científica clássica é a da objetividade, e, como Nagel diz: "Apesar de haver uma conexão entre a objetividade e a realidade [...] ainda assim nem toda a realidade é mais bem compreendida com a aplicação de uma maior objetividade em sua observação." Nós mesmos — nossas consciências individuais, as próprias mentes que buscam uma visão objetiva e, encontrando-a, agarram-se a ela mesmo sendo bombardeadas por pensamentos, dores e desejos — temos que ser incluídos no quadro.

A dura realidade da modernidade é que, desde que Descartes separou as duas coisas, ninguém conseguiu uma maneira definitiva e universalmente satisfatória de soldar mente e cérebro novamente. Descartes declarou, em 1646, que isso talvez não fosse possível. Em 1998, Thomas Nagel declarou sem rodeios que "ninguém tem uma resposta plausível para a questão mente e corpo". Em 1808, quando Cuvier liderou o comitê que avaliou a primeira tentativa de Gall de obter a aprovação da Academia de Ciências, ele disse em seu relatório praticamente o mesmo. O cérebro — Cuvier e seus colegas escreveram com considerável elegância e sofisticação sua crítica à ciência de Gall — parece de alguma forma fundamentalmente diferente do resto do corpo, de forma que

> não podemos esperar por uma explicação fisiológica da ação do cérebro na vida animal que seja comparável à dos outros órgãos. Nesses outros órgãos, as causas e os efeitos são do mesmo tipo; quando o coração provoca a circulação do sangue, é um movimento que produz um outro movimento [...] As funções do cérebro são de ordem completamente diversa: consistem em receber, através dos nervos, e imediatamente transmitir para a mente as impressões dos sentidos, em preservar os traços dessas impressões, em reproduzi-los [...] quando a mente precisa deles, [e] por fim, em transmitir para os músculos, sempre por meio dos nervos, os desejos da vontade. Ainda assim, essas três fun-

> ções pressupõem a sempre incompreensível influência mútua da matéria divisível e do eu indivisível, uma lacuna intransponível no sistema de nossas ideias e uma eterna barreira interposta diante de todas as nossas filosofias.

Havia então, como ainda há hoje, o que poderia ser chamado de separação liberal-conservadora nas tentativas de resolver o problema. Em outras palavras, há uma conexão entre os esforços esotéricos para lidar com o dualismo e as diversas batalhas do mundo real que enchem os jornais e ocupam os programas de entrevistas da televisão. Aqueles à esquerda tendem a aceitar as aparentes consequências da equivalência entre mente e cérebro: se isso significa que os traços básicos da sociedade — o indivíduo, a religião, o casamento, os sistemas morais — precisam ser reconstruídos em novas concepções, que assim seja. Exemplos dessas renovações dos valores humanos podem incluir a promoção dos direitos iguais para as mulheres e minorias, legalização do aborto, defesa do casamento entre pessoas do mesmo sexo, da adoção de filhos por homossexuais e a aceitação de que outras culturas e religiões são tão válidas quanto as da própria pessoa. Não se trata de dizer que a noção de que a mente é equivalente ao cérebro requer a defesa de posições específicas sobre esses tópicos, mas sim que ela permite uma ampla gama de especulações morais. A postura "conservadora" tem sido a de manter a "mente" separada do "corpo" — pela preservação do *status quo*, seja em questões religiosas, nos conceitos de família ou de indivíduo, para sustentar a existência de valores básicos eternos e inalteráveis. Quanto a Descartes, a ironia é que o homem que um dia foi considerado o arauto do programa moderno, o destruidor de todos os ícones e tradições, foi, no século XIX, incorporado aos argumentos conservadores como aquele que ergueu uma muralha de proteção em torno das verdades eternas, mantendo-as afastadas das forças corrosivas da modernidade.

A versão oitocentista das guerras culturais foi travada em várias frentes científicas. Primeiro, graças ao avanço contínuo dos microscópios, deu-se o desenvolvimento da teoria celular, com a ideia de que todas as criaturas vivas são compostas por unidades estruturais básicas, que se dividem para formar novas células. Para os cientistas e filósofos com inclinações materialistas, a descoberta desses blocos de construção da vida descartou a necessidade de muletas metafísicas; a vida resultava de uma série de intrincadas interações físicas. A segunda frente popular que se abriu no campo de batalha cultural do século XIX — o darwinismo, e, em especial, a ideia de que os homens descendem de macacos — tornou-se a mais infame. Tão essencial e contenciosa quanto a teoria celular e o darwinismo era a área de pesquisa cerebral. Na Academia Francesa de Ciências, Georges Cuvier — que, como secretário permanente, era o guardião da ciência e da ordem estabelecida e que tinha parcialmente combatido a teoria da evolução com argumentos religiosos — parece ter visto a entrada em cena de Jean-Pierre Flourens como a de um enviado divino. Flourens era um cientista brilhante e incisivo, mas também profundamente comprometido com a preservação da integridade da mente e, assim, do sistema social estabelecido. Cuvier tomou-o sob sua proteção e quase imediatamente começou a prepará-lo como seu sucessor. Em 1832, em seu leito de morte, Cuvier insistiu com seus colegas para que escolhessem Flourens para substituí-lo como secretário permanente da Academia, e assim foi feito.

Cuvier morreu em 13 de maio daquele ano, e três dias depois, também conforme seus desejos, Flourens supervisionou um evento que seria notável se tivesse acontecido em nossos dias, mas o qual, naquela época, foi de menor expressão. Uma equipe de colegas acadêmicos de Cuvier realizou uma autópsia de seu corpo. Era corrente no início do século XIX que os cientistas indicassem amigos para que estes realizassem exames *post-mortem* de seus corpos, com a esperança de que, mesmo após a morte, continuassem a contribuir para o progresso do saber científico — uma tendência que teve seu clímax em 1875, com a fundação, em Paris, da "Sociedade da Autópsia Mútua". Os amigos de Cuvier abriram seu tórax e abdômen diligentemente e estudaram os órgãos vitais que ali se encontravam. E então passaram para a atração principal. Conforme informado pelo *Journal des débats* na primeira página do dia 16 de maio: "Ao abrirem o crânio, todos os assistentes ficaram surpresos diante do desenvolvimento dessa massa cerebral e, acima de tudo, pelo número verdadeiramente prodigioso de convoluções presentes na superfície desse cérebro enorme."

De fato, o cérebro de Cuvier — que durante toda a sua vida desempenhou um papel de destaque no desenvolvimento da ciência, para não mencionar na avaliação da autenticidade do crânio de Descartes — em breve se veria, em termos bem literais, envolvido no próximo debate da ciência do cérebro. O homem que praticamente inventara o campo da anatomia comparativa estava prestes a ter sua própria anatomia posta em comparação.

NO OUTONO DE 1857, quando Charles Darwin estava em Londres trabalhando febrilmente no manuscrito de *A origem das espécies*, um homem chamado Pierre-Paul Broca visitou uma fazenda na cidade de Angoulême, no oeste francês, e esbarrou em algo que seria uma tormenta científica mais branda do que a de Darwin, mas que evocava o mesmo embate de visões de mundo. Ele fora visitar um fazendeiro chamado Roux, ou melhor, fora conhecer seus animais. Roux praticava o cruzamento entre lebres e coelhos há algum tempo e vendia os resultados para os açougues locais. Conseguir que as duas espécies cruzassem fora difícil — as lebres macho revelaram-se criaturas sensíveis, que se dedicavam a demoradas preliminares, e isso deixava as coelhas confusas, pois estavam acostumadas a um tratamento mais brusco e direto —, porém depois que o fazendeiro descobriu um jeito de amenizar as diferenças românticas, obteve bons resultados e uma carne que agradava às sensibilidades locais.

Broca ouvira falar dessas criaturas e fora vê-las por si mesmo. O fazendeiro já produzira seis ou sete gerações; Broca estava intrigado e deu início a um estudo científico. Os animais tinham alguns traços do coelho, outros da lebre e outros ainda completamente próprios. Eles se reproduziam. Broca escreveu ensaios em que apresentou um argumento: tratava-se claramente de uma nova espécie, o que significava que os cientistas tinham que admitir que a "doutrina clássica da permanência das espécies era inteiramente equivocada". Broca apresentou suas conclusões para a Sociedade Biológica, em Paris, onde foram recebidas com um silêncio constrangido. O livro de Darwin — e os escritos de Alfred Russel Wallace, publicados quase ao mesmo tempo — causaria uma reviravolta em que se afirmava que a evolução, através dos milênios, produzira a miríade de formas de vida que habitavam a Terra. Broca não só defendia uma mudança igualmente revolucionária nas crenças, mas insistia que uma nova espécie ganhara existência em uma questão de meses. Claro que o fazendeiro praticava a criação de animais e o cruzamento seletivo havia séculos, mas Broca estava declarando assertivamente, em linguagem científica, que a doutrina clássica — a "fixidez das espécies" de Cuvier — não fazia sentido. Também não ajudava muito o fato de ele estar falando abertamente de sexo e comportamento sexual.

Os sábios que dirigiam a Sociedade de Biologia pressionaram-no para que desistisse de sua pesquisa, diante do que Broca decidiu fundar sua própria sociedade. Junto com diversos outros intelectuais, ele vinha trabalhando na direção de uma nova abordagem da ciência, ou melhor, de uma nova aplicação, que reuniria diversas disciplinas, para estudar os humanos e sua sociedade. A ideia era tratar o ser humano de maneira desapaixonada, como se fosse qualquer outra espécie animal, e tentar compreendê-lo individualmente, em grupos e em seu ambiente. O próprio Broca estudara medicina, mas sua energia e curiosidade acima do normal levaram-no em diversas direções quase simultaneamente, de forma que ele se tornou cirurgião, anatomista, pesquisador do cérebro, investigador do câncer, proponente da teoria evolucionária, estudante de registros fósseis e de lesões na medula espinhal, pioneiro em técnicas de transfusão de sangue e teórico dos mecanismos da fala. Sua iniciativa após o episódio com as lebres e os coelhos foi criar uma nova associação — e com isso um novo campo — que reuniria as mais diversas arenas possíveis. "Antropologia" foi o termo cunhado para essa abordagem multifacetada da espécie humana.

A Sociedade de Antropologia de Broca imediatamente encontrou problemas. Broca precisava de aprovação governamental para fundar uma sociedade científica, e, para os detentores do poder, esse novo campo que trataria pessoas como animais parecia escandalosamente aviltante. Com uma persistência infatigável e trabalhando os diferentes ângulos nos diversos departamentos da burocracia, Broca finalmente conseguiu a aprovação para que sua Sociedade de Antropologia se reunisse, sob a condição de que um policial estivesse presente nas seções, para garantir que os membros não eram subversivos. (Por dois anos, um policial cochilou durante as discussões elevadas, até que, sem alarde, deixou de comparecer aos encontros.) Uma vez obtida a sanção, ele passou a se dedicar à supervisão das assembleias, nas quais uma enorme diversidade de assuntos era conduzida — em boa parte por sua própria determinação — de forma coerente. O assunto dos coelhos e lebres nada tinha de tangencial. Broca considerava seriamente a observação total e desapaixonada das interações humanas, chegando ao nível do acasalamento e da reprodução. Essa abordagem continuava a escandalizar alguns de seus colegas cientistas, mas, diferentemente de Cuvier ou Flourens, por exemplo, Broca era política e temperamentalmente um desafiante do *status quo*, nutria ódio pelo absoluto e pelo estabelecido. Por se colocar contra a religião e a superstição, assim como por abrir novos campos de pesquisas, ele se tornaria o herói de cientistas posteriores.

Ao mesmo tempo, também seria o pioneiro de outra via, bem diferente daquela, à qual pouco heroísmo foi associado. Pois, ao se envolver tão intimamente com os agrupamentos humanos e suas diferenças, o novo campo da antropologia tornou-se, quase imediatamente, um tipo de institucionalização científica dos princípios do racismo. Certamente, boa parte do trabalho ao qual a nova sociedade se dedicava era muito parecido com os assuntos tratados por um curso atual de antropologia. Uma reunião em 1861 começou com um estudo animado de um "*pilou-pilou*, ou festival de máscaras da Nova Caledônia", cujas formas esculpidas despertaram grande interesse por seu aspecto inusitado e também por lembrarem as máscaras da Grécia Antiga. Na mesma reunião, um dos membros apresentou um relatório que analisava o casamento entre parentes próximos, em Ohio, onde uma lei recentemente aprovada proibia o casamento entre primos de primeiro grau. Os dados, que os antropólogos franceses consideraram de "alto interesse", mostravam que os 873 casamentos conhecidos entre primos diretos naquele estado haviam gerado 3.900 filhos, dos quais 2.400 eram "afetados por graves deformidades ou por total imbecilidade". Os costumes e a moral há muito barravam essas uniões; a Sociedade de Antropologia desejava explorar as motivações genéticas subjacentes a essas proibições.

Também em uma reunião em 1861, a sociedade recebeu o crânio de um membro de uma tribo da Nova Caledônia, o crânio de um nativo das Novas Hébridas, um catálogo comparativo dos crânios de diferentes povos e o manuscrito de uma tradução francesa de um livro chamado *As formas da cabeça em diversas raças*. Considerando o foco daquele saber nascente, comparar as diferenças culturais era um componente natural do trabalho. Mas as comparações não se restringiam a máscaras e tinham um peso significativo, vinculado a elas. A discussão sobre as origens e as identidades nacionais e culturais refletiam um desejo de acreditar — de saber — que um povo era, de alguma maneira, superior a outro. À ciência do século XIX, em outras palavras, cabia confirmar as antigas autoimagens. No caso da França, a questão premente era: quem foram os franceses originais e o que os diferenciava dos demais povos? Os membros da Sociedade de Antropologia de Broca defendiam ardorosamente que eram os gauleses juntamente com os celtas; discutiram o texto *Das guerras gálicas*, de Júlio César, e buscaram pistas linguísticas para promover o argumento de uma raça original que dera à França seu caráter distinto. Durante esse percurso, os cientistas estabeleceram variadas tipologias raciais, que demonstraram diferentes inovações. Um dos sábios dividiu a humanidade em cinco categorias raciais: brancos, amarelos, vermelhos, marrons e pretos. Outro chegou a 15 variedades de seres humanos.

É curioso que, por um lado, o campo da antropologia tenha sido a expressão mais clara da época do compromisso científico com a objetividade, com seus praticantes dedicando-se a adotar as formas distanciadas de pesquisa, que haviam se tornado o traço distintivo da ciência, para estudar o ser humano e suas comunidades, fazendo amplo uso do método cartesiano, valorosamente descartando tradições e ignorando o saber legado pelas sociedades, nacionalidades e classes sociais. Por outro lado, os antropólogos tornaram-se racistas por definição, dedicando-se por inteiro a questões inquietantes relativas aos tipos humanos.

No entanto, seria um erro achar que esses homens tinham elevado as apostas contra as outras raças, em seus esforços para estabelecer a superioridade do branco europeu. A verdade é que sequer consideraram levantar, mesmo que retoricamente, a questão de "qual raça é a superior?", para depois ir em busca de uma resposta. Eles não saíram em campo para provar que os brancos eram superiores pelo simples motivo de que pressupunham isso desde o começo. Era tão óbvio que nem mesmo precisava ser provado. O uso adequado da ciência seria o de descobrir por que as coisas eram assim. Claro que o racismo desenvolveu-se em praticamente todas as culturas no século XIX, e, parcialmente defendendo o campo específico da antropologia, vale notar que, ao trabalhar com essas crenças — começando a questionar o complexo de superioridade subjacente à medida que a consciência dele lentamente vinha à tona ao longo de um século —, o campo ajudou a abrir o caminho para o conceito totalmente novo de "igualdade racial".

Mais até do que seguir pistas linguísticas ou históricas, os cientistas do século XIX valiam-se das características corporais para explorar a questão sobre o que levava sua raça a ser superior. Cor do cabelo e da pele, tamanho e formato dos dentes, largura das narinas, espessura dos lábios, linha do queixo, tamanho dos seios e do pênis, apetite sexual — o nível dos detalhes em que se concentravam era explícito e enciclopédico.

De todas as partes do corpo submetidas ao escrutínio, o rosto e a cabeça eram as que recebiam mais atenção. A assim chamada ciência da fisiognomonia, desenvolvida no século XVIII pelo poeta suíço Johann Lavater e adaptada por vários e notórios cientistas do século seguinte, estabeleceu-se em torno da ideia de que os traços da cabeça e do rosto de cada raça humana relacionavam-se à sua inteligência e às suas inclinações. O homem que refinou a fisiognomonia e lhe deu legitimidade científica não foi outro senão Georges Cuvier. Algumas das pesquisas de Cuvier na área de anatomia comparativa são impossíveis de serem lidas hoje em dia sem um arrepio. Em suas *Lições de anatomia comparada*, um livro didático, ele mediu o ângulo facial — o ângulo da testa até os dentes da frente — em diversos macacos, assim como em diferentes categorias raciais humanas. Alguns macacos têm um ângulo facial de 45 graus — uma grande inclinação da testa em direção aos lábios. Os macacos de médio e pequeno portes variam na faixa dos 60 graus. O orangotango tem um ângulo de 67 graus; o que, para Cuvier, era significativamente próximo ao ângulo de 70 graus do "negro" e bastante distante dos 80 graus dos crânios europeus. Cuvier relacionou a inclinação mais acentuada do negro e do orangotango a um osso frontal achatado e ao tamanho reduzido do lobo frontal do cérebro. Um ângulo facial mais agudo, na sequência de seu raciocínio, significava um intelecto menor e um cérebro mais orientado por instintos "animais". Acrescentem-se ao ângulo facial outros dados comparativos, e o quadro completo emerge: "A raça negra está confinada ao sul do atlas", Cuvier escreveu em uma objetiva apresentação. "Sua compleição é preta, o cabelo é crespo, o crânio é comprimido e o nariz é achatado; o focinho proeminente e os lábios grandes obviamente aproximam-se dos macacos: as tribos compostas por essa raça sempre se mantiveram na barbárie."

Tais dados e conclusões tornaram-se parte dos fundamentos a partir dos quais a ciência da antropologia começou suas pesquisas a respeito do animal humano. Outro conceito da anatomia comparada que se destacou notoriamente — e cujos desenvolvimentos chegavam ao ponto mais alto, por assim dizer, no exato momento em que Broca fundou a Sociedade de Antropologia — foi o da capacidade craniana. Um componente do trabalho de Gall, aceito de maneira relativamente incontroversa pela Academia, foi a noção de que o tamanho do cérebro (e, portanto, do crânio) tinha correlação com a inteligência. Em outras palavras, se a pessoa tem um cérebro maior do que os demais, provavelmente é mais inteligente que eles.

Ainda que a frenologia tenha sido desacreditada pela Academia Francesa de Ciências, ela continuou a se desenvolver no imaginário popular em outros lugares, tendo uma carreira saudável na Inglaterra e nos Estados Unidos durante boa parte do século XIX. Aí, em especial, combinava com as ideias americanas de individualismo e de mobilidade vertical. A teoria de Gall sobre a localização das funções da mente no cérebro podia significar que algumas pessoas nasciam com maior capacidade para o amor ou com mais inteligência e sabedoria do que outras, mas todo mundo já sabia disso. O nervo exposto era que isso parecia demonstrar que o status social não importava. Em meio aos pais, médicos e educadores da América do século XIX, a frenologia se desenvolveu então como um programa de autoajuda, cujos princípios eram de que cada pessoa era dotada de determinados talentos e fraquezas e de que era possível melhorar pela via do trabalho duro.

Ao mesmo tempo, seguindo a formulação das ideias de Gall em Viena, a frenologia evoluiu na Alemanha ao longo de um percurso social paralelo bastante diferente. Ganhou força na ala germânica da guerra cultural. Politicamente, a Alemanha do início do século XIX era uma confederação confusa de estados semifeudais. Na década de 1840, um movimento para derrubar a parafernália monárquica, abraçar a democracia e unificar o país em uma federação pegou fogo entre todas as classes sociais. A frenologia se tornou, de fato, um ponto importante da plataforma política de um advogado chamado Gustav von Struve, um dos líderes do movimento, e ajudou a fomentar a revolução de 1848. Como nos Estados Unidos, Von Struve e outros adotaram da frenologia a noção de que — deixadas de lado as inúmeras diferenças individuais — os cérebros humanos, e portanto as mentes, eram essencialmente a mesma coisa. Todos, assim, faziam jus ao mesmo status e tratamento.

A revolução de 1848 deixou uma situação política confusa, que do ponto de vista dos tradicionalistas era apenas exacerbada pela crescente aceitação da ciência e do materialismo. Em meados do século, os cientistas alemães proclamavam abertamente o ateísmo como um credo. Desde 1854, a situação levou a uma polêmica entre dois renomados cientistas alemães — o fisiologista Rudolf Wagner e o zoólogo Karl Vogt — que se engajaram em um debate público quanto a se a crescente montanha de dados científicos, vindos de todas as frentes, contradizia os relatos bíblicos sobre a origem da vida. Wagner posicionou-se firmemente do lado conservador: ele acreditava que cada dado científico tinha uma contrapartida coerente com a história da Criação; afirmava, ainda, que a religião e a moralidade religiosa eram as bases da sociedade e que a ciência tinha a obrigação de restringir suas investigações aos limites permitidos pelos ensinamentos cristãos. A ciência, advertia ele aos colegas, "seria suspeita de destruir as fundações morais da ordem social", caso levasse ao desenvolvimento de uma filosofia materialista. Wagner identificava as raízes do materialismo na ciência do cérebro e chegava a ponto de afirmar que os cientistas alemães tinham a obrigação patriótica com a nação "de manter mente e cérebro separados". Vogt, um materialista questionador, ridicularizava essas ideias, declarava que era óbvio que o cérebro era o órgão do pensamento, e expunha a equação de mente e cérebro em uma analogia particularmente explícita: "O cérebro segrega pensamentos, assim como o estômago segrega suco gástrico, o fígado, bile, e os rins, urina." Mais tarde, Vogt voltou-se para a noção cartesiana que considerava a alma imaterial equivalente à mente. "As atividades da alma são apenas funções do cérebro", ele afirmou. "Não existe uma alma independente."

Wagner considerava esse tipo de ideia perigoso, até mesmo absurdo, mas curiosamente sua reação foi devotar seus anos finais de carreira ao estudo da doutrina da capacidade craniana. Seu plano era desbancar o materialismo a partir de um de seus conceitos mais essenciais. Certamente, se de fato existisse uma forte ligação entre o cérebro físico e os pensamentos aparentemente imateriais, o tamanho faria diferença — ou seja, se o cérebro fosse a mente, então uma mente maior precisaria de um cérebro maior. Assim, ele faria o estudo mais completo dos cérebros e crânios de pensadores eminentes e os compararia com os de pessoas normais.

Wagner iniciou seu estudo de um jeito bastante sinistro. Quis o acaso que, quando ele tomou sua decisão de examinar grandes cérebros, Carl Friedrich Gauss, um dos maiores matemáticos de todos os tempos e um dos colegas de Wagner na Universidade de Göttingen, estivesse moribundo. Os dois não se conheciam muito bem, mas subitamente Wagner tornou-se uma presença constante junto à cama de Gauss. Após a morte dele, a família concordou que seu corpo fosse examinado para fins científicos. Wagner ficou com o cérebro.

Ele prosseguiu com seu projeto de coletar cérebros e crânios de outros notáveis (um lote de pensadores idosos de Göttingen morreu mais ou menos na mesma época, e Wagner conseguiu botar a mão em todas as cabeças), além dos de mortais ordinários — assassinos, estupradores e doentes mentais —, e escreveu um estudo comparando pesos e características. Wagner se viu forçado a admitir que os cérebros dos gênios pareciam ter mais convoluções na superfície, mas acreditou que sua classificação dos cérebros e seus pesos provou que o tamanho, na verdade, não importava. Dos 964 cérebros, o de Gauss, pesando 1.492 gramas, ficou em 125º lugar. Entre os que ficaram no topo da lista havia cérebros de trabalhadores comuns e o de um "imbecil".

Os detalhes do estudo de Wagner sobre o peso dos cérebros chegaram a Paris em fevereiro de 1861 e imediatamente passaram a ser o assunto principal das discussões na Sociedade de Antropologia de Pierre-Paul Broca. O próprio Broca foi pioneiro nas técnicas de medição de crânios e cérebros e tornou-se um devoto da correlação entre o tamanho do cérebro e a inteligência. Longe de ser dissuadido pelo estudo de Wagner, Broca considerou-o próximo de provar a teoria. "Entre as questões que foram postas em discussão até agora na Sociedade de Antropologia, nenhuma equivale, em interesse e relevância, à presente", disse aos colegas. Prosseguiu com a demonstração de que, para ele, a capacidade craniana não só reforçava o debate materialista, mas estava ligada ao esforço para estabelecer uma hierarquia das raças. "A grande importância da craniologia afetou os antropólogos de tal forma que muitos negligenciaram outras áreas de nossa ciência para se devotarem exclusivamente ao estudo dos crânios", declarou. "Essa preferência é legítima, sem dúvida, mas não o seria se o exame dos ossos da cabeça tivesse um significado meramente anatômico e se não se buscasse neles alguns dados relativos ao valor intelectual das diversas raças humanas."

Em março de 1861 e nos meses seguintes, Broca apresentou aos colegas provas reunidas tanto por ele quanto por Wagner. Para começar, reconhecia o trabalho sem precedentes realizado por Wagner e o valor nele contido, mas considerou que as conclusões de Wagner eram completamente questionáveis devido a um erro metodológico. "Monsieur Wagner reuniu, atabalhoadamente, observações muito disparatadas", Broca observou. "Ele enumerou, segundo o peso, os cérebros de ambos os sexos e de todas as idades, cérebros de idiotas, epiléticos, insanos, hidrocefálicos [aqueles que tinham 'água no cérebro'], apopléticos, paralíticos com ou sem loucura; surpreende que ele tenha confundido tantos elementos díspares."

Era de conhecimento geral que o cérebro das mulheres tendia a ser menor do que o dos homens e, é claro, que o das crianças era menor do que o dos adultos; também já havia sido demonstrado que muitos dos males citados por Broca resultavam em cérebros radicalmente menores ou maiores. Diante disso, Broca procurou redirecionar os dados de Wagner através da análise exclusiva do que acreditava serem cérebros de homens adultos saudáveis. Os novos cálculos levaram à redução do número de 964 para 347. Ainda seguindo Wagner, Broca complementou o banco de dados refinando os registros históricos, admitindo que algumas das provas eram circunstanciais. Um relato da vida de Pascal observava que, após a morte do filósofo, fora realizada uma autópsia e os médicos notaram que "havia uma quantidade prodigiosa de matéria cerebral". Um relato da autópsia de Oliver Cromwell testemunhou que, segundo Broca, "o cérebro do Protetor pesava nada menos do que 61 quartos de libra, ou cerca de 7 quilos". Broca desconsiderou esse número como exageradamente maior do que qualquer outro cérebro, mas assinalou que no antigo sistema de medidas inglês havia apenas 12 onças em uma libra, portanto, um novo cálculo sobre essa base resultava em um cérebro realmente grande, mas, para Broca, digno de crédito, considerando-se pertencer ao homem que lançara a Inglaterra em uma guerra civil. Mudando para outra área da genialidade, Broca informou aos colegas que o cérebro de Lord Byron pesava 1.807 gramas, 400 gramas a mais do que o do homem adulto médio.

E quanto aos gênios franceses? Algumas boas provas — Broca garantiu — estavam praticamente ao alcance das suas mãos: os próprios restos mortais do grande Cuvier. "Todos os distintos anatomistas que participaram da autópsia de Cuvier declararam que jamais haviam visto um cérebro coberto de tantas convoluções, tão complicadas e profundas", ele declarou. Felizmente, aqueles cientistas removeram e pesaram o cérebro de Cuvier e Broca ficou satisfeito em informar que o resultado — 1.830 gramas — colocava Cuvier no topo da lista. Em resumo, a análise feita por Broca da classificação de Wagner — ampliada e corrigida pelo próprio Broca — resultava em provas inquestionáveis da conexão entre o tamanho da cabeça e a inteligência. Broca resumiu suas conclusões sucintamente: "Em geral, o cérebro dos homens é maior do que o das mulheres; o dos homens eminentes, maior do que os de talento medíocre; o das raças superiores, maior do que o das inferiores. Ainda que outras coisas sejam equivalentes, há uma notável relação entre o desenvolvimento da inteligência e o volume do cérebro."

O próprio Cuvier talvez fosse reticente quanto a essas conclusões. Por um lado, ser usado *post-mortem* como parte de um rigoroso estudo científico por certo o teria agradado. Mas ele não simpatizaria com a tese materialista de Broca — muito menos com ter sido usado em um esforço para comprová-la.

Tampouco, conforme acabou acontecendo, nenhum dos estimados colegas de Broca da Sociedade de Antropologia fez caso dos argumentos de seu diretor. Louis-Pierre Gratiolet equivalia a Broca como cientista e anatomista: foi o primeiro a reconhecer que os dois hemisférios do cérebro correspondiam aos movimentos do lado oposto do corpo; também foi quem identificou os quatro lobos do cérebro e deu-lhes seus nomes (occipital, temporal, parietal e frontal), assim como a ínsula, a região central que às vezes é considerada o quinto lobo. Gratiolet, por coincidência, vinha da mesma cidadezinha que Pierre-Paul Broca (atualmente, existe uma praça Broca e um boulevard Gratiolet na cidade de Sainte-Foy-La-Grande), de forma que ambos se conheciam de longa data. Mas Gratiolet teve uma vida dura: foi criado com expectativas de que atingisse uma boa posição social, mas a família sempre foi pobre e, apesar da boa educação e realizações, ele jamais conseguiu dar o passo para subir socialmente, mantendo-se pobre até o fim. Enquanto Broca era determinado e desafiador, Gratiolet era tranquilo, embora incansável. Broca demandava atenção; Gratiolet, com seu aspecto acuado e taciturno, quase passava despercebido.

Mas Gratiolet conhecia o cérebro melhor que qualquer outra pessoa viva (como demonstraram os detalhes, para não mencionar o título de sua obra-prima, *As circunvoluções do cérebro do homem e dos primatas*) e, ao percorrer o trabalho de Wagner, não se convenceu da revisão feita por Broca, não conseguindo estabelecer qualquer conexão entre o peso do cérebro, o tamanho do crânio e a inteligência. Se Wagner estava errado — talvez intencionalmente confundindo os resultados, ao agrupar de modo díspar os cérebros em sua tabela —, para Gratiolet parecia que Broca também forçara os dados para que se adequassem à sua teoria. Como Broca enfatizou tanto o cérebro de Cuvier, Gratiolet foi atrás dele no Museu de História Natural, apenas para descobrir que não havia sido preservado. Além disso, o crânio estava desaparecido.

Gratiolet compareceu à reunião de 6 de junho armado com essa e outras informações. Ele revisou cuidadosamente os números de Wagner diante de seus colegas. Gauss provavelmente foi o maior gênio daquela era, mas os dados, Gratiolet concluiu, eram claros: "Não é um cérebro enorme; não tem nada de excepcional em seu peso." Ele pegou outro exemplo dos cérebros de Göttingen, reunidos por Wagner: Johann Hausmann, um mineralogista. Ao ver que esse cérebro não figurava entre os primeiros da lista de Wagner, Broca colocou o homem em uma posição mais baixa na ordem de inteligência, mas isso não parecia justo com os dados, tampouco com Hausmann. Os alemães que conheceram seu trabalho reconheciam que Hausmann era um cientista de grande distinção, e os colegas franceses também confirmavam essa opinião. "Pode-se assim afirmar, sem pressuposições, que não se trata de uma mente qualquer", Gratiolet observou. "No entanto, repito: seu cérebro é pequeno."

Diante disso, chegava o momento de se aproximar de casa: Gratiolet desafiou Broca sobre o tamanho do cérebro de Cuvier. "Se nos permitirem tomar as expressões [de Broca] literalmente, o peso do cérebro de Cuvier é, se não monstruoso, não muito longe de algo sobrenatural", ele começou. No entanto, não há como verificar — ou, portanto, desacreditar — o peso de 1.830 gramas. Mas Gratiolet, do seu jeito teimoso, foi atrás de uma ideia inovadora. Pesar cérebros poderia não ser uma prática comum, ele percebera, mas medir cabeças era. E quem media cabeças a não ser um chapeleiro? Ele fez algumas consultas entre alguns amigos do falecido Cuvier e — ora! — encontrou um, um médico chamado Rousseau, que possuía um chapéu que pertencera ao ex-secretário permanente da Academia. Gratiolet levou o artigo a um dos mais renomados chapeleiros de Paris, que lhe disse que o tamanho estava entre os maiores da escala, mas nada tinha de exagerado. Mas Gratiolet tinha mais a dizer. "Cuvier", ele disse aos colegas, "tinha uma massa de cabelos extremamente abundante", e, para completar, bastante volumosa. Sendo assim, as dimensões do chapéu eram, na verdade, maiores do que o tamanho do crânio sobre o qual repousou. "As medidas que acabei de apontar parecem provar, de maneira bem óbvia, que o crânio de Cuvier era de tamanho considerável, mas que, absolutamente, não tinha qualquer coisa de excepcional ou único."

Mas a apresentação de Gratiolet — sua tentativa de desconstruir a teoria da capacidade craniana — teve ainda mais um capítulo. Seguindo a lógica do argumento da capacidade craniana, um grande intelecto implicava um cérebro e crânio grandes, e um intelecto supremo implicava um cérebro e um crânio desmesurados. Gauss, um homem de realizações titânicas, tinha um cérebro de tamanho bastante mediano. Muito bem, pois: esse foi um exemplo de contra-argumentação. Seria possível encontrar o cérebro ou o crânio de algum outro gênio de estatura similar, ou talvez ainda mais alta? Gratiolet conhecia bem a coleção do museu e revelou o item exato. Se aqueles que eram favoráveis à teoria da capacidade craniana ficaram decepcionados com o exemplo de Gauss e algo aliviados pelo caso de Cuvier, o que diriam sobre a cabeça de René Descartes? Há tempos que Descartes passara a ser visto não só como o patriarca da modernidade, mas como o patrono intelectual da nação francesa. De sua mente — de seu *cérebro*, Broca e seus seguidores teriam insistido — saiu a estrutura que serviu de base para dois séculos de soluções, ou soluções especulativas, para enigmas específicos sobre as batidas do coração, as cores do arco-íris e do pôr do sol — e, com certeza, da própria natureza da mente. Ainda assim, como logo se mostrara aparente a todos os que o tiveram nas mãos nos últimos 190 anos, o crânio de Descartes era um objeto pequeno e bastante delicado. O poema latino escrito sobre sua coroa dizia claramente. *Parvula calvaria*: Pequeno crânio.

"Temos no museu um crânio que parece ter sido o de Descartes", Gratiolet começou. "Este crânio, religiosamente preservado na Suécia, em um círculo de cartesianos, e coberto de inscrições que atestam suas origens, finalmente chegou a mãos mais ignorantes, de tal forma que, um dia, foi vendido por uma quantia vil em um leilão público. Berzelius, que, pelas graças da boa fortuna, esteve presente ao leilão, comprou essa relíquia preciosa e apressou-se em devolvê-la para a França." Gratiolet coletara alguns poucos detalhes equivocados sobre as perambulações do crânio, mas seu ponto principal era que o crânio encontrava-se entre as propriedades do museu. Seus traços foram comparados à imagem de Descartes, disse, e as inscrições foram verificadas. A própria Academia fizera o trabalho de detetive e convencera-se de sua autenticidade. "Ainda assim, esse crânio, em vez de ser extraordinariamente grande, como deveria, caso o gênio dependesse do volume do cérebro, é, *au contraire*, bem pequeno", completou Gratiolet. Mas havia algo mais que Gratiolet achou atraente. Aquele crânio, observou, "tem um formato admirável". "Na verdade", prosseguiu, "é um dos mais belos tipos de crânio caucasiano que se poderia ver e, para resumir, eu diria que se trata da forma, não do volume, que dá ao cérebro sua dignidade".

Gratiolet completou com o floreio dramático de um advogado de acusação convencido de que acabara de demolir a oposição. A resposta foi imediata — de Ernest Aubertin, um anatomista e um dos mais próximos associados de Broca —, mas foi algo como um argumento do tipo "é também, não é?".

> Monsieur Gratiolet [...] afirmou, se entendi corretamente, que o volume e o peso do cérebro, considerado entre indivíduos ou raças, não têm qualquer importância e que não há qualquer ligação entre o desenvolvimento da inteligência e o da massa cerebral. Essa opinião parece ser errônea. Não pretendo afirmar que a inteligência dependa exclusivamente do volume do cérebro; mas depende em grande parte disso. Quanto ao exemplo de Descartes, invocado por nosso colega, é possível contestá-lo com diversos outros. Já não se constatou, por diversas vezes, que os homens de gênio têm cérebros enormes?

A discussão dos "cérebros grandes" arrastou-se por vários meses, envolvendo completamente a Sociedade de Antropologia, e o crânio de Descartes tornou-se a pedra de toque da questão, à qual os membros retornavam reiteradamente. Tratava-se, como se sabe, da mente que esboçara o cenário da mente moderna. Se o cérebro equivalia à mente, então, simplesmente, não era possível que uma mente tão grandiosa pudesse ser contida em um receptáculo tão reduzido para o cérebro. Um mês após Gratiolet ter brandido o crânio de Descartes, Broca apresentou suas reflexões sobre o assunto:

> Nosso colega, monsieur Gratiolet, conhece a história desses cérebros famosos; todavia, ele considera não haver ligação entre o peso do cérebro e o desenvolvimento da inteligência porque, ele

> nos diz, existem alguns homens brilhantes com cérebros medíocres. Em apoio à sua afirmação, citou para nós, em primeiro lugar, o exemplo do crânio de Descartes, para então evocar a pesquisa de monsieur Wagner sobre os cérebros de alguns homens eminentes [...] O crânio de Descartes é, sem dúvida, uma relíquia respeitável, mas seria ainda mais se contássemos com um pouco mais de autenticidade [...] Não nos esqueçamos, por fim, de que o estudo de um crânio, ainda que completo, simplesmente nos oferece uma ideia aproximada do volume e, acima de tudo, do peso do cérebro. O cérebro de Descartes, não tendo sido examinado, não poderá jamais ter sua validade posta em julgamento. Esse exemplo, por isso, não tem valor algum.

Um crânio sem um cérebro, afirmava Broca, é inconclusivo, uma casca vazia. Ainda assim, com o desenrolar do debate, Broca e seus tenentes pareciam sitiados pelo exemplo de Descartes. No dia 4 de abril, um outro membro, um certo monsieur Perier, levantou um ataque contra Gratiolet, quer dizer, contra o crânio de Descartes, que demonstrava que os defensores da hipótese de que a mente era equivalente ao cérebro haviam feito o dever de casa. "Monsieur Gratiolet citou Descartes", Perier disse,

> mas sem poder afirmar que o crânio de dimensões medíocres, que poderia ser o dele, pertenceu ao autor do *Discurso sobre o método*. As relíquias de homens ilustres são muito sujeitas ao questionamento. Conheço duas balas de canhão às quais é atribuída, com toda a certeza, a morte de Turenne [um herói militar francês] e preservadas religiosamente, uma em Sasbach e outra nos Invalides. E todos aqueles que viajam para a Suíça sabem como é difícil contar os arcos autênticos que foram usados por Guilherme Tell para acertar Gessler.

Perier então conduziu os colegas por uma lição de história, em que recontou as "circunstâncias da morte de Descartes na corte de Estocolmo", relatando como Christina pretendia enterrá-lo no grande salão de seus antepassados, e observou que, diante de tamanha atenção real "não se pode compreender como os restos mortais deste famoso filósofo podem ter sido separados de sua parte mais nobre". A cabeça, portanto, pode ter sido removida, ele prosseguiu, "durante o translado dos restos de Descartes para Paris e em meio às desventuras desta peregrinação acidentada, que durou mais de oito meses".

Mais objetivamente, Perier passou para a comparação do crânio com o que era considerado o retrato mais autêntico de Descartes, pintado por Frans Hals. Aí, disse Perier, pode-se perfeitamente observar "uma grande cabeça, com uma testa ampla e proeminente". Perier leu então a descrição física de Descartes feita por Adrien Baillet, seu biógrafo do século XVII, que falou de uma cabeça "um pouco maior em relação ao tronco" e uma testa ampla. Esses dois registros históricos eram coerentes entre si, e o crânio não correspondia a nenhum deles. Além disso, as imagens históricas — em pintura e palavras — estavam de acordo com o que os homens instruídos ali presentes acreditavam ser o caso: que "entre as mentes ou caracteres de grande elevação" há sempre um desenvolvimento extraordinário do cérebro e, consequentemente, tamanho e peso igualmente extraordinários. Perier então lançou de volta no rosto de Gratiolet sua tirada sobre Cuvier, acrescentando que "os cortes de cabelo, assim como os elmos e chapéus desses homens privilegiados serão igualmente excepcionais".

O incansável Gratiolet retomou a questão na reunião de 18 de abril de 1861, abordando os colegas em um tom ao mesmo tempo insistente e conciliador. Algum tempo antes, ele chegara à conclusão de que a inteligência não necessariamente era proporcional ao tamanho do cérebro. "No entanto, ao expressar recentemente essa opinião diante da sociedade, ela não foi bem recebida por meus colegas", disse. "Foi atacada de maneira vibrante, com rara habilidade e, preciso acrescentar, com uma cortesia pela qual sinto-me na obrigação de agradecer àqueles que me contradisseram. Opor-me a adversários tão benevolentes e declarar-me convertido custaria bem pouco para mim. Lamentavelmente, não fui convencido. Insisto ainda em meu primeiro pensamento e, acreditando ainda em sua veracidade, tentarei defendê-lo e justificá-lo."

Pacientemente, ele retomou todas as principais falhas que reuniu em sua teoria. Depois, voltou à questão do crânio de Descartes. Perier, ele acusou, interpretou Baillet erradamente. Baillet de fato descreveu Descartes como tendo uma cabeça "um pouco maior em relação ao tronco", mas também disse que o corpo de Descartes era "menor do que a média". O resultado líquido poderia facilmente ser um crânio reduzido. Quanto ao retrato pintado por Hals, tratava-se de um excelente retrato, e mesmo mostrando um homem com uma cabeça realmente grande em relação ao corpo, não havia meios de compará-la a outras cabeças. "Se essa não é a cabeça de Descartes", Gratiolet acrescentou sobre o crânio, com uma provocação ao argumento de seus adversários baseado na inteligência, "poderia ser então a de seu irmão ignorante".

NÃO SE TRATA DE UMA TOTAL coincidência o fato de que, na mesma semana em que Gratiolet contestou os argumentos sobre a capacidade craniana de seus colegas na Sociedade de Antropologia, na costa da Carolina do Sul, baterias de canhões americanos abriram fogo contra suas próprias bases, no forte Sumter. Desde o período colonial, ideias sobre escravidão, raça e diferenças raciais inerentes se formaram no coração da sociedade americana; durante o mesmo período, os conceitos modernistas de igualdade racial começaram a fervilhar. As tensões atingiram um clímax com o ataque ao forte Sumter, que marcou o início da Guerra Civil Americana. Se o racismo fazia parte do tecido social americano, estava igualmente entranhado na vida intelectual europeia, assim como no programa científico que se desenvolvia. Mas a modernidade — voltando ao século XVII e a algumas figuras do "Iluminismo radical" que primeiro estabeleceram a conexão entre um compromisso da razão com a igualdade social — também parecia carregar consigo a possibilidade de escapar desses recantos obscuros.

Para fins de registro, a ciência atual já concluiu que não só não há qualquer correlação notável entre raça e inteligência, mas tampouco entre o tamanho do cérebro e a inteligência, mas de fato existe uma base genética bem pequena para a ideia de raça. A dispersão da humanidade e sua divisão entre vários grupos aconteceu tão recentemente, em termos de linha evolucionária, que as diferenças raciais praticamente não ultrapassam o nível da pele. As variações que vão além do que é percebido pelos olhos, como a capacidade intelectual, envolvem uma grande porcentagem do número total de genes e exigiriam um período muito maior de tempo para se manifestar. J. Craig Venter, o geneticista cuja empresa, Celera Genomics, tornou-se uma concorrente privada do Projeto Genoma Humano, disse o seguinte ao *New York Times*: "'Raça' é um conceito social, não um conceito científico."

Ainda assim, o impulso para ver por trás da "capacidade craniana", do ângulo facial e de outras formas literais de traçar perfis raciais ainda existe entre nós. O best-seller de 1994, *The Bell Curve* (A curva sino), ao analisar as ligações entre inteligência e condição econômica, dedica-se a possíveis vínculos entre inteligência e raça — e seu sucesso sugere que há grande simpatia pelo argumento. O psicólogo J. Philippe Rushton promove uma forma de atualização da teoria da raça e da inteligência, a qual descreve, em seu site, nos seguintes termos: "Em novos estudos e análises da literatura mundial, consistentemente verifiquei que nativos do Leste Asiático e seus descendentes apresentam, em média, cérebros maiores, maior inteligência, maior controle sexual, taxas mais lentas de amadurecimento e maior capacidade de manter a lei e a organização social do que os europeus e seus descendentes, que, por sua vez, apresentam resultados mais altos nesses aspectos do que os africanos e seus descendentes."

Rushton não está no eixo principal da ciência, mas James Watson — que recebeu o prêmio Nobel pela codescoberta da estrutura do DNA — está. Em 2007, Watson declarou haver uma clara conexão entre raça e inteligência, que ele acredita que a sociedade se recusa a aceitar por temer a incorreção política. Watson disse que era "inerentemente pessimista quanto ao futuro da África", pois "todas as nossas políticas sociais baseiam-se no fato de que a inteligência deles equivale à nossa, quando todos os testes dizem que de fato não é assim". Também escreveu que "não há motivos concretos para esperar que as capacidades intelectuais de pessoas geograficamente separadas em sua evolução tenham se desenvolvido da mesma maneira. Nosso desejo de reservar poderes racionais equivalentes como alguma herança universal da humanidade não será o bastante para que assim seja".

A resposta de outros membros do establishment científico foi censurar ou ridicularizar esse cientista de 79 anos por se posicionar, a essa altura, "fora de sua dimensão científica, alijando-se social e politicamente", conforme declarou um outro pesquisador. Em *O que é inteligência* (2007), o sociólogo James Flynn analisou testes de inteligência e concluiu que as diferenças raciais e étnicas nos resultados — africanos tendem a pontuações menores do que europeus ocidentais, por exemplo — correlacionam-se com a familiaridade de uma sociedade com os princípios de abstração. Tais testes, em outras palavras, não medem necessariamente a inteligência pura, mas a inteligência moderna, do tipo que espera que analisemos criticamente os rótulos dos produtos e os discursos políticos — e, por que não, resultados de testes. Firmemente, ao longo do curso de um século, as metodologias para vincular raça e inteligência foram testadas, e os resultados deixaram a desejar. Pode-se dizer que esse processo teve início com o desafio de Gratiolet a Broca. Em certa medida, o crânio de Descartes ajudou a desbancar a má ciência.

A batalha imediata entre Broca e Gratiolet terminou de maneira indefinida — com ambos os lados convencidos de que estavam certos. Mas ao longo do debate — na verdade, na reunião em que Gratiolet respondeu a Perier —, Broca trouxe uma carta nova para a mesa. Sua atenção fora desviada do assunto dos grandes cérebros por um paciente notável que ele vira em sua ronda hospitalar na semana anterior, e que morrera pouco depois. O homem de 51 anos fora incapaz de falar durante os 21 anos anteriores, como resultado de ter contraído sífilis, conforme fora verificado. Broca logo voltou-se inteiramente para o caso, pois a fala era uma parte básica do funcionamento mental humano e ele tinha certeza de que uma perda tão completa deveria ter deixado alguma marca no cérebro. Ao realizar a autópsia, removeu o cérebro e localizou uma lesão no lobo frontal esquerdo, em uma dobra chamada giro frontal inferior. Essa região, concluiu ele rapidamente, controlava a fala.

Trabalhos posteriores demonstrariam que ele estava essencialmente correto. O estudo do caso de "Tan" (pseudônimo usado para o paciente por Broca, por ser esta a única sílaba que o homem pronunciava) tornou-se um divisor de águas na história da ciência. A região do cérebro identificada por Broca — agora conhecida como região de Broca — foi o foco de uma grande parte das pesquisas em neurociência e distúrbios da fala.

Pode ser um pouco mais fácil olhar para trás, para o século XIX, por exemplo, a fim de considerar que essas abordagens úteis e destrutivas dos problemas — a boa e a má ciência — ocorrem sempre simultaneamente. Gall teorizou sobre a localização das funções do cérebro, ao mesmo tempo que prometia ler sua sorte pelas protuberâncias da cabeça. Cuvier lançou as fundações da biologia moderna, e também dedicava-se a estudos sinistros para provar que pessoas negras eram primas dos orangotangos. Felizmente, para a reputação de Broca, sua descoberta de uma área do cérebro dedicada à fala, mais do que seu trabalho tentando estabelecer a relação entre o tamanho do cérebro e a inteligência, foi o que o deixou famoso. Além disso, a descoberta da região de Broca foi a primeira prova clara da localização das funções cerebrais. De uma só vez, Gall estava parcialmente vingado, a ciência avançara e os materialistas marcaram um ponto a seu favor. Claro que esse ponto fazia parte de um jogo cujas regras continuariam a ser desafiadas.

Após a morte de Broca, em 1880, seu corpo, por sua vez, foi submetido a uma autópsia na universidade. Um zeloso colega teve a ideia de gravar seu nome — P. BROCA — no próprio cérebro, no giro frontal inferior — a região de Broca. Seu cérebro passou a residir na coleção que ele mesmo reunira. E essa coleção foi finalmente combinada com a de ossos do Museu Francês de Antropologia, onde o cérebro de Broca juntou-se ao crânio de Descartes.

6

Habeas corpus

SE, NOS PRIMÓRDIOS DO SÉCULO XX, ALGUÉM PERGUNTASSE a um morador de Cleveland, de Londres ou de Stuttgart qual era a cidade mais moderna do mundo, seriam boas as chances de que a resposta fosse Paris. A crença se baseava em comportamentos ou em sensibilidades: havia a sociedade dos cafés, o compromisso com a discussão e o debate, com a arte, a literatura, a comida e o vinho e, é claro, a atitude aberta e esclarecida em relação ao sexo. Mas o comportamento se baseava na infraestrutura: em Paris, mais do que em qualquer outro lugar, o aço, o concreto e a corrente elétrica foram colocados a serviço das fundações sobre as quais a vida moderna — mais longa, saudável, confortável, expansiva e refletindo o que as gerações prévias um dia esperaram — pôde se estabelecer. As Olimpíadas de 1900 abriram para o mundo uma janela pela qual foi possível ver o que uma cidade poderia ser. Os visitantes conheceram um lugar onde o passado antigo convivia lado a lado com o futuro. Os amplos boulevards, abertos pelo barão Haussmann duas gerações antes, davam à cidade uma aspecto aberto e contemporâneo. Paris tinha um metrô, ruas com iluminação elétrica, elevadores, um sistema de esgoto tão moderno e eficiente que as pessoas passeavam de barco por ele.

Um símbolo da modernidade urbana poderia ser visto em cada um dos principais cruzamentos: um relógio com um amplo mostrador, no alto de um poste de aço fundido e decorado, com os numerais romanos visíveis à noite graças à lâmpada colocada sobre eles. A pontualidade foi, para o fim do século XIX e início do XX, o que as unidades de medida padronizadas foram para o fim do XVIII e início do XIX, e o que os computadores viriam a ser no final para o XX: ela colocava as pessoas alinhadas umas com as outras. A vida se regularizou e tornou-se mais ordenada. Esses relógios foram considerados uma maravilha moderna por todo o mundo, pois as pessoas sabiam que, se o da praça de St.-Sulpice estivesse marcando meio-dia em ponto, os de Trocadero, da praça Vendôme e da Île de la Cité mostrariam exatamente a mesma hora. O mecanismo por trás dessa mágica era o ar. Um relógio central conectava-se a uma máquina que disparava centenas de pequenas descargas; quando o relógio marcava um novo minuto, jatos de ar eram bombeados por quilômetros de tubulações até o relógio correspondente, onde a pressão provocava a mudança do próximo minuto.

Pouco antes das 11 da manhã do dia 21 de janeiro de 1910, os relógios de Paris pararam. Violentas chuvas haviam caído durante semanas e, ao longo da noite, o Sena transbordou por suas margens, alagando ruas e porões. A sala do relógio central foi alagada. Mais ou menos na mesma hora, os relógios e vagões do metrô pararam e as luzes das ruas se apagaram. A chuva continuou. Nas áreas pobres do leste da cidade, bairros viraram lagos e a pressão da água fez com que centenas de construções desmoronassem. Ruas inteiras afundaram, devido ao peso. Do lado de fora da Gare St.-Lazare, a água que encheu os túneis do metrô fez com que as ruas se erguessem, lançando os pedestres para o alto. No fim das contas, um milhão de pessoas tiveram que deixar suas casas; os hospitais tiveram de ser evacuados; o palácio de justiça e a central de polícia foram alagados, comprometendo os esforços oficiais para lidar com a catástrofe; a água entrou pelo porão do Louvre, e os curadores correram para salvar as obras de arte.

Por mais de dois anos, a cidade lutou para se reerguer. Sistemas de bombeamento avançadíssimos foram colocados em pontos estratégicos e canais de drenagem foram construídos para capturar o excesso das águas, no caso de alagamentos futuros. Mas, em janeiro de 1912, com boa parte da cidade ainda afetada pela grande enchente de 1910, novas chuvas torrenciais caíram, destruindo os novos esgotos e submergindo a cidade inteira, novamente. Se, como afirmava Descartes, as forças da modernidade se dedicaram a superar a natureza, com as enchentes de 1910 e 1912 a natureza parecia ter dado um contragolpe decisivo; foi como se a modernidade tivesse entrado em colapso.

Durante a enchente de 1910, as águas da margem sul do Sena cobriram o *quai* d'Austerlitz, varreram a rue Buffon e inundaram as galerias de antropologia do Museu de História Natural, enchendo seus salões até a altura de um metro e meio. O curso do rio percorreu as coleções de artefatos montadas por pessoas como Georges Cuvier, Pierre-Paul Broca e Franz Joseph Gall e carregaram crânios, fêmures e caixas torácicas em uma sombria torrente. Como diversas outras instituições, o museu levou muito tempo para se recuperar. No outono de 1912, suas galerias e áreas de armazenamento ainda estavam sendo refeitas e muitos itens das coleções estavam empilhados.

Enquanto isso, em outros lugares, os negócios percorriam seu curso normal, e o dia 23 de setembro foi um dia normal na Academia de Ciências. Os membros receberam um relatório sobre uma espécie de camarão de água doce que vivia no lago Tanganica, um trabalho de paleontologia e uma descrição de um aparelho astronômico que ajudaria a determinar a posição das estrelas. Podia-se esperar que o mais notável item da agenda seria a recepção de uma publicação que analisava as chuvas e o fluxo das águas nos dois anos anteriores. Em vez disso, o que ganhou destaque — não só na sessão, mas na imprensa e por toda a cidade — foi um volume obscuro, recentemente publicado na Suécia, do qual a Academia recebera naquele dia, formalmente, um exemplar: *A correspondência entre Berzelius e C.-L. Berthollet (1810-1822)*. Ao percorrer as páginas das missivas que os dois químicos haviam trocado um século antes, um dos membros teve sua atenção atraída pela carta em que Berzelius comentava ter, recentemente, descoberto o crânio de René Descartes e o enviado para a Academia.

"Grande tumulto, no último dia 23 de setembro, na Academia de Ciências!", assim começava o relatório preparado por René Verneau, antropólogo contratado do Museu de História Natural, no qual ele tentou descrever a confusão que se seguiu depois que esse pequeno e obscuro fragmento de informação foi revelado. Conforme o tempo foi passando, o fato de que Cuvier tinha exibido o crânio para seus colegas cientistas aparentemente se apagara da memória institucional. Seria verdade — os membros queriam saber — que o crânio do grande Descartes fora confiado à Academia? E, em caso afirmativo, onde ele estaria?

Após uma avalanche de ordens e alguns dias de buscas pelas diversas instituições filiadas à Academia, notícias positivas chegaram do Museu de História Natural. A papelada indicava que o crânio fora confiado à guarda do museu pelo próprio Cuvier. As informações que se seguiram foram um reconhecimento constrangido: o museu não se encontrava, no momento, em condições de apresentar o item em questão.

Diante disso, o assunto se tornou notícia. Os repórteres visitaram o museu e encontraram pilhas de ossos sem etiquetas, abandonados desde a enchente. Juntando a causa ao efeito, escreveram reportagens especulando se o crânio do patrono intelectual da nação francesa não havia sido levado embora pelas águas inclementes do Sena. Para piorar as coisas, o museu sequer sabia se o item tinha se perdido. "Essa comunicação desperta comoção", disse o *Journal des débats politiques e littéraires*. A *Gazette de France* deu novo polimento à história:

> Sabemos que o grande filósofo morreu em Estocolmo, em 1650, e que seu corpo foi removido para Paris, para inumação. Mas o que não é de conhecimento geral é que o corpo estava sem a cabeça. Ao que parece, ela foi preservada, não se sabe com que finalidade, por um oficial sueco. O crânio de Descartes, devidamente etiquetado, foi transmitido para os descendentes do oficial e, posteriormente, oferecido para a Academia Sueca, que o enviou para a França. E alguém é capaz de encontrar essa relíquia hoje? Acredita-se que tenha sido depositada no museu, mas não há informações precisas sobre isso.

Verneau sentiu a pressão que as notícias provocaram. "Todas as hipóteses foram aceitas, e muitos jornalistas apressaram-se em publicar artigos sensacionalistas com as mais fantásticas afirmações", queixou-se ele mais tarde. A equipe do museu conduziu uma busca completa de sua coleção. Verneau reuniu o dossiê sobre o crânio, incluindo o relatório de Delambre e o resto da documentação referente aos acontecimentos de 1821, de forma que ele e sua equipe estavam armados com informações que os ajudariam a identificar um crânio entre centenas de outros. E, por fim, um item, que parecia corresponder aos antigos relatórios — um crânio do qual faltava apenas a mandíbula inferior, coberto de escrita apagada — foi encontrado em uma pilha, junto com outros restos mortais humanos, incluindo alguns itens da coleção de Gall.

No prazo de uma semana desde a primeira notícia daquele fato — de que o crânio de René Descartes estava sob a guarda institucional francesa —, o suposto item foi entregue na mesa de Edmond Perrier, o diretor do museu. Naquele mesmo dia, Perrier o levou para a Academia, para que seus membros, na reunião do 30 de setembro, pudessem eles mesmos vê-lo. "Essa foi a primeira vez, desde 1821, que ele deixou nossa coleção nacional", disse Verneau mais tarde, acrescentando, ainda sob o efeito das acusações de não ter dedicado o devido cuidado ao objeto, que ele "voltou para o seu lugar duas horas depois".

Assim, 91 anos depois de Cuvier dramaticamente revelar o crânio diante do establishment científico reunido na Academia, Perrier o apresentou novamente, na mesma sala — "com todo o devido respeito por essa relíquia preciosa". Ele prosseguiu apresentando uma breve história do objeto. Parecia que, na verdade, ele estivera exposto ao público por alguns anos, mas "tiramos da exposição de nossas galerias públicas" porque pareceu inadequado exibir a cabeça de pessoas com membros da família ainda vivos. Perrier discorreu sobre a perda temporária do crânio e sua redescoberta em uma pilha de outros ossos, reclamando que, desde a enchente, não havia mais espaço para guardar qualquer coisa adequadamente.

Mas a segunda aparição do crânio na Academia de Ciências não chegou ao fim com uma aceitação tranquila da situação — não mais do que na primeira aparição. Na verdade, ela deflagrou uma nova leva de questões envolvendo a cidade, enquanto o crânio se tornava o assunto do dia nos cafés e salões da sociedade. "Falavam disso [...] em Paris e nas províncias, nos dois polos e em ambos os hemisférios; não havia outro tema de conversa nas 24 horas do dia", escreveu um dr. Cabanès um mês depois, na *Gazette medicale de Paris*, que dificilmente poderia ser chamado de um jornal sensacionalista. "E toda essa agitação, toda essa tempestade [...] devido a um crânio? Todavia, não se trata de um crânio qualquer, mas de um dos filósofos mais ilustres, [...] o autor do *Discurso sobre o método*, nada menos do que Descartes!"

A questão do momento, novamente, era a da autenticidade do crânio. Os especialistas manifestaram suas dúvidas sobre os métodos e conclusões de seus predecessores, no século anterior, e, da mesma forma, os parisienses comuns, por sua vez, levaram a questão bem a sério. Se era mesmo o crânio de René Descartes, merecia ser guardado como — nas palavras de um jornal da época, *Le Temps* — "*a preciosa relíquia*". Mas como alguém poderia ter a certeza, indagava o editor do ilustre jornal *Æsculape*, se "esse receptáculo escurecido pelo tempo encerrou os mais elevados pensamentos ou se conteve apenas o cérebro inferior de algum humilde cervejeiro"? Era preciso que se convocasse algum tipo de painel de especialistas, uma reunião de talentos que abrangesse de historiadores a legistas.

O painel foi encontrado na pessoa de Paul Richer. Era um médico que trabalhava com o renomado Jean-Martin Charcot, auxiliando-o no desenvolvimento da teoria da histeria; não se tratava apenas de um anatomista e membro da Academia de Medicina, mas também de um escultor e pintor de grande habilidade. Por fim, Richer era um historiador da arte, especializado em questões como a correção anatômica na arte renascentista — os músculos contraídos sob a pele das figuras vigorosas do *Juízo Final* de Michelangelo, as tenras e carnudas madonas de Rafael. Surpreendentemente, Richer, naquela época, era um artista residente na École des Beaux-Arts, sediada no antigo convento junto ao Sena, onde, mais de um século antes, Alexandre Lenoir havia instalado seu Museu dos Monumentos Franceses.

Jean-Gaston Darboux, um matemático que ocupara o cargo de secretário permanente da Academia, pedia a ajuda de Richer para resolver um problema peculiar. Richer falava duas línguas fluentemente: a da arte e a da ciência. Podia-se contar com ele para aplicar os princípios de ambos os campos. Richer optou por começar aceitando a autenticidade do crânio.

Sendo assim, não se deveria esperar que seus traços correspondessem a uma autêntica imagem de Descartes, como uma pintura feita ao vivo por um mestre? Era sabido que havia um retrato de Descartes feito por um dos grandes retratistas de todos os tempos, o holandês Frans Hals. Essa imagem icônica — de uma figura ressentida, quase desafiadora, um homem do mundo, um filósofo quase fanfarrão — estava pendurada no Louvre, onde, de fato, ainda se encontra. Esse era, disse Richer, "o mais preciso de todos os retratos de Descartes". Além disso, "uma cabeça apresenta um certo número de pontos de referência nos ossos muito precisos, que estão especialmente aparentes na pintura do mestre holandês".

Richer iniciou sua análise do crânio pedindo a um desenhista técnico, que não tinha visto o objeto, para retirar a pele do retrato de Hals. Ou seja, trabalhando a partir de grandes e nítidas ampliações fotográficas da pintura e aplicando uma câmera lúcida — um dispositivo que usa espelhos para sobrepor uma imagem sobre uma tela ou um papel —, o desenhista criou um desenho bastante preciso do crânio que ele imaginava existir sob o homem retratado por Hals, incluindo cada ressalto ou reentrância, a altura dos malares, a largura da testa, o conjunto do queixo. O próprio Richer fez um desenho do crânio de Descartes, tomando o cuidado de seguir a mesma posição do retrato do Louvre — levemente virado, para olhar para a direita, em direção ao artista — e na mesma escala do desenho encomendado ao outro artista.

Diante dos membros da Academia e da imprensa, em uma atmosfera dramaticamente incomum, Richer apresentou os dois desenhos juntos, superpondo-os. Detalhe por detalhe, como descreveu — "a testa recuada, a projeção dos arcos orbitais a alguma distância do igualmente projetado arco superciliar [...] a largura da face [...] a projeção dos ossos nasais, que, mesmo com a extremidade partida, indicavam um nariz abrupto [...] finalmente, a pequena distância nasoalveolar, que está de acordo com certa redução do lábio superior" —, eles eram praticamente idênticos. Para aprofundar a comparação, Richer também apresentou desenhos de outros crânios aleatórios, na mesma posição. O público viu que esses outros não correspondiam tão perfeitamente aos dois primeiros e, de fato, apresentavam "discordâncias notáveis". Richer concluiu com entusiasmo: "O crânio preservado no museu oferece uma semelhança tão absoluta quanto possível com aquele revelado no retrato de Frans Hals."

Eventos dispersos, ocorridos ao longo dos meses anteriores, aglutinaram-se. As notícias sobre a perda aparente e a recuperação do artefato exótico, ainda que icônico, acumularam-se ao longo do inverno, com os recentes problemas da cidade alimentando talvez uma preocupação com o passado francês. A atmosfera no interior da Academia, diante da demonstração de Richer, era tão carregada, e a própria demonstração fora tão elegante, irresistível e conclusiva que o resultado foram novas notícias circulando pelo mundo. "Desenho identifica crânio de Descartes" foi a matéria de primeira página do *New York Times*. "Crânio de Descartes é autêntico", trombeteou o *Le Figaro*. O jornal francês prosseguiu declarando que "o método seguido pelo eminente anatomista é uma maravilha do ponto de vista da lógica científica" e que "o resultado é conclusivo: trata-se de fato do crânio de Descartes aquele guardado no museu, e os documentos e imagens apresentados aos olhos da Academia não deixam espaço para dúvida". Sobre Paul Richer, o artigo dizia que o resultado representava "não apenas um sucesso pessoal de seu método rigorosamente científico, mas o desenvolvimento de um método a ser usado em todas as futuras reconstituições antropológicas".

O *New York Times*, após observar que "os resultados das pesquisas do professor Richer são considerados, predominantemente, a palavra final sobre uma questão de grande interesse histórico", acrescentou que "um movimento já avança para que o crânio seja colocado junto ao corpo de Descartes, que repousa na igreja de Saint-Germain-des-Prés, no Pantheon". O *Le Figaro*, no entanto, informou outros planos: um receptáculo "seria elaborado para que o crânio do grande pensador fosse exposto, junto aos documentos que são as provas, doravante inquestionáveis, de sua autenticidade".

A aprovação foi universal. O assunto estava resolvido. A questão foi deixada em repouso. Todos no mundo com qualquer interesse por René Descartes, ou por filosofia, ou pela história da França, ou por crânios, aparentemente, estavam satisfeitos.

Com uma exceção. Alguns dos artigos louvando o sucesso de Richer haviam captado um ponto interessante — de que a questão de Richer, de certa maneira, refletia a do próprio Descartes. Richer — um ancião de 63 anos, de barba hirsuta e olhos vivos e gentis, cujo estúdio na École de Beaux-Arts continha uma coleção de instrumentos científicos junto a modelos de argila e esboços — por toda a vida buscara a precisão, buscara um método subjacente. O que motivara e unira seu trabalho médico, sua arte e seus estudos de história da arte foi um desejo de ir além da superfície, especialmente sob a superfície da pele. Como o próprio Descartes, Richer buscava compreender o funcionamento interno do corpo humano. E, como Descartes, ele era uma espécie de aficionado pela dúvida. Nas semanas que se seguiram ao seu sucesso retumbante na Academia, o que ele acabou por sentir não era que, necessariamente, estivesse errado em sua conclusão; porém algo mais, igualmente cartesiano, o incomodava. O próprio método de Descartes — *o método* — não começara com uma dúvida dispersa, mas com o questionamento da sabedoria legada, de tudo o que não estava claro e distinto para a mente individual do pensador. A noção cartesiana que se insinuava na mente de Richer, mesmo enquanto recebia todas as felicitações, era a seguinte: como ele sabia ser verdade que, como dissera ao seu público na Academia, "o mais autêntico dos retratos de Descartes é, sem contradição, aquele pintado por Frans Hals, e que agora pertence ao Louvre?". Como historiador da arte, Richer sabia que os atributos de obras realizadas séculos antes flutuavam por mares deveras agitados. Que prova havia de que o retrato de Hals fora pintado em vida?

Na verdade, as dúvidas de Richer se justificavam em alguns aspectos. Não há referências a Descartes nas biografias de Hals, nem de Hals nas de Descartes; nenhum documento, de fato, falava de encontros dos dois homens. E as procedências da pintura no Louvre estavam longe de serem seguras. Quando, em 1785, o rei Luís XVI comprou um *château* a oeste de Paris, para ser a residência de sua esposa, Maria Antonieta, o retrato de Descartes estava incluído no pacote, tendo pertencido aos proprietários anteriores do *château*, os duques de Orléans. No entanto, os registros, para além disso, eram bastante vagos. Associou-se o ano de 1649 ao retrato, acreditando-se, assim, que Hals pintara Descartes nessa época — no ano anterior à morte do filósofo. Mas Richer começou a crer que tudo isso era mera suposição.

Suas dúvidas foram posteriormente retomadas por outros historiadores. Nos anos 1960, Seymour Slive, um dos maiores especialistas em arte do século XX e uma autoridade em Frans Hals, dedicou-se ao assunto, observando que diversos retratos de Descartes, muitos dos quais se assemelhavam, pareciam datar da mesma época. "Descartes foi motivo de luto internacional", Slive observou, "um fato que ajuda a explicar o número de retratos pintados logo após sua morte; e a julgar pelo número deles feitos nas décadas seguintes, a demanda mais aumentou do que diminuiu". Slive observou que o retrato do Louvre — tão suave, sereno e polido — não tinha as pinceladas vivas de Hals e sua profundidade de caráter.

Poderia ser que Hals e Descartes jamais tivessem se encontrado? Seria o retrato do Louvre de algum outro artista? Poderia ter sido pintado mais tarde, após a morte de Descartes? Seria mesmo um retrato de René Descartes?

Paul Richer não tinha respostas definitivas, e, na verdade, poucas coisas na história da arte são certas; entretanto, evidências de um outro campo lançaram uma luz diferente sobre o assunto. Baillet, o biógrafo de Descartes do século XVII, observou que, logo antes de Descartes subir a bordo para viajar da Holanda para a Suécia, naquela que seria a última viagem de sua vida, ele foi chamado por um amigo — um padre holandês chamado Bloemaert — para lhe fazer uma visita. O padre Bloemaert morava em Haarlem, e, enquanto o grande filósofo permaneceu na cidade, o padre insistiu para que ele posasse para um retrato. Frans Hals passou quase toda a vida em Haarlem e era um artista proeminente na cidade, na época em que Descartes passou por lá. Dos muitos retratos existentes de Descartes, um deles parecia, para Seymour Slive, necessariamente conter todos os traços marcantes que definiam um Hals. Está hoje pendurado no Statens Museum for Kunst, em Copenhagen. O problema com ele — caso haja interesse em uma imagem definitiva e icônica de uma renomada figura histórica — é que está muito mal-acabado, não parece ser uma pintura concluída, de forma alguma; na verdade, parece mais um esboço a óleo, além de mostrar uma imagem bastante nebulosa e turva. Ainda assim, na avaliação de Slive, e de outros especialistas posteriores, possui as pinceladas vigorosas características de Hals, e um sentido de personalidade mais profundo do que o retrato do Louvre. Mesmo posando, o homem nessa pequena pintura parece estar em movimento, como se estivesse se virando para ir embora, mas fosse atraído por algo, os seus olhos parando para mirar os do espectador. Também se trata de uma figura realista, bastante desalinhada até: a pele da face parece inchada, os cabelos do homem têm um aspecto sujo. E ele parece triste.

O retrato do Louvre ainda é amplamente associado a Frans Hals — é rotineiramente identificado nos livros didáticos como sendo de Hals —, mas no próprio Louvre ele está identificado como sendo "após Hals", enquanto o museu de Copenhagen considera seu Descartes como sendo verdadeiramente do mestre holandês.

Essa redistribuição de atributos ocorreu posteriormente à época de Paul Richer. Portanto, qual a relevância disso para sua investigação do crânio? Se Slive e outros estiverem certos, então Hals de fato pintou o filósofo — em Haarlem, na época em que Descartes, desgastado por seus embates com teólogos e outros críticos sobre os significados que sua filosofia poderia ter para a religião, estava prestes a embarcar para ir ao encontro da rainha Christina, assim como de sua morte, naquela "terra de ursos, entre rochas e gelo". E se estiverem certos, o retrato pintado em vida não é o que está no Louvre — não aquele com o qual Richer trabalhou —, mas o que está em Copenhagen. Outros retratos, incluindo o do Louvre, parecem ter se baseado nesse pequeno esboço a óleo, ou em um dos diversos retratos anteriores de Descartes, nenhum dos quais com certificados de origem sólidos, mas todos podendo ter sido pintados com o filósofo vivo. Para enfrentar a dificuldade de saber quais dos retratos poderiam ter sido pintados em vida, Richer repetiu o processo — encomendar um desenho do crânio sob a pintura — de diversos desses outros retratos de Descartes. Em todos os casos, segundo sua avaliação, os traços dos retratos correspondiam aos do crânio — o que o levava a concluir que, mesmo que algumas dessas pinturas fossem cópias, eram precisas ao refletir a estrutura óssea do rosto do homem vivo, e essa estrutura correspondia à do crânio. Assim, Richer obteve a reconfirmação de seu próprio trabalho — e pôde deixar a questão de lado.

Mas, com o passar do tempo, o próprio crânio chamou a atenção de Richer, e ele concebeu um outro projeto. Logo após a morte de Descartes, seu amigo Pierre Chanut encomendou uma máscara mortuária. Esse modelo logo desapareceu, mas não antes de Christina encomendar ao seu pintor real, o holandês David Beck, um retrato *post-mortem* a partir da máscara. A pintura resultante não é a mais vívida, mas Richer achou um modo de usá-la. Seu novo projeto era uma verdadeira obsessão, no sentido de que ninguém mais no mundo lhe dava muita atenção, pelo motivo óbvio de que, com o mundo na iminência de entrar em guerra, havia outros assuntos mais prementes aos quais se dedicar, e também porque, no que dizia respeito ao resto do mundo, a questão da autenticidade do crânio de Descartes já havia sido resolvida pelo próprio Richer. Usando sua habilidade considerável como escultor, Richer criou um busto em tamanho real de René Descartes — com traços nobres e design clássico —, porém um novo, uma espécie de duplo do busto. Partindo do retrato de Beck, ele trabalhou a partir do exterior — da pele — para o interior, para os ossos ali contidos. Ao mesmo tempo, criou um modelo em gesso do crânio e trabalhou nele de dentro para fora, aplicando as camadas de músculos e tecidos até chegar à superfície. E, ainda por cima, o rosto da escultura acabada era removível e, ao ser retirado, o modelo em gesso do crânio era revelado, mostrando seu eterno sorriso macabro.

O busto ainda existe no acervo da École des Beaux-Arts. Como símbolo ou metáfora, ele tem menos a ver com filosofia, arte ou o corpo humano do que com uma das mais persistentes das preocupações modernas: a questão da certeza em um mundo incerto. Ou, para colocar em termos inversos, o sinistro busto de Descartes feito por Paul Richer é uma manifestação da própria Dúvida.

Um dos subproblemas intransponíveis da dicotomia mente-corpo, segundo bem mais do que uns poucos críticos, é que ela é mais tendenciosa para a mente. Pense em você mesmo. Seu corpo, naturalmente — suas dores e apetites —, faz parte do pacote, parte do que você se refere como o seu "eu", mas muito provavelmente é a outra camada — sonhos, desejos, culpa, memórias, memórias inventadas, relacionamentos, conhecimento, loucos estratagemas, mensagens enviadas, filmes já vistos, batalhas a serem travadas, remorsos a serem remoídos — que forma a maior parte de sua autoimagem. Sem dúvida, isso se deve parcialmente à mente, que, como a entidade que produz o pensamento, tem a tendência de se colocar no papel principal.

Muito curiosamente, o mesmo desequilíbrio está presente na saga dos ossos de Descartes. O crânio — ou seja, a representação material da "mente" — ocupou mais pessoas, exigiu mais reflexão e energia do que os demais ossos de seus despojos. Ao passo que o crânio se tornou objeto de uma história detetivesca que envolveu algumas das maiores mentes científicas da história e foi objeto de análises científicas e artísticas, o "corpo" foi esquecido. Houve um grande decreto, no ápice da Revolução Francesa, determinando que ele fosse colocado no grande templo do secularismo, o Pantheon, mas o Reino do Terror e os rios de sangue que o acompanharam praticamente arrastaram todas as intenções de realmente mudá-los de lugar.

Mas não inteiramente. Em 1927 — com Paris mergulhada em sua sincopada Era do Jazz, seguindo os passos da Geração Perdida, com Hemingway, Fitzgerald, Picasso e Stravinsky dando à cidade, e ao mundo, uma nova maneira de compreender o que era "moderno" — um par de membros do governo despertou para o fato de que o decreto revolucionário para a panteonização de Descartes jamais fora levado a termo. Os dois levaram a questão ao gabinete do cônsul-geral, uma investigação foi conduzida, interesses foram contrariados [...] e então foi descoberto um problema. Uma vez mais, os restos do filósofo, agora com 277 anos, tornaram-se assunto do noticiário internacional. "A proposta de transferir as cinzas de René Descartes, o filósofo do século XVII, para o Pantheon, que acaba de ser feita por dois conselheiros-gerais, M. Robert Bos e M. André Gayot, pode encontrar inúmeras objeções, segundo a imprensa francesa, sendo que a principal delas é a incerteza sobre o presente local de repouso dos restos do filósofo", começava uma reportagem publicada no *New York Herald*.

"Onde estão os restos mortais de Descartes?", perguntava o *Le Temps*. "Uma controvérsia seguiu-se ontem [...] não sobre a doutrina do filósofo, mas sobre o local, o estado e a autenticidade de seus despojos." A matéria prosseguia, para concluir friamente: "Uma placa afixada na igreja de Saint-Germain-des-Prés indica que estão lá. A placa não é, deve-se dizer, uma prova irrefutável."

Os funcionários do governo desencavaram toda a cadeia de eventos e personagens históricos, de Chanut e Christina a Paul Richer e seu exótico busto tripartite, e acabaram por concluir que havia um elo frágil em algum ponto. Por que, quando o caixão foi aberto antes de seu último enterro, não continha mais do que lascas de ossos e pó? Isso não eram restos mortais condizentes. Desenterrar o caixão provavelmente não traria novas pistas, pois ninguém duvidava dos relatos de Delambre e dos outros que presenciaram a inumação de 1819. Um problema deve ter ocorrido antes. Em algum lugar — através de seis países, ao longo de três séculos, depois de três enterros —, alguma coisa dera errado com o manejo dos restos mortais de René Descartes. Uma vez que a questão foi levantada, logo a deixaram morrer — ninguém desejava incorrer nas despesas e aborrecimentos de ir cavar na antiga igreja para desenterrar um punhado de pó duvidoso —, e assim ela ficou desde então.

É claro que isso não importa. Há cerca de 31 guerras sendo travadas no planeta enquanto escrevo. Estamos à beira, ou já mergulhados, em um desastre ambiental irreversível. Existem confrontos épicos em fermentação, que transcendem as fronteiras nacionais, que têm a ver com embates de sistemas religiosos, econômicos e políticos. A insignificância de algumas lascas de ossos sob o piso de uma igreja em Paris — pertençam ou não à pessoa a quem são atribuídas — é relativamente monumental.

Mas o meu motivo para ir em busca dos rastros dos ossos de Descartes foi metafórico: de maneira impressionante, eles parecem formar uma coluna dorsal — se me permitem a expressão — da própria modernidade. Dezesseis anos após a morte de Descartes, Hugues de Terlon considerou o filósofo alguém que penetrara o coração mítico da natureza, e tomou para si um osso de seu dedo como uma relíquia religiosa, um objeto sagrado destinado a ser uma ponte entre o material e o eterno. Na época da Revolução Francesa, Condorcet e seus compatriotas olharam para os ossos como uma versão espelhada da anterior: eram relíquias do secularismo, símbolos da força que reorientou as pessoas e a sociedade no rumo do aqui e agora e gerou os princípios da liberdade individual, da igualdade e da democracia. Para Berzelius, Cuvier e outros cientistas do século XIX, o crânio era um talismã da ciência. Os ossos de Descartes — ou melhor, a significação a eles atribuída pelas pessoas — refletem de fato sobre quem nós fomos e somos, incluindo as convicções, as confusões e os confrontos que nos dividem.

E bem além disso, as buscas por respostas, do tipo das que vim conduzindo, são, por si só, essencialmente cartesianas, não é mesmo? O método cartesiano repousa não apenas sob o método científico, mas também sob outros modos modernos de questionamento. Somos uma cultura experimental, analítica. Claro que certa bagagem vem com tudo isso. O filósofo americano John Dewey caracterizou a mente de moderna, desde Descartes, como tendo sido capturada em uma inglória "busca pela certeza" — inglória, uma vez que a certeza não existe no mundo real. Ao absorver o dualismo mente-corpo de Descartes, nós estabelecemos nosso conhecimento nos seguintes termos: existe um mundo fixo de objetos que está "lá fora", e existe uma mente que está "aqui dentro"; o conhecimento é o que acontece quando a mente alcança aquele mundo fixo. Dewey chamou essa visão de "teoria do conhecimento do espectador". Algo é real, nós achamos, se pode ser visto e tocado, se pode ser associado a um tempo e espaço específicos, se aconteceu na história. Mas segundo o pensamento atual na filosofia e na ciência, não é assim que a realidade funciona. Nós devemos compreender que as coisas que parecem sólidas, claras e certas estão, na verdade, flutuando em um mar de probabilidades. A contingência — seja na física nuclear, na moralidade ou em nossos relacionamentos pessoais — é o princípio regente. Como crianças dando vazão às fantasias, devemos nos dar conta de que, afinal de contas, não existe uma coisa como a certeza.

Mas nós a desejamos assim mesmo. Sondamos o mundo e o nosso passado. Seriam os americanos heróis fundadores ou promotores da escravidão? Quem foi Jesus, e como cristãos inteligentes compatibilizam seus supostos milagres com nossa compreensão do mundo físico? Todos temos um pouco de historiadores, genealogistas, médicos, pesquisadores. Demandamos informações sobre as doenças de nossos filhos; contratamos detetives particulares para investigar nossos cônjuges; arrastamos aquela pesada cômoda que está na família há gerações para um avaliador atribuir-lhe um valor; temos conversas difíceis com nossos pais sobre as circunstâncias de nosso nascimento. A figura moderna arquetípica pode não ser Descartes, Galileu ou Einstein, mas Sherlock Holmes. O sucesso das histórias de Arthur Conan Doyle deve-se em boa medida ao fato de elas capturarem o fascínio moderno pela investigação, que era parte da sociedade vitoriana — a ideia da aplicação da observação e da análise do mundo comum, para daí revelar a estrutura oculta das coisas. Somos todos detetives. Descobrir pistas e fazer deduções está em nosso sangue — ou talvez seja melhor dizer em nossos cérebros.

E ansiamos por conclusões. O que realmente aconteceu com o "corpo" dos ossos de Descartes é um mistério, mas gostamos de mistérios, quando eles vêm acompanhados de soluções. Portanto, eis a minha.

Estou em pé em uma enorme praça — o ponto mais alto de Paris —, olhando para uma igreja, mas vendo duas. Seguro um cartão-postal com um desenho do local diante de mim, como era há quatro séculos. A igreja real diante de mim, com sua pesada fachada coberta por uma mistura de elementos de arquitetura gótica e renascentista, é praticamente idêntica à que aparece no cartão. Mas onde, no cartão, imediatamente à direita — parede com parede, na verdade — ergue-se uma tranquila igreja com uma fachada gótica de tijolos, agora há um espaço vazio, uma ruela estreita que liga a praça, a praça do Pantheon, à rua de trás (nada menos do que a rue Descartes) e ao labirinto de ruas do Quartier Latin, que vão até o Sena. Apertando os olhos e dobrando o cartão-postal ao meio, consigo recolocar a igreja ausente, reposicionando-a contra a parede da outra que ainda existe ali.

A igreja à minha direita — a que já não está mais lá — era a de Ste.-Geneviève. Aqui, numa manhã de início de verão, em 1667, amigos e seguidores de Descartes, tendo orquestrado a exumação e transferência de seus restos mortais de Estocolmo, depositaram-no em solo francês, próximo às relíquias da santa padroeira da cidade, a própria Geneviève. Aqui os ossos de Descartes ficaram por mais de um século, até que em 1792 a multidão de anticatólicos ameaçou a igreja, de forma que seu abade apelou para que o curador dos *dépôt des monuments* do governo revolucionário fosse até lá e salvasse o que pudesse ser salvo.

Alexandre Lenoir — aquele sepulcral e ousado salvador de artefatos — assumiu a situação oficialmente e pôs mãos à obra. Ele resgatou as figuras esculpidas, colunas, placas e marcos; resgatou o tabernáculo; resgatou caixões e sarcófagos; resgatou ossos; mas não resgatou os restos mortais de Descartes. Era uma época de caos e violência, de gangues errantes, barricadas improvisadas e prédios queimados. Para Lenoir, considerando-se a natureza de seu trabalho, foi um momento de intensa atividade, com seus assistentes sendo enviados para recuperar objetos de todos os cantos da cidade. Falando apenas do momento em que ele supostamente recuperou os despojos de Descartes de Ste.-Geneviève, Lenoir escreveu, quatro anos mais tarde, que "as circunstâncias de então não foram as mais felizes para mim". Não temos como saber qual fora então essa fonte pessoal de infelicidade, mas o que ele sugere é que foi, de alguma forma, perturbado.

Ainda que ele tivesse sido treinado para ser um pintor, o talento de Lenoir não estava na arte; preferia se apresentar como um estudioso de arquitetura, mas cometeu erros básicos na descrição de prédios e de suas características. No entanto, como aponta o seu biógrafo, Lenoir foi um arquivista de primeira ordem: os registros de seu acervo não têm igual e constituem um importante banco de dados da arte e da arquitetura francesas; seus esboços das tumbas da igreja de Ste.-Geneviève são meticulosos. E, ainda assim, não fez registro algum de ter recuperado os restos mortais de Descartes.

Décadas mais tarde, tempos depois do adorado Museu dos Monumentos Franceses de Lenoir ter sido fechado e após Berzelius ter descoberto o suposto crânio de Descartes na coleção de um operador de cassino em Estocolmo, Georges Cuvier, tentando desenredar a trama confusa em que os ossos de Descartes estavam mergulhados, escreveu para Lenoir, em sua casa em Paris. Havia uma notável disparidade entre os dois homens: Lenoir, naquela época, estava praticamente relegado à obscuridade, enquanto

Cuvier, como secretário permanente da Academia, era uma das grandes figuras da França. A carta foi escrita sob o selo da Academia de Ciências e carregava o peso da autoridade:

> Rogo ao senhor, monsieur, de fazer-nos a gentileza de informar quanto sabe em relação a um fato que pode contribuir para a confirmação ou negação da autenticidade da cabeça que foi recentemente enviada de Estocolmo para Paris e apresentada na Suécia como sendo a de Descartes.
>
> Precisamos saber se enquanto os restos mortais desse filósofo eram transportados para o Petits-Augustins [o convento na margem do Sena que Lenoir transformara no Museu dos Monumentos Franceses] havia uma cabeça ou parte dela.
>
> Monsieur Berzelius, que esteve em Paris durante o enterro dos restos mortais em Saint-Germain-des-Prés, ouviu de uma das pessoas presentes à cerimônia que a cabeça não fora lá encontrada e que se acreditava que ainda estivesse na Suécia; monsieur Delambre, que viu e examinou esses restos mortais, afirma também que não havia qualquer fragmento reconhecível como a cabeça.
>
> Ainda assim, monsieur de Terlon, o embaixador da França na Suécia, que ocupou-se pessoalmente, em 1666, com a devolução desses despojos para a França, parece ter tomado cuidados extremos para assegurar sua integridade; seria necessário que fosse enganado pelas pessoas por ele incumbidas da preparação [...]

O foco de Cuvier era o crânio e seu tom, formalmente educado, mas ele claramente sugeria que houvera um descuido com os restos mortais entre o período em que Terlon os embalara na Suécia e aquele em que Delambre e outros os examinaram. E o homem associado a eles durante esse período — que supostamente os retirara de Ste.-Geneviève e os mantivera sob sua guarda por 27 anos — era Lenoir.

Lenoir respondeu imediatamente. Sequer se preocupou em pegar uma folha de papel nova; rabiscou sua resposta no verso da carta de Cuvier:

Paris, 16 de maio de 1821
Ao monsieur le baron Cuvier
Monsieur le baron,

Apressei-me em responder à carta que Vossa Senhoria gentilmente concedeu-me a honra de enviar, relativa aos restos mortais de René Descartes [...] *Messieurs* o abade de Saint-Léger, Le Blond, e eu nos conduzimos à igreja para fazer uma busca pelo corpo de Descartes; escavamos a terra em torno do pilar, à direita da entrada, onde um medalhão em terracota estava fixado e inscrições sobre o mármore branco marcavam o mausoléu de Descartes. A uma mínima profundidade sob a terra, encontramos os restos de um caixão de madeira porosa e uns fragmentos algo frustrantes de ossos, uma quantidade mínima, que, em termos claros, eram parte de uma tíbia, de um fêmur e alguns fragmentos do rádio e do cúbito.

Queira observar, monsieur, que esses fragmentos, dos quais deveria haver o dobro, caso o corpo tivesse sido lá depositado com toda a sua integridade, estavam sozinhos e isolados das demais partes do esqueleto, que não foram encontradas. [...]

Ele prosseguiu dizendo ter encontrado um pequeno fragmento de osso plano, que poderia ter pertencido ao crânio; foi essa parte que ele cortou em círculos e distribuiu aos amigos como anéis.

No entanto, dois anos antes da carta de Cuvier, Lenoir também tivera que responder sobre a transferência dos restos de Descartes e, naquela ocasião anterior, apresentara respostas um tanto diferentes. Nos desdobramentos imediatos após o novo enterro na igreja de Saint-Germain-des-Prés, e talvez em resposta aos questionamentos de Delambre, o conservador dos monumentos públicos da cidade quis examinar os registros da época em que Lenoir desencavou os ossos, mas não conseguiu localizar referência alguma. "Vossa Senhoria não teria encontrado, monsieur, o registro da exumação de Descartes nos arquivos do museu", Lenoir informou-o, "pois nada foi escrito". O motivo, Lenoir explicou, foi por essa ter sido "uma operação conduzida revolucionariamente" — ou seja, durante o caos da Revolução. Foi realizada, prosseguiu, "na presença do comissário de polícia daquela seção do *quartier*" e "mediante a solicitação dos *Messieurs* o abade de Saint-Léger e Le Blond", ambos membros da Comissão de Monumentos. "Ambos agora estão mortos", ele acrescentou, observando que "os restos [...] foram levados ao Petits-Augustins por um encarregado pago por mim".

Lenoir parece sugerir que ele próprio não estivera presente quando os restos mortais foram desencavados. "Na chegada ao museu, coloquei [os restos mortais] em uma antiga tumba de alabastro", ele prosseguiu, esboçando um quadro em que outras pessoas não só escavaram a igreja, mas transportaram o que havia sido encontrado para o terreno do museu, onde ele recebeu os despojos e os colocou em um antigo sarcófago. A observação aparentemente supérflua de que Saint-Léger e Le Blond estavam ambos mortos — e portanto não poderiam corroborar o relato — também soa como um acobertamento reflexivo de um fato constrangedor.

O fato constrangedor, me parece, é que Lenoir não conseguiu obter os restos mortais de Descartes. Foi uma época infeliz, havia o caos da Revolução, ele enviou outras pessoas — como de fato fazia com frequência. E então surge a prova. Lenoir diz que o que ele — ou seus assistentes — encontrou eram os "restos de um caixão de madeira porosa" e alguns poucos fragmentos. Mas não havia nenhum caixão de madeira. A cerimônia de enterro de 1667 fora um grande evento — é preciso lembrar que os cartesianos fizeram todo o necessário para que o translado e o enterro de seu grande herói fossem tratados como um evento com a sanção oficial — e o caixão de cobre em que Terlon originalmente colocara os restos mortais foi acompanhado por uma espada de cobre na qual Claude Clerselier, o editor dos escritos de Descartes, gravou um relato do translado e dos nomes daqueles que dela participaram. Esse trabalho foi feito, nas palavras de Baillet, "na presença desses amigos".

Assim, onde estava o caixão de cobre? Onde estava a espada de cobre? Além disso, Lenoir acreditava que um dos fragmentos maiores de osso — do qual ele fez os anéis — seria um pedaço do crânio. Uma parte do crânio é precisamente o que não poderia ter sido encontrado, sendo esta a parte do esqueleto que, devido a motivos mais bem documentados, não estava em meio aos restos mortais.

Mas o ponto mais decisivo contra Lenoir se encontra em sua carta para Cuvier. Diz ele que, com mais duas pessoas, foi à igreja "fazer uma busca pelo corpo de Descartes; escavamos a terra em torno do pilar, à direita da entrada, onde um medalhão em terracota estava fixado". Tal placa em memória de Descartes poderia perfeitamente ter sido colocada em um pilar à direita da entrada da igreja, mas não era o local da tumba. Os registros dos que participaram do enterro em Ste.-Geneviève são claros ao afirmar que, após o encerramento das orações e dos cantos, o caixão foi carregado para a "extremidade sul da nave e colocado junto a uma grande parede, entre dois confessionários, em um nicho preparado especialmente para ele, entre a capela da titular Sainte-Geneviève e a de Saint-François". O lugar de descanso de Descartes não era um ponto sob o chão da igreja, onde Lenoir e/ou seus assistentes cavaram, mas em um nicho na parede sul.

Elenco todos esses pontos para chegar a Lenoir como o homem responsável por romper a cadeia histórica — por ter perdido os ossos. A princípio, ele deve ter considerado seu achado na igreja como os restos mortais genuínos de Descartes, pois sabemos como ele apreciava os restos mortais dos grandes homens e mulheres como relíquias seculares, dando-se ao trabalho de transformar esses ossos especiais em joias. Mas com o tempo, parece ter se dado conta do que aconteceu, e começou a dar desculpas. Os restos mortais — presumivelmente um esqueleto mais ou menos completo, a não ser pela cabeça — provavelmente devem ter caído nas mãos dos saqueadores da Revolução. Se os vândalos, por algum motivo, os ignoraram, os ossos de Descartes teriam sido arrastados quando a igreja, arruinada, foi finalmente destruída em 1807, a fim de abrir caminho para a rua.

A tendência cartesiana de favorecer a mente sobre a matéria — a mente sobre o corpo — ganhou assim um fecho metafórico. O crânio — a representação da mente —, tendo sido objeto de repetidos estudos científicos cada vez mais sofisticados e considerado autêntico, está hoje depositado reverentemente em um museu científico, o Musée de l'Homme, ou o Museu do Homem, que foi fundado em 1937, a partir de antigas coleções de artefatos antropológicos. De fato, enquanto escrevo, ele integra uma exposição especial do Musée de l'Homme, batizada de O homem exposto, e está ao lado de um crânio de um Cro-Magnon, para demonstrar a extensão do pensamento humano e suas realizações ao longo dos milênios, uma vez mais servindo como a autêntica representação do "moderno". Quanto ao corpo, o rastro termina abruptamente, desviando-se para mergulhar no olvido. E talvez seja assim mesmo que devesse ser. Do pó ao pó. *In secula seculorum.*

7

Uma face moderna

EM ALGUM MOMENTO, EM TORNO DE 1985, UM ENGENHEIRO de telecomunicações japonês chamado Hiroshi Harashima tentava desenvolver um videofone prático quando, subitamente, seus pensamentos saltaram do plano técnico para o filosófico. Ele descreve seu trabalho normal em termos de "como conectar terminais, como um aparelho telefônico", mas começou a considerar "se os verdadeiros terminais não seriam os humanos e não os aparelhos de telefone?". A principal dificuldade que os pesquisadores encontraram no desenvolvimento de videofones não foi de ordem técnica; tinha a ver com a face humana. Harashima percebeu que os rostos transmitem informações de natureza emocional, e não prática. Os pesquisadores descobriram que as pessoas estavam acostumadas ao espaço emocional mais limitado da comunicação telefônica e não se sentiam confortáveis com o nível mais profundo de exposição a que chegavam, com a exibição de seus rostos. À medida que Harashima explorava as implicações de sua descoberta, sua rede usual de colegas se ampliou. Logo ele entrou em contato com psicólogos, legistas, maquiadores, antropólogos e até colecionadores de máscaras. Ele formulou a ideia de que tudo em que estivera envolvido anteriormente contribuía para o desenvolvimento daquilo que ele chamou de "humanidade em linha", uma sociedade construída em torno da agilização das comunicações high-tech, que achatam a informação. O rosto, por outro lado, era a mais antiga tecnologia de comunicação, e mesmo assim, era profundamente sofisticada em sua capacidade de expor uma ampla gama de significados, incluindo muitos responsáveis pela própria costura da cultura, como, por exemplo, fazer promessas ou buscar a verdade. “Não é exagero dizer que [o rosto] é a base da ordem social”, escreveu. Ele percebia os perigos dessa sociedade sem rosto que estava em desenvolvimento.

Em 1995, Harashima e Hisao Baba, um antropólogo e anatomista que também era o curador do Museu Nacional de Ciências de Tóquio, fundaram juntos a Academia Japonesa de Estudos da Face. Sua intenção era reunir especialistas em campos tão diversos quando ortodontia, cosmetologia, biologia, odontologia e artes dramáticas em um projeto para explorar formas de manter a relevância, no mundo digital, das tecnologias de comunicação mais básicas da humanidade. Os projetos associados à Academia de Estudos da Face analisaram as rugas e o envelhecimento, estudaram como as pessoas se lembravam das expressões faciais e descreveram as respostas do cérebro aos *emoticons*.

Em 1999, a Academia e o museu planejaram uma ampla exposição denominada “A grande exposição do rosto”. Por acaso, antes de a exposição ser planejada, Baba estava em Paris, visitando a mundialmente famosa coleção de crânios de homens de Neanderthal, no Musée de l’Homme. Enquanto o ciceroneava, Philippe Mennecier, diretor de conservação do museu parisiense, casualmente mencionou que eles possuíam o crânio de Descartes. Baba ficou ansioso por examinar o curioso objeto e, com o andamento dos planos para a exposição sobre o rosto, teve uma ideia.

Alguns meses mais tarde, Mennecier recebeu um representante da companhia de André Chenue, empresa surgida em 1760, com a finalidade inicial de transportar os bens pessoais de Maria Antonieta, e que é hoje uma das principais transportadoras de obras de arte da Europa. Os representantes carregavam uma caixa feita sob medida — de madeira macia e clara, com um fecho elegante — não muito maior do que uma cabeça humana. Quando o representante deixou o museu, ainda carregando a caixa — agora com sua carga —, ia na companhia de André Langaney, diretor do laboratório de antropologia biológica do museu. Mais tarde, Langaney embarcou em um voo para Tóquio, ocupando um lugar na classe executiva. Sua bagagem de mão era a caixa. As lembranças do fiasco durante a enchente de

1910 eram difíceis de apagar; o acordo para que o crânio de Descartes fosse enviado para Tóquio — era a primeira vez que ele deixava o museu desde 1912, quando passou duas horas exposto na Academia de Ciências — foi fechado mediante a condição de que ele seria tratado como um objeto de valor inestimável. "Para nós, estava fora de questão deixar que o crânio fosse transportado no compartimento de carga", me disse Mennecier.

Na época, Baba nada sabia da história do crânio. Seu interesse não era pela autenticidade. A exposição em Tóquio mostraria imagens de modelos da moda e de membros de tribos de Papua-Nova Guiné, demonstrações de cirurgias dentais, retratos de Rembrandt, máscaras do teatro nô, reconstruções faciais auxiliadas por computador, a máscara mortuária de Abraham Lincoln, caricaturas, fitas de atrizes japonesas da década de 1950 e Mona Lisas com sorrisos e testas franzidas, transformadas pelo Photoshop. Seria um compêndio de dados sobre a face, mas também uma demonstração das tecnologias humanas e de uma das tendências atuais da ciência, a abordagem interdisciplinar. A ideia de Baba era que a exposição deveria ter uma peça introdutória que marcasse seus traços históricos e intelectuais. Sendo ele mesmo um anatomista, que já realizara diversas autópsias, pretendia aplicar suas habilidades ao crânio de Descartes para dar um rosto à exposição sobre a face. O crânio seria uma introdução da exposição e, ao mesmo tempo, em suas palavras, "um símbolo do *Homo sapiens*, um símbolo da inteligência humana, a face simbólica do homem moderno".

O primeiro passo seria realizar uma profunda análise forense do crânio. Os dentes — em especial o siso — indicavam tratar-se do crânio de um adulto. Sinais de uma ligação "irregular" do músculo temporal sugeria uma pessoa de meia-idade. A análise de Baba teria agradado a Louis-Pierre Gratiolet, que disputara com Pierre-Paul Broca a questão da capacidade craniana, pois ainda que Baba tenha observado que "a caixa craniana é mais ampla do que a do homem europeu atual", também concluiu que "quase certamente os ossos e músculos do pescoço eram menores do que os do homem médio europeu, e sabe-se que Descartes era um homem pequeno".

Se alguma informação nova surgiu do estudo de Baba, dizia respeito à dieta. Os dentes e músculos da mandíbula indicaram que o indivíduo "tinha dentes saudáveis e consumia alimentos simples e fortes". Em termos mais amplos, o doutor Baba concluiu que "o indivíduo dono deste crânio era um homem europeu de meia-idade, pequeno e esbelto. Muito provavelmente, viveu no final da Idade Média ou no início da Era Moderna".

Trabalhando com um escultor, Baba fez um modelo em gesso do crânio, depois aplicou músculos, cartilagem e pele e comparou a cabeça com o que ele considerou o mais preciso retrato feito em vida do filósofo: o que está no Louvre. "O formato dos ossos refletem a aparência da face da pessoa com bastante precisão", ele escreveu. "Este crânio mostra características similares ao retrato de Descartes. A cabeça foi restaurada com o acréscimo de músculos e pele à réplica do crânio, e não há diferenças entre a cabeça restaurada e o retrato de Descartes."

A partir daí, o antropólogo e o escultor trabalharam com base na pintura para criar um busto em tamanho real. Tal busto, lado a lado com o crânio, constituiu a parte introdutória da Grande exposição do rosto", inaugurada em 31 de julho de 1999 e encerrada em maio de 2000, a qual recebeu 300 mil visitantes.

Curiosamente, Baba me disse que não tinha o menor conhecimento do trabalho de Paul Richer. Sem sequer suspeitar disso, ele reproduzira a experiência de Richer, até mesmo comparando os resultados com o retrato do Louvre. Ao mesmo tempo, Baba trouxe os ossos de Descartes para a era da análise por computador e dos estudos interdisciplinares. Como Richer, Baba usou o crânio para modelar um busto em tamanho real, dando uma face aos ossos. O busto criado pelos antropólogos e artistas japoneses é menos vigoroso e ousado do que o de Richer; pelo contrário, é mais simples e calmo. Baba deu uma cópia para Philippe Mennecier, que a mostrou para mim no lugar onde é mantida atualmente, um estúdio no porão do Musée de l'Homme, observando, com seu tom seco (e com certa razão, concordei): "Guarda uma boa semelhança, mas acho que os olhos parecem mais japoneses."

Se for justo atribuir a uma única pessoa o crédito da modernidade, ou a culpa pelos problemas dela advindos, Descartes é o primeiro candidato. Richard Watson, filósofo americano e biógrafo de Descartes, considera sua importância fundamental:

Descartes lançou os fundamentos do predomínio da razão para a ciência e para os demais assuntos humanos. Dessacralizou a natureza e colocou o indivíduo humano acima da Igreja e do Estado. Sem o individualismo cartesiano, não teríamos a democracia. Sem o método cartesiano de analisar as coisas materiais a partir de seus elementos primários, não teríamos desenvolvido a bomba atômica. O surgimento da ciência moderna no século XVII; do Iluminismo, no XVIII; da Revolução Industrial, no XIX; do computador pessoal, no XX; e da decifração do cérebro, no XXI — tudo isso é cartesiano. O mundo moderno é cartesiano em seu âmago.

É claro que, com todas essas conquistas, vieram também as disputas políticas e o choque entre as visões de mundo que dominam nossos tempos. Entre eles, com métodos e propostas de trabalho diferenciados, em extremos opostos do século XX, Paul Richer e Hisao Baba conseguiram dar a Descartes uma face humana. Como disse Baba, sua ambição era trabalhar o crânio por fora, para criar uma "face simbólica do homem moderno". Qual será, no entanto, nos primórdios do século XXI, a face moderna da humanidade? Quais serão seus traços? Em que direção estará olhando? Essas são as questões que me levaram, desde o começo, a investigar a história dos ossos de Descartes.

Em um dia claro de inverno, em 2007, fui almoçar no restaurante de um hotel chique de Nova York com Ayaan Hirsi Ali, a internacionalmente famosa defensora somali dos direitos das mulheres muçulmanas e uma das mais admiradas e reverenciadas mulheres do início do século XXI. Eu a entrevistava para um artigo de revista e, enquanto ela falava — sobre o que ela vê como uma perigosa irracionalidade inerente a todas as religiões, mas especialmente no islã, e sobre como ela acredita que o Ocidente conteve sua própria irracionalidade isolando a fé da política —, ocorreu-me que a face dela era uma das faces da modernidade: sua história de vida abrange o legado dos ossos de Descartes. Quando pequena, sentou-se com a avó sob uma árvore *talal*, protegida do sol desértico da Somália. Aos 5 anos, foi colocada sobre a mesa da cozinha enquanto um homem, provavelmente "um circuncisador itinerante tradicional, do clã dos ferreiros" cortou seu clitóris e lábios internos com uma tesoura. Ela cresceu em um ambiente de renascimento islâmico e, finalmente, fugiu para a Europa, pediu asilo em Amsterdã e começou o que ela chama de "minha liberdade". Matriculou-se na Universidade de Leiden (onde Descartes passou algum tempo, enquanto esperava que fosse publicado, por um tipógrafo de Leiden, o seu *Discurso sobre o método*), começou a ler Voltaire, Rousseau, Marx e Freud e deu as costas para sua fé e tradição. "Conhecer Freud", ela escreveu em sua autobiografia de 2006, em uma declaração que vai além do que aparenta, "colocou-me em contato com um sistema moral alternativo".

Do fundamentalismo religioso, ela enveredou pelo rumo do que alguns de seus críticos chamam de "fundamentalismo esclarecido". Ela entrou para o Parlamento holandês e, dessa plataforma, chamou a atenção como uma crítica da religião, em geral, e do islã, em particular. Quando um jovem muçulmano de Amsterdã assassinou Theo van Gogh, um cineasta com quem ela colaborou em um filme antimuçulmano, e prendeu no peito dele um bilhete ameaçando-a também, Hirsi Ali se tornou um fenômeno global; ao se mudar da Europa para os Estados Unidos, ela usou a fama para amplificar suas opiniões sobre imigração, identidade cultural e a interação entre o mundo muçulmano e o Ocidente secular.

As crenças de Hirsi Ali são afiadas como a lâmina de uma faca. A razão é a grande luz da humanidade; a religião é a força do caos e do obscurantismo. "O Ocidente", ela me disse, "foi salvo pelo fato de ter tido êxito em separar a fé da razão. Isso levou ao governo laico. O governo laico se baseia na razão humana, com todas as suas vulnerabilidades. A fé pressupõe a infalibilidade, e esse é o perigo. Nosso profeta Maomé jamais pode cometer um erro, e assim ficamos presos a ele". A frágil linha sobre a qual Hirsi Ali se equilibra atravessa os séculos da Era Moderna; as tensões que giram ao redor dela (enquanto almoçamos, sua segurança 24 horas circula por perto) constantemente ecoam o passado das forças que tomaram conta da Universidade de Utrecht nos anos 1630, quando Regius, o primeiro discípulo de Descartes, apresentou uma forma do cartesianismo a um público assombrado, e daquelas que alimentaram a Revolução Francesa. Só que, atualmente, essas tensões são globais. O desafio apresentado pelo islã, na visão de muitos, representa uma cultura que não viveu os séculos da modernidade — que não conviveu com os ossos de Descartes.

Quando estive com Hirsi Ali, já vinha trabalhando neste livro havia dois anos e estava habituado a descobrir as ressonâncias de seus temas nos eventos atuais. Enquanto escrevia uma matéria de capa para a *New York Times Magazine* sobre o papa Bento XVI e seus esforços para renovar a Igreja Católica na Europa Oriental, percebi que todos com quem eu me encontrava e entrevistava — religiosos, católicos laicos, muçulmanos europeus, todos mergulhados nas tensões entre a Europa secular, o cristianismo e o islã — viviam suspensos por essa linha tênue da modernidade.

Para uma outra matéria para a mesma revista, estive na sala de estar de um rancho na periferia de Maryland, compartilhando uma refeição com seis pessoas que participavam de um movimento para modificar a Constituição daquele estado e proibir o casamento entre pessoas do mesmo sexo. Seus sentimentos derivavam de suas crenças religiosas sobre a homossexualidade: de que era um pecado e uma doença; não uma realidade individual, mas sim uma doença da sociedade. O fato de a Organização Mundial de Saúde, a American Medical Association e praticamente todas as outras organizações médicas e psicológicas terem uma visão completamente diferente apenas reforça as convicções dessas pessoas, pois elas consideram que essas organizações baseiam-se em fundamentos instáveis, não bíblicos. Sempre houve aqueles na periferia da sociedade ocidental que se recusaram a acompanhar os ideais básicos herdados do Iluminismo — visões sobre o indivíduo, do primado da razão, e assim por diante. Mas as crenças que encontrei em Maryland espalham-se amplamente por toda a América, onde o absolutismo cristão é uma força dominante. Vão além da sexualidade humana e agem sobre a biotecnologia, a educação, os serviços sociais, o desenvolvimento infantil e praticamente todos os aspectos da vida, influenciando a política estrangeira da única superpotência mundial. Nesse sistema de crenças, a história moderna mostra-se como uma série de equívocos. O grupo de Maryland assinalou esses erros tão ordenadamente como se estivessem diante de uma lista de tópicos: o movimento pelos direitos das mulheres; a pílula para o controle da natalidade; a ideia da separação entre a Igreja e o Estado; Darwin. Por fim, um homem, um ministro da Igreja, disse o nome que não saía da minha cabeça: "Se você pensar bem nisso, tudo começou realmente com Descartes." Então ele começou a falar eloquentemente sobre as mudanças que começaram com a reorientação de Descartes sobre a realidade em torno da razão humana. "A mente humana pode ser levada à confusão", disse. "Não serve de base para nada sem Deus."

A natureza histórica desses embates entre visões de mundo é tão notável que se tornou parte do discurso público. Cada geração interpreta o passado segundo suas necessidades, e, recentemente — com as pessoas vendo-se diante dos desafios da sociedade secular moderna —, o Iluminismo voltou a entrar em voga. No século XX, foi reanimado inicialmente pela Segunda Guerra. Um punhado de acadêmicos que chegaram à maioridade sob a ameaça do domínio nazista adotou a história do século XVIII e o trabalho dos grandes pensadores do Iluminismo como um farol para iluminar a escuridão em meio à qual eles mesmos viviam. *The Philosophy of the Enlightenment*, de Ernst Cassirer, publicado em 1932, foi fervorosamente lido durante a guerra, e no período logo posterior a ela, e serviu de instrumento para o surgimento da visão, no século XX, do século XVIII como um período em que a razão repeliu as forças do caos. Cassirer era um judeu alemão que migrou para os Estados Unidos durante a guerra; seu objetivo era usar a história como ferramenta. Por isso, lançou seu trabalho com um franco apelo: "A era que venerava a razão e a ciência como as mais altas dentre as faculdades humanas não pode ser, e não será, perdida, nem mesmo para nós. Precisamos encontrar um meio não só de enxergar aquela era em seu próprio formato, mas liberar novamente aquelas forças originais que revelaram e estabeleceram esse formato."

Quase na mesma época, o historiador americano Carl Becker fez um breve relato das crenças que o século XX herdou do período anterior da Era Moderna: "(1) o homem não é depravado por natureza; (2) a finalidade da vida é a própria vida, a boa vida na Terra, em vez de a vida beatífica após a morte; (3) o homem é capaz, guiando-se apenas pela luz da razão e da experiência, de aperfeiçoar a boa vida na Terra; e (4) a primeira condição essencial da boa vida na Terra é a libertação da mente humana de suas cadeias de ignorância e superstição, e, de seus corpos, da opressão arbitrária das autoridades sociais constituídas."

Esse é o credo moderno — ou era, até uma geração atrás. As coisas mudaram nos anos 1960 e 1970. Após a Guerra do Vietnã e do levante social daquela época, essa visão grandiosa da história começou a parecer um preciosismo e a envelhecer. Seriam os homens e mulheres do século XVIII de fato esses modelos de perfeição? Será que a história funcionou dessa maneira em algum momento? Existe realmente uma marcha para o progresso, cada geração aprimorando o trabalho da anterior e avançando rumo a um futuro ainda mais brilhante? Se a moderna história ocidental foi um desfile tão grandioso, como se pode explicar o colonialismo, o nazismo, o comunismo "estilo soviético", a escravidão, os *gulags* e os campos de concentração? O pós-modernismo substituiu o progresso pelo ceticismo.

E então um novo milênio — para ser exato, o dia 11 de setembro de 2001 — levou a uma nova reviravolta do pensamento, a uma reavaliação. A ameaça vinda de algumas regiões pareceu surpreendentemente antiga, como se um dinossauro subitamente ressurgisse de seu repouso pré-histórico. Uma declaração sobre isso foi feita na forma de uma carta escrita pelo presidente iraniano Mahmoud Ahmadinejad ao presidente americano George W. Bush: "O liberalismo e a democracia no estilo ocidental não foram capazes de realizar os ideais da humanidade. Hoje, esses dois conceitos fracassaram. Aqueles capazes de enxergar já podem ouvir os ruídos do esfacelamento e da queda da ideologia e das opiniões dos sistemas democráticos liberais." Em vez de democracia, Ahmadinejad previu que "a vontade de Deus prevalecerá sobre todas as coisas".

Parte da herança da modernidade tem sido a ideia de que seus valores centrais — democracia e liberdade individual — têm a força da inevitabilidade. Esses valores emergiram em um determinado momento da história e, agora que se estabeleceram, tendemos a achar que todos os reconhecem como valores universais. Mas não parece ser esse o caso. José Casanova, um sociólogo das religiões da New School for Social Research, me disse que a ideia predominante costumava ser a de que o desenvolvimento ocidental "era prescritivo para o resto do mundo, que seria um modelo para as demais sociedades, de forma que as outras sociedades seguiriam um caminho secular. Mas agora, por todos os lados do mundo, encontramos um renascimento da religião. Estamos aprendendo que as sociedades mais modernas não necessariamente se tornam mais seculares". E, seja na tradição ocidental ou fora dela, a teocracia não se mostrou inclinada a se acomodar facilmente ao lado dos conceitos de democracia e liberdade individual.

O reconhecimento do fato revelador de que esses ideais modernos não necessariamente estão se disseminando pelo mundo — de que possivelmente não são absolutamente inevitáveis, mas podem até mesmo ser temas bastante frágeis, efêmeros e temporários na história do mundo — coincidiu com o desejo de olhar de volta para o nosso passado, a fim de nos lembrarmos do que somos. Acho isso bom e necessário; concordo, por exemplo, com o acadêmico alemão Heinz Schlaffer, quando ele diz que "a cultura ocidental também é fundamentalista: seu fundamento se chama Iluminismo" e que o "paradoxo é que esse fundamento é a base da nossa sociedade atual, mas que também está sendo esquecido por ela". Hirsi Ali formulou sua mensagem para mim nos seguintes termos: "A única maneira de se enfrentar o radicalismo islâmico é retomar o Iluminismo, a mensagem do Iluminismo, e fazer com que as pessoas que herdaram tudo isso", e nesse momento ela acena com a mão em direção à janela e aos arranha-céus de Manhattan, "se deem conta de que isso não cai do céu, simplesmente. Há uma longa história de luta por trás do desenvolvimento dessa sociedade. E a religião, incluindo o cristianismo, durante a maior parte do tempo impediu esse desenvolvimento".

Acredito que essa linha de pensamento seja, no geral, verdadeira — e acredito que, em seu percurso idiossincrático, a história dos ossos de Descartes esboça a longa jornada, repleta de falsos inícios e becos sem saída, que levou à sociedade moderna —, mas ao se estreitar ela se enche de sombras. Suspeito que boa parte do discurso que valoriza a tradição ocidental encobre a brutalidade de um impulso do tipo "eles ou nós". Nestas páginas, adotei a tese de Jonathan Israel de que existe uma divisão em três vias que se formou com o amadurecimento da modernidade. Há um campo teológico, que comporta uma visão de mundo baseada na tradição religiosa; o "Iluminismo radical", que, com o advento da "nova filosofia", quis sobrepor-se à antiga ordem, que tinha seus centros de poder na Igreja e na monarquia, para substituí-la por uma sociedade regida pela democracia e pela ciência; e o campo do Iluminismo moderado, que se subdivide em diversas facções, defendendo que as visões de mundo científicas e religiosas não são necessariamente incompatíveis, mas que os conflitos identificados precisam ser resolvidos. Todas essas três facções permanecem entre nós, atualmente. Seus partidários se expressam nos programas de entrevistas da TV, nos blogs e artigos de opinião, e também nos tribunais. Aqueles que defendem o "design inteligente" em substituição à teoria da evolução são membros da versão atualizada do "partido teológico", tentando infiltrar-se no campo moderado. No livro *Deus não é grande*, um campeão de vendas, Christopher Hitchens faz soarem as trombetas dos guerreiros do "Iluminismo radical" do século XXI, usando uma linguagem que reflete os livres-pensadores de três séculos atrás: "Nós desconfiamos de qualquer coisa que contradiga a ciência ou afronte a razão [...] A pessoa que tem certeza, e afirma contar com garantias divinas para sua certeza, pertence hoje à infância de nossa espécie."

Hirsi Ali "converteu-se" não só ao secularismo, mas à sua forma radical. Ela encontraria um lugar perfeito para suas ideias durante a Revolução Francesa; e, de fato, suas ideias apontam para um extremo semelhante ao daquele momento. Segundo ela, "estamos em guerra contra o islã", e, em nome da razão, não apenas contra o terrorismo islâmico: o próprio islã, com seus 1,5 bilhão de seguidores, deve ser "derrotado" para que "possa se modificar em algo pacífico".

Essa é uma conversa claramente assustadora e acredito que expõe as falhas do secularismo radical. Concordo com os secularistas radicais que coisas terríveis foram feitas, e continuam a ser feitas, em nome da religião, e acho que devemos encontrar uma maneira inteligente de não tolerar a intolerância religiosa, mas acredito que a história mostra que existe um erro letal no secularismo radical — ou melhor, dois erros. Primeiro, ele valoriza excessivamente a razão, ou a habilidade da humanidade de empregá-la. A história da modernidade, mesmo em sua versão anedótica, que inclui a história dos ossos de Descartes — a estupidez científica proliferando majestosamente ao lado de avanços reais —, deixa claro que tentar seguir a razão não é a mesma coisa que estar certo, e todo demagogo de sucesso do século XX demonstrou como é fácil manipular a razão e dirigir seu curso, partindo da verdade, em direção ao seu oposto.

Pode-se afirmar que o antídoto para isso é reconhecer a tendência a aplicar erroneamente a razão e procurar corrigi-la. Mas isso ignora um segundo erro, que é ainda maior. Em nome de buscar sua própria marca de certeza, o secularismo radical adota uma construção por demais estreita da realidade. Veste antolhos. A religião, como a arte, é uma forma de negociar com a complexidade, o que o enigma filosófico do dualismo, e todas as tentativas de superá-lo, reconhece. Negar a religião sem direito a recursos expõe aqueles que trombeteiam o uso da razão à acusação de eles mesmos não serem razoáveis, de serem intolerantes.

Se há uma solução para o dilema da modernidade, certamente ela está em trazer essas duas alas para o centro, que é onde vive a maioria das pessoas. Jürgen Habermas, o grande filósofo alemão (ele mesmo não muito inclinado para a religião) usou o termo *pós-secular* para descrever o que ele acredita poder ser a próxima fase na evolução da sociedade ocidental. Esta fase, ele afirma, envolveria "a assimilação e transformação reflexiva tanto da mentalidade religiosa quanto da secular".

Tal transformação, presumivelmente, exigiria o convencimento, ou o ensino, ou a sedução, ou a queda de braço com os partidários do radicalismo — teólogos e secularistas —, a fim de ampliar seu quadro da realidade, levando ambos os lados a reconhecer que não podem trancafiar a verdade, que o mundo é por demais selvagem para que nossas estratégias deem conta dele. Ao mesmo tempo, isso certamente significaria encontrar uma maneira de convencer uma dessas duas facções — os bilhões de pessoas que cresceram em culturas sem o legado dos ossos de Descartes — a reconhecer que nós, nos últimos séculos, conquistamos algumas maneiras bastante razoáveis de compreender o mundo e promover o progresso da humanidade e que isso deveria ser adotado por todos como um fundamento.

A tarefa (que pode ser impossível de ser cumprida — mas existe alguma outra alternativa?) pode ser traduzida nos termos de Hiroshi Harashima: afastar-se da "humanidade em linha" e depositar nossa fé nas mais antigas formas de comunicação. Assim, talvez, os membros dos campos contrários possam se encontrar, buscando traços de confiança mútua nos rostos uns dos outros.

Epílogo

Em 11 de fevereiro de 2000, exatos 350 anos depois da fria noite em Estocolmo em que René Descartes deu seu último suspiro, um grupo de cerca de vinte homens e mulheres reuniu-se sob as pedras enregeladas da igreja de Saint-Germain-des-Prés, em uma missa pelo descanso eterno da alma do filósofo. O sacerdote encarregado do serviço foi o padre Jean-Robert Armogathe. De todos os "*apaixonados por Descartes*" — como Philippe Mennecier, atual guardião do crânio do filósofo, se refere ao pequeno círculo cujo interesse pelo filósofo estende-se aos seus restos mortais —, o padre Armogathe foi aquele que deixei para entrar em contato por último, não só por achar que ele proporcionaria um final adequado para este livro, mas também por intimidação. Além de ocupar um cargo de alto escalão na diocese de Paris, tendo sido capelão da catedral de Notre-Dame, Armogathe é um dos mais proeminentes estudiosos de Descartes do mundo, diretor de estudos do programa de História das Ideias Religiosas e Científicas da Europa Moderna da École Pratique des Hautes Études da Sorbonne, autor de trabalhos sobre a ciência cartesiana, voltando-se para as correlações entre a Bíblia e a ciência do século XVII, e sobre aquela questão instalada no coração da crise cartesiana do dualismo, a transubstanciação da hóstia católica.

Outros que me auxiliaram na pesquisa — eles mesmos, filósofos relevantes — disseram, quando perguntados por mim, que sim, realmente, eu seria negligente se não procurasse o padre Armogathe. Mas me advertiram de que se tratava de uma presença intimidadora. "Não se surpreenda se ele não responder", me avisou Richard Watson, ele que é, provavelmente, o mais importante estudioso americano de Descartes. Finalmente, enviei uma mensagem para o padre-filósofo francês, contando-lhe sobre meu projeto, informando-lhe que planejava ir a Paris e perguntando-lhe se seria possível encontrá-lo. Surpreendentemente, Armogathe respondeu de imediato, dizendo que gostaria muito de conversar; e ainda mais surpreendente foi a maneira como fechou sua mensagem — "Aguardo ansiosamente por vc!" —, o que certamente desfez boa parte da aura de austeridade.

Poucas semanas depois, eu estava diante de um feio prédio dos anos 1970, bem em frente aos Jardins de Luxemburgo, a sede do Institut Bossuet, uma escola católica cujo reitor era Armogathe. Fui então levado ao seu escritório, no andar térreo; as janelas davam para o parque, com seus portões de ferro, encimados por pontas de lanças douradas, através das quais eu via um casal de namorados em um banco e uma turma de estudantes de artes, paletas nas mãos, agrupados em torno de uma estátua de retorcidas figuras barrocas. Analisei o escritório, enquanto o aguardava. A mesa estava coberta por pilhas de papel. Nas paredes havia uma gravura emoldurada de Descartes e outra de Baillet, o biógrafo de Descartes do século XVII. Em uma prateleira, apoiados contra as obras completas de Galileu, em latim, havia algumas fotos de Armogathe com o papa João Paulo II.

Repentinamente, o homem entrou pela porta. Era baixo, atarracado, compacto, cabelos grisalhos e um vigor quase cômico para uma pessoa assim tão séria. Movia-se constantemente, de maneira rápida e agressiva. Perguntei-lhe sobre seu passado e ele me contou uma história que parecia ter saído das páginas do *Código Da Vinci*. "Nos anos 1980, quando eu era capelão da Notre-Dame, instalei-me de fato lá — na própria catedral", contou. "No século XIX, construíram alojamentos para os responsáveis pela catedral, em uma espécie de saguão, aos quais se chegava através de uma escada em caracol pseudomedieval. Era o apartamento mais dramático que se poderia imaginar. Tinha um enorme refeitório, dando para o Sena nos três lados. A janela da minha cozinha se abria para o patamar sul, onde eu tinha meu próprio terraço particular. O apartamento foi destruído, mas morei lá por cinco anos e adorei." Armogathe promovia churrascos no terraço e tornou-se um privilégio, nos anos 1980, receber um convite para as *soirées* do capelão de Notre-Dame.

Ele mudou de assunto e falou-me sobre seu trabalho. Durante cinco anos, estivera estudando a visão e a ótica, desde o século XVII até os nossos dias. Seu argumento era de que, desde o início, a ciência tirou suas ideias sobre a visão das noções católicas medievais e renascentistas das visões espirituais e da luz interior. A tese que ele vinha formulando era que a compreensão científica do sentido da visão foi construída em torno de metáforas espirituais. "Sou contra a ideia de que há um corte nítido entre a Renascença e as eras modernas", disse ele. "Acho que o pensamento moderno obtém seus padrões a partir do domínio teológico. Os conceitos bíblicos permitiram o progresso da ciência."

De 1996 a 2000, Armogathe foi o padre da igreja de Saint-Germain-des-Prés, local do último enterro de Descartes. Naquele período, com a aproximação do 350º aniversário da morte de Descartes, teve a ideia de realizar uma missa especial. O que o motivou a isso? Eu gostaria de saber mais sobre o evento, mas realmente estava interessado em uma questão mais profunda. Armogathe era um padre e uma autoridade na ciência cartesiana, ao mesmo tempo. Ocorreu-me que, se havia alguém vivo com noções sobre como interligar a moderna divisão entre o corpo e a mente — alguém com uma perspectiva tanto sobre a ciência atual quanto sobre as preocupações espirituais contemporâneas e suas relações com o passado, com o berço da modernidade e com o assim chamado "patriarca da modernidade" —, essa pessoa seria ele.

"Na tradição católica", disse Armogathe, "não se trata apenas de orar pela alma dos mortos. Há também a crença na ressurreição do corpo. Para os católicos, os restos mortais têm um significado. Os cemitérios junto às igrejas não são apenas depósitos de lixo, ou locais para dormir ou esperar por alguém. É como se houvesse sementes sob o chão, aguardando a chegada da primavera".

Assim como no caso das relíquias, na Idade Média — período de apogeu das relíquias —, a Igreja Católica ainda atribui um valor especial aos restos humanos. Não há nada de surpreendente no fato de que o catolicismo — ou qualquer outra tradição espiritual — tenha resolvido o problema da mente e do corpo de forma a satisfazer suas próprias necessidades. De certa forma, a fé dissolve o dualismo, une o corpo e a alma.

Mas uma resposta teológica não era satisfatória. Resolvi apresentar a questão de maneira diferente, perguntando especificamente sobre Descartes como o pai do dualismo e do moderno problema atual "mente-corpo". Como um dos cartesianos da primeira geração, da Paris do fim do século XVII, que trouxeram os ossos de Descartes de Estocolmo, Armogathe estava pronto para defender o mestre. Ele rebateu a ideia de que Descartes inventou o dualismo. As expressões da mente e do corpo existem em reinos diferentes, ele me lembrou, bastava retornar aos antigos gregos. Esse era um bom ponto, e poderia ser levado adiante. Uma palavra como "dualismo" sugere um enigma abstrato, mas está aferrada ao dia a dia. Todos somos filósofos, pois nossa condição o exige. Vivemos cada momento em um universo de pensamentos e ideias aparentemente eternos, ainda que, ao mesmo tempo, estejamos no mundo em constante agitação e em meio à decadência dos nossos corpos, em suas precárias condições. Fomos agraciados com uma habilidade divina de transcender o tempo e o espaço em nossas mentes, mas estamos acorrentados à morte. O resultado é uma necessidade insistente de encontrar significados. É neste ponto que o esotérico problema "mente-corpo" dos professores de filosofia se torna significativo para todos nós, é onde se traduz em lágrimas e risadas.

O dualismo é, assim, um sentido universal, e os filósofos desde sempre quebraram a cabeça diante dele; todavia, foi a afirmação de Descartes, como sugeri para Armogathe, que deflagrou uma comoção histórica no mundo ocidental. Seu dualismo é o legado com que temos de conviver.

Em resposta, Armogathe apontou uma nova direção para mim — na qual talvez esteja a mais significativa "solução" desse quebra-cabeça, para todos nós. No fim de sua vida, ele observou, Descartes tentou lidar com a separação entre mente e corpo. "Em seu último livro, Descartes afirma que, de fato, deve haver uma terceira substância, que não é exatamente uma terceira substância, mas um composto da mente e do corpo", Armogathe disse. "Eu deveria tratar isso como um código, uma codificação, que permite à mente reagir ao corpo e ao corpo reagir à mente." Os filósofos dedicaram infinitas horas de reflexão ao problema da mente e do corpo, mas existe uma forma do mundo real através da qual todos nós a transcendemos. Essa "codificação" é uma das partes mais comuns de nossas vidas, e, todavia, uma das mais preciosas. Sua importância foi o que Descartes alcançou quase no fim de sua vida.

Por um longo tempo, os estudiosos acharam que, após a morte da sua jovem filha, Francine, nascida fora do casamento, Descartes tinha se afastado da mãe da menina, Helena Jans. Pressupunha-se que sua ligação exclusiva com Helena, a única mulher com quem sabemos que ele teve alguma intimidade, era através da criança, e que ele a afastou de si, depois que a menina se foi. Mas, há alguns anos, um historiador holandês chamado Jeroen van de Ven realizou uma inspirada pesquisa em arquivos. Descartes viveu em pelo menos vinte endereços na Holanda, e algum tempo após a morte de Francine mudou-se para o litoral, um lugar de dunas e ventos cortantes chamado Egmond-Binnen. Nos registros do notário da cidade de Leiden, Van de Ven descobriu uma certidão de casamento, datada de quatro anos após a morte de Francine, entre uma Helena Jans e um homem de Egmond chamado Jan Jansz van Wel. Poderia ser a mesma mulher? Foi exigido algum tipo de dote — mil florins, uma soma considerável —, e em um registro separado Van de Ven descobriu que o homem que fornecera o dote fora Descartes. Claramente, o casal se manteve ligado por quatro anos após a morte da menina. As condições sociais não permitiam que estivessem realmente juntos, mesmo se Descartes assim o quisesse; mas ele, assim mesmo, sentiu-se responsável e, no final, garantiu um futuro para ela.

Nesse período, o filósofo sofria um ataque implacável por parte dos teólogos holandeses, ultrajados pelas implicações do trabalho dele. Por fim, deu um basta. "Em respeito à paz que anteriormente busquei aqui, prevejo que doravante não a encontrarei na medida em que gostaria", escreveu. "Uma tropa de teólogos, seguidores da filosofia escolástica, parece haver formado uma liga empenhada em me esmagar pela via de suas calúnias." Em breve ele aceitaria a oferta da rainha Christina e partiria para a

Suécia. Deixaria para trás não só a fúria que seu trabalho desencadeara, mas também a mãe de sua filha.

Nessa época, deu início àquele que seria seu trabalho final, e pode não ser uma coincidência que esse livro tratasse das "paixões da alma". Descartes há muito percebera que havia uma dificuldade com essa divisão da realidade entre mente e corpo — uma dificuldade sobre como compreender a maneira como essas duas substâncias interagiam —, e naquela ocasião estava empenhado em se dedicar a esse problema desconcertante. Sua conclusão era que havia um tecido que permitia a conexão entre os dois, ou, nos termos apresentados por Armogathe para mim, "uma codificação". A terminologia do século XVII para essa codificação era "paixão". Podemos chamá-la de coração. Este se tornou o assunto do derradeiro trabalho de Descartes. O coração, ele concluiu, era a interface entre a mente e o corpo. Amor, alegria, angústia, remorso: vivemos tudo isso tanto no corpo quanto na mente, e, de certa forma, Descartes se convenceu de que essas paixões eram a ligação entre os nossos dois eus. Assim, ele antecipou outro campo da modernidade — o da psicologia —, concluindo que os estados emocionais estão ligados à saúde física e também à, nas palavras dele, "alma".

Mas isso deveria ser essencialmente um exercício filosófico. Sua filha estava morta; a mulher com quem fora íntimo, ele mesmo a casara com outro homem. Descartes parece ter, pessoalmente, desistido das "paixões". Para ele, nada mais restava pela frente a não ser o frio, o gelo e a morte.

Mesmo ao partir para a morte, no entanto, Descartes deu a Helena Jans um futuro, e os registros da pequena cidade de Egmond pintam um quadro favorável: Helena e seu marido, Jan, viveram suas vidas na hospedagem que pertencia à família dele; mais tarde, Jan morreu e Helena herdou o negócio; ela se casou novamente e seu novo marido deu-lhe três filhos. Nos registros, não há lugar para toda a vida que deve ter se acumulado ao longo daqueles anos, mas, em algum ponto em meio à sua densidade — a agitação da hospedaria, o bater das canecas de cerveja holandesa, a fumaça dos cachimbos, lascívia e lágrimas, cantos e sofrimento —, está a solução para o enigma de Descartes. Algo que cada um de nós pode encontrar, se tiver uma grande dose de sorte.

Agradecimentos

TIVE A SORTE DE RECEBER ORIENTAÇÃO DE TRÊS DAS MAIORES autoridades mundiais em Descartes e sua filosofia: Jean-Robert Armogathe, diretor do programa de estudos da História das Ideias Religiosas e Científicas na Europa Moderna na École Pratique des Hautes Études, na Sorbonne; Theo Verbeek, professor de filosofia na Universidade de Utrecht; e Richard Watson, professor emérito de filosofia da Universidade Washington em St. Louis. Agradeço-lhes a ajuda para este livro e, ao mesmo tempo, desvinculo-os de qualquer erro que ele possa conter. Também sou especialmente grato a Philippe Mennecier, diretor de preservação do Musée de l'Homme, em Paris, por me possibilitar uma exposição particular do crânio de Descartes, por compartilhar comigo seu dossiê de documentos relativos à história dele e por me colocar em contato com outros interessados pelos ossos de Descartes.

Meus agradecimentos também a: Susanna Åkerman, historiadora sueca e biógrafa da rainha Christina, por me apresentar à Estocolmo de Christina; Jane Alison, pelas traduções do latim; Hisao Baba, diretor de antropologia do National Science Museum, de Tóquio, no Japão; Michael Baur, professor de filosofia da Universidade de Fordham, por sua orientação e conselhos filosóficos; Erik-Jan Bos, da Universidade de Utrecht, coeditor da nova edição crítica da correspondência de Descartes, por sua crítica incisiva dos originais; Friso Broeksma, por me receber em sua casa em Prinseneiland; Veronica Buckley, biógrafa da rainha Christina; Jennifer Carter, da Universidade McGill, por sua ajuda generosa com documentos relacionados ao Museu dos Monumentos Franceses e por suas reflexões sobre a figura quixotesca de Alexandre Lenoir; Bernard Cartier, médico e historiador da medicina francesa; Hampus Cinthio, do Historiska Museet, Lund, Suécia; Anne Deneufbourg, Maison Descartes, Amsterdã; I. M. L. Donaldson, professor emérito de neurofisiologia da Universidade de Edimburgo; Theodor Ebert, professor emérito de história da filosofia da Universität Erlangen-Nürnberg, por compartilhar o original de sua monografia sobre a morte de Descartes comigo; Marnie Henricksson, que teve uma grande influência na criação deste livro; Suzanne Hoeben, pela verificação dos fatos; Beth Johnson e Jan Kat, pelo empréstimo de sua casa de praia em Egmond aan Zee, que me permitiu andar pela paisagem terrestre e marinha onde Descartes viveu; Mami Kamei, pelas traduções do japonês; Michael Martin, pela leitura e crítica dos originais; Ann-Britt Qvarfordt, pelas traduções do sueco; e Dominique Terlon, genealogista, por fornecer informações sobre seu ancestral do século XVII, que transportou os ossos de Descartes da Suécia para a França e guardou um pedaço para si.

Obrigado também a Armelle Aymonin, da American Library em Paris; Marijke Bartels e Martijn David, da editora Mouria Publishers, de Amsterdã; Philippe Comar, da École des Beaux-Arts, de Paris; Melissa Ann Danaczko; Maite Frost; Charles Gehring; Cobie Ivens; Jaap Jacobs; Raymond Jonas, professor de história da Universidade de Washington; Birgitta Lindholm, responsável pelo setor de manuscritos da biblioteca da Universidade de Lund; Therese Oltramari, bibliotecária da Biblioteca Nacional da França; Emilie Stewart; Pamela Twigg; Theresa Vann, Hill Museum and Manuscript Library, Universidade de St. John, Collegeville, Minnesota; Ulla von Wowern, Museu Histórico da Universidade de Lund, Lund, Suécia; Caroline van Gelderen; e Charles Wendell.

Também gostaria de expressar meu reconhecimento pelas principais instituições nas quais realizei minha pesquisa: a Biblioteca Nacional da França, a biblioteca da Universiteit van Amsterdam, a biblioteca pública de

Nova York, a Biblioteca Americana de Paris, a Biblioteca Ste.-Geneviève, a biblioteca da Universidade de Lund, na Suécia, e a Maison Descartes, em Amsterdã.

Como sempre, meus maiores agradecimentos à minha agente e amiga Anne Edelstein e ao meu brilhante editor, Bill Thomas.

Notas

Prefácio

18 "Existe um triângulo": *Guardian*, 26 de fevereiro de 2007.

Capítulo 1 O homem que morreu

23 "Aquele que salva alguém": Adam e Tannery, *Oeuvres*, v. 5, p. 477-78. Traduzido para o autor por Jane Alison.
24 "devotar todo o tempo que ainda lhe restasse": Descartes, *Discourse*, p. 96.
24 "a preservação da saúde": Descartes, *Philosophical Writings*, v. 3, p. 275.
24 A expectativa de vida de uma criança: Dados do capítulo 5 de Clark, *A Farewell to Alms*.
27 "a maioria dos homens morre dos remédios": Molière, *O doente imaginário*.
27 "O que diz o médico": A resposta do pajem, por outro lado, parece debochar da prática: "Ele disse, senhor, que a água em si era saudável; mas pelo bando que a possuía, ele pode ter mais doenças do que poderia conceber."
27 "não se entregassem, ou **confiassem":** Sym, *Lifes Preservative Against Self-Killing*, citado em Andrew Wear, "Puritan Perceptions of Illness in Seventeenth-Century England", *in* Porter, *Patients and Practitioners*, p. 80.
30 o *flexor digitorum superficialis*: Masquelet, "*Anatomy Lesson* de Rembrandt".
32 "oculto por trás da cena para poder ouvir": Roth, *Descartes' Discourse on Method*, p. 14.
32 "Assim que concluí os estudos do curso": Descartes, *Discourse*, p. 5.
32 "nada sólido poderia ser erguido": Descartes, *Discourse*, p. 8.
32 "Não fiz mais nada a não ser errar": Descartes, *Discourse*, p. 59.
33 Ele passou algum tempo servindo em dois exércitos: A. C. Grayling, em sua biografia de 2005, especula que Descartes estava trabalhando como espião para os jesuítas, o que explicaria

como ele poderia ter estado em tantos lugares de importância política e militar; Grayling reconhece, no entanto, que não há provas reais disso.

33 **"não restará quase mais nada a ser descoberto na geometria":** Adam e Tannery, *Oeuvres*, v. 10, p. 158. Citado em Gaukroger, *Soft Underbelly of Reason*, p. 93.

34 **"não apenas o pai da filosofia moderna":** Schouls, *Descartes and the Possibility of Science*, p. 3.

35 **"a linha divisória da história do pensamento":** Roth, *Descartes' Discourse on Method*, p. 3.

36 **"A melhor maneira de provar a falsidade":** Adam e Tannery, *Oeuvres*, v. 9B, p. 18. Citado em Schouls, *Descartes and the Possibility of Science*, p. 9.

36 **"senhores e mestres da natureza":** Descartes, *Discourse*, discurso 6.

37 **"A finalidade única de se desfazer":** Descartes, *Discourse*, p. 49.

37 **"estou neste local":** Ibid., p. 119.

37 **Desta forma, Descartes tornou-se:** Uma amostragem de versões do *cogito* ao longo das eras: "Penso, logo envio spam" (Amitai Givertz, blogueira). "Pisco, logo sou" (slogan do cartesiano Reflex Project, da Universidade de Massachusetts/Amherst, que se dedica ao estudo das piscadas involuntárias, um assunto sobre o qual Descartes escreveu em 1649). "*Cogito, ergo Cartesius est*" (Saul Steinberg). "Sou, porque meu cachorrinho me conhece" (Gertrude Stein). "*Cogito, ergo* batatas./ Penso, logo inhames" (grafite de Internet). "Coito, ergo gozum" (Gustavo Pérez Firmat, poeta). "Fedo, logo sou" (diversas ocorrências). E a minha favorita: "Penso, logo sou. Eu acho" (George Carlin).

38 **"A dúvida é o princípio":** Verbeek, *Descartes and the Dutch*, p. 39.

39 **Pouco depois, Regius tomou da pena:** A carta está em Adam e Tannery, *Oeuvres*, v. 2, p. 305. Cito a partir do comentário em Bos, *Correspondence*, p. 3-9.

39 **As animadas turmas:** Regius, em Bos, *Correspondence*, p. 3.

39 **"o maior de todos os filósofos":** Heereboord, em Verbeek, *Descartes and the Dutch*, p. 40. A citação seguinte é de Anton Aemilius, em Bos, p. 18, e a citação sobre o método de Regius, em Bos, p. 3.

40 **Ele aprofundava-se nos detalhes:** Bos, *Correspondence*, p. 214-20.

41 **"Uma esponja para lavar a sujeira":** Gaukroger, *Descartes*, p. 359.

41 **"ignorância aprendida":** Verbeek, *Descartes and the Dutch*, p. 18.

43 **"seja em sessões públicas ou em aulas particulares":** Citado em Verbeek, *Descartes and the Dutch*, p. 83.

43 **"Existem alguns filósofos novidadeiros":** Ibid., p. 49.

44 **"dúvidas poderiam ser importadas":** Ibid., p. 39.

47 **"Mas nada encontrei":** Carta para Marin Mersenne, em Descartes, *Philosophical Writings*, v. 3, p. 134.

47 **"Estou agora dissecando as cabeças":** Carta para Mersenne, em Adam e Tannery, *Oeuvres*, v. 1, p. 263, citado em Gaukroger, *Descartes*, p. 228.

47 **"impedido pela brevidade da vida":** Descartes, *Discourse*, p. 46.

47 **Por mais absurdas que as ideias de Descartes:** Para a discussão sobre as ideias otimistas de Descartes sobre a medicina e como ele era visto diante de seu saber médico, apoiei-me em Shapin, "Descartes the Doctor: Rationalism and Its Therapies".

48 **Enquanto isso, comprovando que era realmente moderno:** Adam e Tannery, *Oeuvres*, v. 1, p. 434.

48 Curiosamente, sabemos que, em 15 de outubro de 1634: As informações sobre Helena Jans e Francine estão em Baillet, *La vie de Monsieur Descartes*, v. 2, p. 89-91; Adam e Tannery, *Oeuvres*, v. 1, p. 299, 393-94; Rodis-Lewis, *Descartes*, p. 137-41; Gaukroger, *Descartes*, p. 294-95; Van der Ven, "Quelques données".

51 "trabalhada como um lavrador trabalha o campo": Citado em Masson, *Queen Christina*, p. 144.

51 Dizia-se que ela tratava algumas jovens damas: Buckley, *Christina*, p. 141.

53 "Talvez isso passe": Adam e Tannery, *Oeuvres*, v. 5, p. 430.

54 "estou fora do meu elemento": Ibid., p. 467.

54 "se eu tivesse de morrer": Ibid., p. 478.

55 "oleoso": Baillet, *La vie de Monsieur Des-Cartes*, v. 2, p. 420.

55 "o tremor da morte, a saliva negra": Adam e Tannery, *Oeuvres*, v. 5, p. 477-78. Traduzido para inglês por Jane Alison, para o autor.

55 "Estamos aflitos nesta casa": As cartas citadas neste parágrafo podem todas ser encontradas em Adam e Tannery, *Oeuvres*, v. 5, p. 470-78.

56 "iria viver quinhentos anos": Baillet, *La vie de Monsieur Des-Cartes*, v. 2, p. 452. Citado em Shapin, "Descartes the Doctor", p. 141.

Capítulo 2 Banquete de ossos

58 "A morte", escreveu certa vez o filósofo Ludwig Wittgenstein: A passagem completa do *Tractatus Logico-Philosophicus* é a seguinte: "A morte não é um evento da vida: não vivemos para experimentar a morte. Se tomarmos o significado de eternidade não como duração temporal infinita, mas como a inexistência do tempo, então a vida eterna pertence àqueles que vivem no presente. Nossa vida não tem fim da mesma forma que nosso campo visual não tem limites."

60 Enquanto Chanut era um entusiasmado promotor: Minhas fontes sobre Terlon são as *Mémoires du Chevalier de Terlon*, de Terlon; a enciclopédia sueca *Nordisk familjebok*; e Dominique Terlon, genealogista da família.

61 Ana comparecia à missa: Minha fonte sobre Ana da Áustria é Kleinman, *Anne of Austria.*

62 Terlon estava no processo: As principais fontes para a exumação na Suécia e transporte dos ossos de Estocolmo para Paris são Baillet, *La vie de Monsieur Des-Cartes*; Adam e Tannery, *Oeuvres*; "Documentation concernant le crane de Descartes".

63 "praticamente toda a Igreja Católica da Suécia": Baillet, *La vie de Monsieur Des-Cartes*, v. 2, p. 598.

63 "qualquer indecência": Ibid., p. 597.

63 Na Suécia: Lindborg, *Descartes i Uppsala*, p. 339.

66 "a aparência de um monte de pedras": Adam e Tannery, *Oeuvres*, v. 12, p. 599.

69 As notas de um advogado anônimo: Clair, *Jacques Rohault*, p. 51-52.

70 Aqui, Descartes e seus seguidores: Faço uma generalização aqui; na verdade, existem diversas variações deste tema básico da escolástica, relativo ao conhecimento e à percepção.

70 Rohault desmonta essa lógica: Esse exemplo do *Sistema da Filosofia Natural* de Rohault veio de Watson, *Breakdown of Cartesian Metaphysics*, p. 87.

72 Uma ideia perturbou Descartes pela primeira vez: Gaukroger, *Descartes*, p. 356.
72 Os protestantes (alguns deles, ao menos): A começar pelos luteranos, que não acreditavam, e ainda não acreditam, que a hóstia representa o corpo de Cristo, ou que sua substância seja substituída pela substância do corpo de Cristo, mas sim que, no ato da consagração, as duas substâncias — pão e corpo — coexistem. Meu relato sobre a transubstanciação e o cartesianismo baseia-se em Schmaltz, *Radical Cartesianism*; Watson, *Breakdown of Cartesian Metaphysics*; e Armogathe, "'Hoc Est Corpus Meum'" e *Theologia Cartesiana*.
72 Na teologia católica: O que precisamente ocorre durante a transubstanciação se manteve como uma questão delicada para a Igreja Católica. Em uma de suas tentativas mais recentes de esclarecimento, um relatório de 1981 sobre pontos de reconciliação com a Igreja Anglicana, assinala que: "A palavra *transubstanciação* normalmente é usada na Igreja Católica Romana para indicar que a ação de Deus sobre a eucaristia provoca uma mudança na realidade interna dos elementos. O termo deve ser visto como a afirmação do *fato* da presença de Cristo e da mudança misteriosa e radical que ocorre." O documento então se desvia do problema que tantas dores de cabeça causou para a Igreja — e para os cartesianos — no século XVII, complementando que "na teologia contemporânea da Igreja Católica Romana, [transubstanciação] não é compreendida *como* a explicação de como a mudança acontece" (Comissão Internacional Católica Anglicano-Romana, *Final Report*, p. 14).
72 "nosso senhor Jesus Cristo": Waterworth, *Council of Trent*, 13ª sess., cap. 1.
73 "são conhecidas numerosas histórias": Watson, *Breakdown of Cartesian Metaphysics*, p. 160.
75 "fiquei tão surpreso com isso": Gaukroger, *Descartes*, p. 290.
76 Robert Desgabets: Os detalhes sobre Desgabets vieram de Schmaltz, *Radical Cartesianism*; e Watson, *Breakdown of Cartesian Metaphysics*.
76 Desgabets viajou a Paris: Desgabets defendia que a explicação aristotélica do milagre cristão não funcionava, pois exigia que a primeira substância, a do pão, fosse eliminada antes de poder ser substituída pela segunda substância, a do corpo de Cristo. A matéria, afirmava Desgabets, não podia ser destruída.
80 Finalmente, em uma noite no fim de junho: Os detalhes sobre o funeral de 1667 vieram de Baillet, *La vie de Monsieur Des-Cartes*, v. 2, cap. 23.
82 "ilustre e sábio espírito": Van Damme, "Restaging Descartes".
83 O arcebispo de Paris: As citações vêm de Schmaltz, *Radical Cartesianism*, p. 29-33.
83 O resultado final, no entanto: Armogathe e Carraud, "L'ouverture des archives de la Congregation pour la doctrine de la foi".
84 O debate mais significativo para a história: Minhas fontes sobre Malebranche e Arnauld incluem Lawrence Nolan, "Malebranche's Theory of Ideas and Vision in God"; e Steven Nadler, *Arnauld and the Cartesian Philosophy of Ideas*.

Capítulo 3 Relíquias profanas

88 "jogos de dados": Citado em Uglow, *Lunar Men*, p. 51.
88 Voltaire, o patrono do Iluminismo francês: Voltaire, *Lettres philosophiques*, p. 2-3.
89 "foi o fundador": Rée, *Descartes*, p. 30-31.

92 Na década de 1720, Alberto Radicati: Jacob, *Radical Enlightenment*, p. 172-76; e Israel, *Radical Enlightenment*, p. 69.

92 Mesmo entre a primeira geração de cartesianos: Meu parágrafo sobre as mulheres e a sexualidade feminina apoia-se em Israel, *Radical Enlightenment*, cap. 4: "Women, Philosophy, and Sexuality".

93 "se eu reivindicar": Collins, *A Discourse of Free-Thinking*, p. 5.

94 "o demônio foi inteiramente banido": Ibid., p. 28.

94 Um acadêmico moderno, francês: Vovelle, *Piété baroque et déchristianisation en Provence au XVIII siècle*.

94 "Por Universo": Citado em Berman, *Atheism in Britain*, p. xii.

95 "chamava a Natureza de Deus": Citado em Israel, *Radical Enlightenment*, p. 4.

95 "Aqueles que conseguiram ver espíritos nus": Ibid., p. 375.

96 "Dores terríveis foram empregadas": Espinoza, *Theologico-Political Treatise*, prefácio, em *Chief Works of Benedict de Spinoza*.

97 "O espírito que animou os reformadores": Citado em Schouls, *Descartes and the Enlightenment*, p. 73.

98 "O Iluminismo", ele declarou: Citado em Cassirer, *Philosophy of the Enlightenment*, p. 163.

99 "O Velho Mundo imaginou": Commager, *Empire of Reason*, p. xi.

100 Ele tinha um rosto cuja melhor descrição: informações sobre Lenoir e o Museu dos Monumentos Franceses vêm de partes de uma tese de doutorado sobre Lenoir de Jennifer Carter; correspondência com Carter; "Alexandre Lenoir and the Musée des monuments français during the French Revolution", de Christopher Greene; *Description historique et chronologique* e *Notice historique*, do próprio Lenoir; *Alexandre Lenoir*, de Louis Courajod, *La logique de l'inaltérable*, de Guy Cogeval e Gilles Genty; e os três volumes de *Statistique monumentale de Paris*, compilados pelo filho de Lenoir, Albert.

101 Alguns dos parlamentos: citações e detalhes vêm do duque de Croy, *Journal inédit du duc de Croy*, 1718-1784, p. 220-28; e Palmer, *Age of the Democratic Revolution*, p. 94-96.

107 o ateísmo foi proclamado: Uma reação aos extremos do Culto à Razão espalhou-se na forma de um Culto ao Ser Supremo, que seguiu um roteiro deísta baseado na crença em um ser supremo que poderia ser compreendido pela razão, mais do que pela fé, e que vigiava a Terra, e a França, em especial. Enquanto isso, em uma época em que os padres estavam proibidos de rezar missas e de dar a comunhão, aldeões por todo o país tomavam os sacramentos por conta própria, com o auxílio de um leigo. Tentavam escapar da pena de morte instituída contra a consagração da hóstia e da culpa católica por pessoas não ordenadas tentarem realizar a transubstanciação da hóstia realizando o que era então chamado de missas brancas, nas quais o leigo que realizava a missa não consagrava o pão e o vinho, mas instilava neles um significado simbólico. Medidas que talvez demonstrassem que, mesmo no núcleo duro da modernidade radical, a própria Revolução Francesa, as três formas de lidar com a interseção da razão e da fé, em ação contínua desde os tempos de Descartes — a secularização radical, moderada e determinadamente religiosa — já se manifestavam.

110 "compreendeu que sua origem deveria vir": Citado em Schouls, *Descartes and the Enlightenment*, p. 67.

111 Lenoir recolheu seus artigos ardentemente: *Archives du Musée des monuments français*, v. 2, p. 36.

112 Lenoir fez um cuidadoso: Ibid., p. 27-37.

113 Para Lenoir, Descartes não só era: Lenoir, *Description*, p. 243.
113 "um republicano autêntico": *Archives du Musée des monuments français*, v. 1, p. 16-17.
114 Mais tarde, Lenoir declarou: Lenoir, *Notice historique*, p. 22-23.
115 "Vosso comitê de instrução pública": Chénier, *Rapport fait à la Convention nationale, au nom du Comité d'instruction publique.*
115 "Achamos que uma nação": Citado em Bonnet, *Naissance du Panthéon*, p. 315.
118 "Não é contrário à razão": Hume, *Treatise of Human Nature*, p. 167.
118 "O que o homem é, ou virá a ser": Kant, *Religion within the Limits of Reason Alone.*
120 "Iluminação sepulcral pende": Lenoir, *Description*, p. 93-94; aqui citado em Greene, "Alexandre Lenoir", p. 213.
122 "Os franceses apreciam essa famosa Revolução": Lenoir, *Description*, p. v.
122 "Neste calmo e pacífico jardim": Ibid., p. 17; aqui citado em Greene, "Alexandre Lenoir", p. 214.
123 "Núm. 507. Sarcófago, em pedra maciça": Lenoir, *Description*, p. 243.
124 "a notável questão": A citação de Chénier e Mercier veio de Chénier, *Rapport fait par Marie-Joseph Chénier*, conforme reimpressão na *Gazette nationale, ou le Moniteur universel* de 14 de maio de 1796, e o capítulo "Panthéonisé", que Mercier posteriormente escreveu em *Le nouveau Paris.*
124 "no décimo dia do Prairial": Em seu zelo pela transformação e modernização de todos os aspectos da vida, os revolucionários simplificaram o calendário e renomearam os meses. Cada mês da revolução tinha trinta dias — divididos em três semanas de dez dias — e os meses receberam nomes de acordo com as mudanças das estações. Prairial — que ia de meados de maio a meados de junho — significava, essencialmente, "o mês em que os prados florescem". Claro que era imperativo abandonar o sistema de datas gregoriano, que contava os anos a partir do nascimento de Cristo. O novo sistema começou do zero, com o Ano Um datando do início oficial da República Francesa, em 1792.
125 "saíam os que tinham convites": Citado em Shaw, "Time of Place".
128 Ele tentou revendê-lo: Lenoir, *Description*, p. 113.

Capítulo 4 A cabeça perdida

133 Ao final do século XVII: Coleman, *Georges Cuvier*, p. 18.
133 O maior de todos esses químicos: Minhas informações sobre Berzelius vieram de Jorpes, *Jac. Berzelius*, e de documentos da coleção do Museu de História Natural de Paris.
134 "impossível descrever a felicidade": Jorpes, *Jac. Berzelius*, p. 42.
135 Como Maurice Crosland: Meu relato da Academia de Ciências se baseia em Crosland, bem como na história da própria Academia.
135 Crosland defende que foi: Também é verdade que a Revolução Francesa pôs a Academia de lado por algum tempo; por ter recebido o apoio real, era vista como uma instituição reacionária. Ela voltou a existir como Instituto Nacional, até que, em 1816, retornou com o nome de Academia de Ciências.
136 Quando Franz Mesmer chegou a Paris: Meu relato sobre Mesmer se baseia em Donaldson, "Mesmer's 1780 Proposal for a Controlled Trial", e na minha correspondência por e-mail com Donaldson.

137 Ficou maravilhado com Paris: Jorpes, *Jac. Berzelius*, p. 82.
139 No entanto, discutiu sobre observações: Deduzo que essa discussão tenha sido informal, pois não encontrei referência alguma a qualquer relatório oficial sobre a questão nas minutas da Academia durante esse período, ainda que existissem relatórios oficiais posteriores sobre os restos mortais de Descartes.
143 "realizou todas essas combinações": Cuvier, *Leçons d'anatomie comparée*; citado em Coleman, *Georges Cuvier*, p. 171-72.
145 Em 30 de abril de 1821: Detalhes sobre essa reunião vieram da Académie des Sciences, *Procès-verbaux des séances*.
151 Os dois astrônomos: Delambre, na verdade, cruzou o caminho dos ossos de Descartes nessa época; enquanto os líderes revolucionários debatiam a transferência dos restos mortais de Descartes para o Pantheon, ele conduzia suas medições métricas do ponto mais alto de Paris — a cúpula do Pantheon.
151 "Não revelei ao público": Citado em Alder, *Measure of All Things*, p. 6.
153 No período inicial de 128 dias: Vass, "Beyond the Grave", p. 191.
155 Nas décadas de 1860 e 1870: O que se segue baseia-se na coleção Liljewalch da biblioteca da Universidade de Lund, na Suécia; Verneau, "Les restes de Descartes"; e Ahlström et al., "Cartesius' Kranium". Eu infiro que Liljewalch começou a rastrear o crânio de Descartes nas décadas de 1860 e 1870, segundo as datas encontradas em suas notas: as últimas datas em que ele registrou suas notas são de 1869 e 1872.
156 Ele veio a ser o alvo dos afetos: Meu minirretrato de Nordenflycht vem de Stålmarck, *Hedvig Charlotta Nordenflycht*, e do site da web da Universidade de Uppsala.
156 um sueco devoto: Meu relato sobre a carreira de Sparrman baseia-se em Beaglehole, *Life of Captain James Cook*; e Sparrman, *Voyage to the Cape of Good Hope*.
159 A história parecia bastante fascinante: Citado em Ahlström et al., "Cartesius' Kranium", p. 35.
161 Além de relatar as particularidades anatômicas: O que se segue vem de Ahlström et al., "Cartesius' Kranium".
162 "Academia de Ciências recebeu, na segunda-feira": Berzelius, *Berzelius brev. I*, p. 76-84.

Capítulo 5 Capacidade craniana

164 Um dos traços marcantes de Franz Joseph Gall: Meu relato sobre Gall e o advento da frenologia está baseado em Colbert, *Measure of Perfection*; Lanteri-Laura, *Histoire de la phrénologie*; Staum, *Labeling People*; Young, *Mind, Brain, and Adaptation*; Zola-Morgan, "Localization of Brain Function"; e Ackerknecht, "Contributions of Gall".
165 "Essa doutrina relativa à cabeça": Citado em Zola-Morgan, "Localization of Brain Function", p. 364.
169 "Cito Descartes frequentemente": Ibid., p. 375.
171 "Sua *faculdade*": Citado em Young, *Mind, Brain, and Adaptation*, p. 71.
171 "Cada era sucessiva": Ibid., p. 71-72.
171 "Descartes partiu para morrer": Ibid., p. 72.

172 "a defesa de Flourens da experimentação fisiológica": Ibid., p. 73-74.

172 "O motivo para acreditar nisso": Adam e Tannery, *Oeuvres*, v. 3, p. 19-20.

173 Descartes mal tinha ventilado: Meu relato sobre o dualismo mente-corpo baseia-se parte em Lokhorst, "Descartes and the Pineal Gland".

173 "Não me parece que": Adam e Tannery, *Oeuvres*, v. 3, p. 693; citado em Lokhorst, "Descartes and the Pineal Gland".

174 "Para muitos filósofos": Nagel, *View from Nowhere*, p. 7-8.

175 "Apesar de haver uma conexão": Ibid., p. 4.

175 "não podemos esperar por uma explicação fisiológica": Académie des Sciences, *Procès-verbaux des séances*, 25 de abril de 1808.

182 Em suas *Lições de anatomia comparada*: Cuvier, *Leçons d'anatomie comparée*, lição 8, p. 7.

183 "A raça negra": Cuvier, *Le règne animal*, p. 95.

184 Wagner identificava as raízes: Hagner, "Skulls, Brains, and Memorial Culture", p. 210.

186 "Essa preferência é legítima": *Bulletins de la Société d'anthropologie de Paris*, 1861, p. 139.

187 "Em geral, o cérebro dos homens é maior": Citado em Pearce, "Louis-Pierre Gratiolet", p. 263.

189 "Pode-se assim afirmar": *Bulletins de la Société d'anthropologie de Paris*, 1861, p. 428.

189 "Se nos permitirem": O relato da aventura de Gratiolet com o chapéu de Cuvier encontra-se em *Bulletins de la Société d'anthropologie de Paris*, 1861, p. 428. Também me apoiei no relato de Gould, *Panda's Thumb*; e em Schiller, *Paul Broca*.

191 "É um dos mais belos tipos": *Bulletins de la Société d'anthropologie de Paris*, 1861, p. 70.

191 "Monsieur Gratiolet [...] afirmou": Ibid., p. 71.

191 "Nosso colega, monsieur Gratiolet,": Ibid., p. 164-65.

192 "circunstâncias da morte de Descartes": Ibid., p. 224-25.

193 "No entanto, ao expressar recentemente": Ibid., p. 238-39.

195 "'Raça' é um conceito social": "Do Races Differ? Not Really, Genes Show", *New York Times*, 22 de agosto de 2000.

195 "Em novos estudos e análises": http://psychology.uwo.ca/faculty/rushton_res.htm.

195 "inerentemente pessimista": *Times Online*, 17 de outubro de 2007; http://www timesonline.co.uk/tol/news/uk/article2677098.ece.

Capítulo 6 Habeas corpus

200 Os membros receberam um relatório: Académie des Sciences, *Comptes rendus*, 23 de setembro de 1912.

200 "Grande tumulto": Verneau, "Les restes de Descartes".

201 "Essa comunicação desperta": *Journal des débats politiques et littéraires*, 25 de setembro de 1912.

201 "Sabemos que o grande filósofo morreu": *Gazette de France*, 23 de setembro de 1912.

201 "Todas as hipóteses foram aceitas": Verneau, "Les restes de Descartes'".

202 "com todo o devido respeito": Perrier, "Sur le crâne dit 'de Descartes.'"

202 "Falavam disso": Cabanès, "Les tribulations posthumes de Descartes".

203 O painel foi encontrado: Informações sobre Paul Richer e seu encontro com o crânio estão em Richer, "Sur l'identification du crâne supposé de Descartes", *Physiologie artistique* e *L'art et la médicine*; "Le crâne de Descartes", *Le Soir*, 21 de janeiro de 1913; "Sketch Identifies Skull of Descartes", *The New York Times*, 26 de janeiro de 1913; e Comar, *Mémoires de mon crâne*.

205 "Desenho identifica crânio de Descartes": *The New York Times*, 26 de janeiro de 1913.

205 "Crânio de Descartes é autêntico": *Le Figaro*, 21 de janeiro de 1913.

207 "Descartes foi motivo de luto internacional": Slive, *Frans Hals*, v. 1, p. 164.

210 "A proposta de transferir as cinzas": "Pantheon Awaits Descartes Ashes When Discovered".

210 "Onde estão os restos mortais de Descartes?": *Le Temps*, 17 de dezembro de 1927.

211 Uma vez que a questão foi levantada, logo deixaram-na morrer: Para ser exato, houve uma tentativa recente de autenticação dos restos. Em 2005, Bernard Cartier, um médico francês aposentado e historiador da ciência francesa que ao longo de suas pesquisas sobre Paul Richer foi infectado por uma questão cartesiana similar, teve a ideia de verificar os métodos de Richer usando o padrão mais moderno: desencavar os restos em Saint-Germain-des-Prés e realizar testes de DNA a partir deles, assim como do crânio guardado no Musée de l'Homme. Cartier recebeu a autorização oficial do secretário permanente da Academia Nacional Francesa de Medicina para "realizar estudos relativos aos restos mortais de Descartes, no museu e na igreja de Saint-Germain-des-Prés, quanto à viabilidade de uma investigação de sua autenticidade". Ele entrou em contato com as autoridades apropriadas e recebeu respostas do gabinete do prefeito de Paris e do chefe da polícia que descreviam o translado dos restos para a igreja como sendo, para essas autoridades, prova adequada da autenticidade, observando ainda que a tumba estava selada com pedra e cimento e sugerindo as dificuldades de se fazer escavações em uma antiga abadia, e, por fim, instando Cartier, educadamente, mas de maneira incisiva, a que deixasse os restos mortais de Descartes entregues ao repouso.

211 Há cerca de 31 guerras: http://www.humansecuritybrief.info/.

214 "as circunstâncias de então": *Archives du Musée des monuments français*, v. 2, p. 298.

215 "Rogo ao senhor, monsieur": Adam e Tannery, *Oeuvres*, v. 12, p. 624-25.

216 "Apressei-me em responder à carta": Ibid., p. 625-27.

218 "extremidade sul da nave": Ibid., p. 602.

Capítulo 7 Uma face moderna

220 Ele descreve seu trabalho normal: Harashima, "The Concealing Face, the Nameless Face".

222 "um símbolo do *Homo sapiens*": Entrevista feita pelo autor.

222 Os dentes — em especial o siso: Informações sobre o crânio e a exposição constam no respectivo catálogo e nas entrevistas e trocas de e-mails com Hisao Baba.

224 "Descartes lançou os fundamentos": Watson, *Cogito, ergo sum*, p. 3.

224 Em um dia claro de inverno: Minhas informações sobre Hirsi Ali vêm, em sua maioria, de sua autobiografia, *Infidel*, e de minha própria entrevista com ela.

227 "A era que venerava a razão": Cassirer, *Philosophy of the Enlightenment*, p. xii.

227 "(1) o homem não é depravado por natureza": Becker, *Heavenly City of the Eighteenth-Century Philosophers*, p. 102-03.

229 "a cultura ocidental também é fundamentalista": Schlaffer, "Holiday from the Enlightenment".

230 "Nós desconfiamos de qualquer coisa": Hitchens, *God Is Not Great*, p. 5-8.

230 "estamos em guerra contra o islã": Van Bakel, "The Trouble Is the West".

Epílogo

236 Mas, há alguns anos: Van de Ven, "Quelques données nouvelles sur Helena Jans".

236 "Uma tropa de teólogos": Adam e Tannery, *Oeuvres*, v. 5, p. 15-16.

Bibliografia

Académie des Sciences. *Procès-verbaux des séances de l'Académie tenues depuis la fondation de l'Institut jusqu'au mois d'août 1835.* 10 vols. Hendaye: Imprimérie de l'Observatoire d'Abbadia, 1910-22.

__________. *Comptes rendus hebdomadaires des séances de l'Académie des sciences.* Paris: Gauthier--Villars, 1912.

"Académie des sciences: Le crâne de Descartes est authentique". *Le Figaro*, 21 de janeiro de 1913.

Ackerknecht, E. H. "Contributions of Gall and the Phrenologists to Knowledge of Brain Function". *The History and Philosophy of Knowledge of the Brain and Its Functions.* Amsterdã: Israel, 1957.

Adam, Charles, e Tannery, Paul, (orgs.). *Oeuvres de Descartes.* 12 vols. Paris: Librairie Philosophique J. Vrin, 1974.

Ahlström, Carl Gustaf, Per Ekström e Ove Persson. "Cartesius' Kranium". *Sydsvenska medicinhistoriska sällskapets årsskrift* 1983.

Åkerman, Susanna. *Queen Christina of Sweden and Her Circle: The Transformation of a Seventeenth--Century Philosophical Libertine.* Leiden: Brill, 1991.

Alder, Ken. *The Measure of All Things: The Seven-Year Odyssey That Transformed the World.* Londres: Little, Brown, 2002.

Andersson, Ingvar. *A History of Sweden.* Londres: Weidenfeld and Nicolson, 1956.

Anglican-Roman Catholic International Commission. *The Final Report.* Oxford: Bocardo and Church Army Press, 1981.

Archives du Musée des monuments français. 3 vols. Paris: E. Plon, Nourrit et Cie, 1883-97.

Armogathe, Jean-Robert. *Theologia Cartesiana: L'explication physique de l'Eucharistie chez Descartes et dom Desgabets.* Haia: Martinus Nijhoff, 1977.

__________. "La sainteté janséniste". *Histoire des saints et de la sainteté chrétienne.* Orgs. Francesco Chiovaro et al. v. 9. Paris: Hachette, 1987.

__________. "'Hoc Est Corpus Meum': Le débat autour de l'explication Cartésienne de la transubstantiation eucharistique." *Travaux du Laboratoire européen pour l'étude de la filiation*. Organizado por Pierre Legendre. Brussels: Émile Van Balberghe Librairie et Yves Gevaert Éditeur, 1998.

__________ e Vincent Carraud. "La première condamnation des *Oeuvres* de Descartes, d'après des documents inédits aux archives du Saint-Office." *Nouvelles de la République des Lettres* 2 (2001).

__________. "L'ouverture des archives de la Congrégation pour la doctrine de la foi." *Communio* 30 (jan.-fev. 2005).

Aston, Nigel. *Religion and Revolution in France, 1780–1804*. Londres: Macmillan, 2000.

Baillet, Adrien. *La vie de Monsieur Des-Cartes*. 2 vols. Paris: Daniel Horthemels, 1691.

Baker, Keith Michael. *Condorcet: From Natural Philosophy to Social Mathematics*. Chicago: University of Chicago Press, 1975.

Balz, Albert G. A. "Clerselier (1614–1684) and Rohault (1620-1675)." *The Philosophical Review* 39 (set. de 1930).

Beaglehole, J. C. *The Life of Captain James Cook*. Palo Alto: Stanford University Press, 1992.

Becker, Carl. *The Heavenly City of the Eighteenth-Century Philosophers*. New Haven: Yale University Press, 1932.

Berman, David (org.). *Atheism in Britain*. v. 1: *An Answer to Mr. Clark's Third Defence of His Letter to Mr. Dodwell*, por Anthony Collins; e *A Discourse of Free-Thinking*, por Anthony Collins. Bristol: Thoemmes Press, 1996.

Bernard, Leon. *The Emerging City: Paris in the Age of Louis XIV*. Durham: Duke University Press, 1970.

Berzelius, Jac. *Berzelius brev. I, Brewäxling mellan Berzelius och C.-L. Berthollet, 1810-1822*. Estocolmo, 1912.

Blagdon, Francis William. *Paris as it was and as it is, or a Sketch of the French capital illustrative of the effects of the Revolution: with respect to sciences, literature, arts, religion, education, manners and amusements, comprising also a correct account of the most remarkable national establishments and public buildings, in a series of letters written by an English traveller during the years 1801-2 to a friend in London*. Londres: C. A. Baldwin, 1803.

Boddington, A., A. N. Garland, e R. C. Janaway. *Death, Decay and Reconstruction: Approaches to Archaeology and Forensic Science*. Manchester: Manchester University Press, 1987.

Boileau-Despréaux, Nicolas. "Arrêt burlesque." *Oeuvres complètes de Boileau*. 4 vols. Paris: Garnier, 1873.

Bonnet, Jean-Claude. *Naissance du Panthéon: Essai sur le culte des grands hommes*. Paris: Fayard, 1998.

Bos, Erik-Jan. *The Correspondence between Descartes and Henricus Regius*. Utrecht: Zeno, 2002.

__________. "Descartes' *Lettre apologétique aux magistrate d'Utrecht:* New Facts and Materials." *Journal of the History of Philosophy* 37 (jul. de 1999).

Buckley, Michael J. *Denying and Disclosing God: The Ambiguous Progress of Modern Atheism*. New Haven: Yale University Press, 2004.

Buckley, Veronica. *Christina, Queen of Sweden: The Restless Life of a European Eccentric*. Londres: Fourth Estate, 2004.

Cabanès, Dr. "Les tribulations posthumes de Descartes", *Gazette medicale de Paris*, 6 de novembro de 1912.

Carter, Jennifer. "Recreating the Poetic Imaginary: Alexandre Lenoir and the Musée des monuments français". Tese de doutorado, McGill University, 2007.

Cassirer, Ernst. *The Philosophy of the Enlightenment.* Princeton: Princeton University Press, 1951.

Chénier, Marie-Joseph de. *Rapport fait à la Convention nationale au nom du Comité d'instruction publique, par Marie-Joseph Chénier, suivi du décret rendu à la séance du 2 octobre 1793 (sur le transport au Panthéon du corps de Descartes).* Paris: Imprimérie Nationale, 1793.

__________. *Rapport fait par Marie-Joseph Chénier sur la translation des cendres de René Descartes au Panthéon. Séance du 18 floréal l'an IV.* Paris: Imprimérie Nationale, 1796.

"Chronique scientifique". *La Gazette de France*, 23 de setembro de 1912.

Clair, P. (org.). *Jacques Rohault, 1618-1672: Bio-bibliographie, avec 1'édition critique des entretiens sur la philosophie.* Paris: CNRS, 1978.

Clark, Gregory. *A Farewell to Alms. A Brief Economic History of the World.* Princeton: Princeton University Press, 2007.

Cogeval, Guy, e Gilles Genty. *La logique de l'inaltérable: Histoire du Musée des monuments français.* Paris: Imprimérie Nationale, 1993.

Colbert, Charles. *A Measure of Perfection: Phrenology and the Fine Arts in America.* Chapel Hill: University of North Carolina Press, 1997.

Coleman, William. *Georges Cuvier, Zoologist: A Study in the History of Evolution Theory.* Cambridge: Harvard University Press, 1964.

Collins, Anthony. *A Discourse of Free-Thinking.* Londres, 1713.

Comar, Philippe. *Mémoires de mon crâne — René Des-Cartes.* Paris: Gallimard, 1997.

Commager, Henry Steele. *The Empire of Reason.* Nova York: Doubleday, 1977.

Condorcet, Marquês de (Jean-Antoin-Nicolas de Caritat). *Esquisse d'un tableau: Historique des progrès de l'esprit humain.* Paris: Agasse, 1798.

Courajod, Louis. *Alexandre Lenoir, son journal et le Musée des monuments français.* 3 vols. Paris: H. Champion, 1878-87.

Cousin, Victor. *Madame de Sablé.* Paris: Didier, 1869.

"Le crâne de Descartes." *Le Soir*, 21 de janeiro de 1913.

"Le crâne de Descartes". *Le Temps*, 2 de outubro de 1912.

Crosland, Maurice. *Science under Control: The French Academy of Sciences, 1795-1914.* Cambridge: Cambridge University Press, 1992.

Croy, duque de. *Journal inédit du duc de Croy, 1718-1784.* v. 2. Paris: Flammarion, 1907.

Cuvier, Georges. *Leçons d'anatomie comparée.* Paris: Baudoin, 1805.

__________. *Le règne animal distribué d'après son organisation, pour servir de base à l'histoire naturelle des animaux et d'introduction à l'anatomie comparée.* Brussels: Culture et civilisation, 1969.

Damasio, Antonio R. *Descartes' Error: Emotion, Reason, and the Human Brain.* Nova York: G. P. Putnam's Sons, 1994.

Descartes, René. *Discours de la Methode pour Bien conduire sa raison, & chercher la verité dans les sciences. Plus La Dioptrique. Les Meteores. Et La Geometrie. Qui sont des essais de cete Methode.* Leyden: Ian Maire, 1637.

__________. *Discourse on Method.* Trad. Laurence Lafleur. Nova York: Macmillan, 1960.

__________. *The Philosophical Writings of Descartes.* 3 vols. Organizado por J. Cottingham, R. Stoothoff e D. Murdoch. Cambridge: Cambridge University Press, 1991.

Descartes et les Pays-Bas. Amsterdã: Maison Descartes, 1985.

"Documentation concernant le crâne de Descartes". Dossiê compilado por Philippe Mennecier, Muséum national d'Histoire Naturelle, Musée de l'Homme, Laboratoire d'anthropologie biologique, outubro de 1996.

Donaldson, I. M. L. "Mesmer's 1780 Proposal for a Controlled Trial to Test His Method of Treatment Using 'Animal Magnetism'". *Journal of the Royal Society of Medicine 98* (2005).

Droge, Jan. *Kasteel Endegeest: Een geschiedenis van het huis, de tuin en de bewoners.* Leiden: Matrijs, 1993.

Dulaure, J. A. *Nouvelle description des curiosités de Paris.* Paris: Lejay, 1785.

Espinoza, Baruch. *The Chief Works of Benedict de Spinoza.* Nova York: Dover, 1955.

Etlin, Richard A. *The Architecture of Death: The Transformation of the Cemetery in Eighteenth-Century Paris.* Cambridge: MIT Press, 1984.

French, Roger, e Andrew Wear. *The Medical Revolution of the Seventeenth Century.* Cambridge: Cambridge University Press, 1989.

Gaukroger, Stephen. *Descartes: An Intellectual Biography.* Oxford: Clarendon, 1995.

__________, John Schuster e John Sutton (orgs.). *Descartes' Natural Philosophy.* Londres: Routledge, 2000.

Gaukroger, Stephen (org.). *The Soft Underbelly of Reason: The Passions in the Seventeenth Century.* Londres: Routledge, 1998.

Gordon, Daniel (org). *Postmodernism and the Enlightenment: New Perspectives in Eighteenth-Century French Intellectual History.* Nova York: Routledge, 2001.

Gould, Stephen Jay. *The Panda's Thumb: More Reflections in Natural History.* Nova York: Norton, 1992.

Goupille, André. *Haya, La Haye en Touraine, La Haye Descartes, Descartes: Des origines à nos jours.* Tours: Chavanne, 1980.

Grayling, A. C. *Descartes: The Life of René Descartes and Its Place in His Times.* Londres: Free Press, 2005.

Greene, Christopher. "Alexandre Lenoir and the Musée des monuments français during the French Revolution". *French Historical Studies* 12 (1981).

Grell, Ole Peter e Andrew Cunningham (orgs.). *Religio Medici: Medicine and Religion in Seventeenth-Century England.* Aldershot: Scolar Press, 1996.

Hagner, Michael. "Skulls, Brains, and Memorial Culture: On Cerebral Biographies of Scientists in the Nineteenth Century." *Science in Context* 16 (2003).

Harashima, Hiroshi. "The Concealing Face, the Nameless Face: Has the Media Really Been Evolving? A Perspective of Facial Studies." *Natureinterface*, n. 4, http://www.natureinterface.com/e/ni04/P016-021/.

Higonnet, Patrice. *Paris: Capital of the World*. Cambridge: Harvard University Press, 2002.

Hillairet, Jacques. *Dictionnaire historique des rues de Paris*. 2 vols. Paris: Éditions de Minuit, 1964.

Hirsi Ali, Ayaan. *Infidel*. Nova York: Free Press, 2007.

Hume, David. *A Treatise of Human Nature*. Oxford: Oxford University Press, 2000.

Israel, Jonathan I. *Radical Enlightenment: Philosophy and the Making of Modernity*, 1650-1750. Oxford: Oxford University Press, 2001.

Jacob, Margaret C. *The Radical Enlightenment. Pantheists, Freemasons, and Republicans*. Londres: George Allen and Unwin, 1981.

Jonas, Raymond. *France and the Cult of the Sacred Heart: An Epic Tale for Modern Times*. Berkeley: University of California Press, 2000.

Jorpes, J. Erik. *Jac. Berzelius: His Life and Work*. Berkeley: University of California Press, 1970.

Kant, Immanuel. *Religion within the Limits of Reason Alone*. Trad. Theodore M. Greene e Hoyt H. Hudson. Chicago: Open Court, 1934.

Kleinman, Ruth. *Anne of Austria, Queen of France*. Columbus: Ohio State University, 1985.

Lanteri-Laura, Georges. *Histoire de la phrénologie: L'homme et son cerveau selon F. J. Gall*. Paris: Presses Universitaires de France, 1970.

"Large Skulls." *The New York Times*, 10 de agosto de 1879.

Lemoine, Bertrand. *Les Halles de Paris*. Paris: L'Equerre, 1980.

Lenoir, Albert. *Statistique monumentale de Paris*. 3 vols. Paris: Imprimérie Impériale, 1867.

Lenoir, Alexandre. *Notice historique des monumens des arts, réunis au Dépôt national, rue des Petits-Augustins*. Paris: Cussac, 1796, 1797.

___________. *Description historique et chronologique des monuments de sculpture reunis au Musée des monuments français*. Paris: Laurent Guyot, 1806.

Lindborg, Rolf. *Descartes i Uppsala*. Estocolmo: Almqvist & Wiksell, 1965.

Lokhorst, Gert-Jan. "Descartes and the Pineal Gland". *The Stanford Encyclopedia of Philosophy*. Inverno de 2006. Organizado por Edward N. Zalta. http://plato.stanford.edu/archives/win2006/entries/pineal=gland.

Maccioni Ruju, P. Alessandra e Marco Mostert. *The Life and Times of Guglielmo Libri: Scientist, Patriot, Scholar, Journalist, and Thief*. Hilversum: Verloren, 1995.

Macdonald, Paul S. "Descartes: The Lost Episodes". *Journal of the History of Philosophy* 40, n. 4 (2002).

Masquelet, A. C. "Rembrandt's *Anatomy Lesson of Dr. Nicolaes Tulp* (1632)". *Maîtrise Orthopédique*, www.maitrise-orthop.com.

Masson, Georgina. *Queen Christina*. Londres: Secker and Warburg, 1968.

McClaughlin, Trevor. "Censorship and Defenders of the Cartesian Faith in Mid-Seventeenth Century France", *Journal of the History of Ideas*, 40:563-81 (1979).

McGahagan, Thomas A. "Cartesianism in the Netherlands, 1639-1676: The New Science and the Calvinist Counter-Reformation". Dissertação de doutorado, University of Pennsylvania, 1976.

Meige, Henry. *Paul Richer et son oeuvre.* Paris: Masson & Co., 1934.

Mercier, Louis-Sébastien. *Éloge de René Descartes.* Paris: Vve Pierres, 1765.

__________. *Corps législatif. Conseil des Cinq-Cents. Discours de L.-S. Mercier, prononcé le 18 floréal, sur René Descartes.* Paris: Imprimérie Nationale, 1793.

__________. *Le nouveau Paris.* 1799. Paris: Mercure de France, 1994.

Mouy, Paul. *La développement de la physique cartésienne, 1646-1712.* Paris: Librairie Philosophique J. Vrin, 1934.

Nadler, Steven. *Arnauld and the Cartesian Philosophy of Ideas.* Princeton: Princeton University Press, 1989.

Nagel, Thomas. *The View from Nowhere.* Nova York: Oxford, 1986.

__________. "Conceiving the Impossible and the Mind-Body Problem." *Philosophy* 73 (julho de 1998).

Nolan, Lawrence. "Malebranche's Theory of Ideas and Vision in God." *Stanford Encyclopedia of Philosophy*, inverno de 2003.

Nordenfalk, Carl (org.). *Christina, Queen of Sweden: A Personality of European Civilisation.* Estocolmo: National Museum, 1966.

Palmer, R. R. *The Age of the Democratic Revolution: A Political History of Europe and America, 1760-1800.* Princeton: Princeton University Press, 1959.

"Pantheon Awaits Descartes Ashes When Discovered". *New York Herald.* Ed. europeia. 3 de dezembro de 1927.

"Pantheon Seeks Descartes' Body". *The New York Times*, 29 de janeiro de 1928.

Parker, M. "False Dichotomies: EBM, Clinical Freedom, and the Art of Medicine." *Medical Humanities* 31 (2005): 25-30.

Pearce, J. M. S. "Louis Pierre Gratiolet (1815-1865): The Cerebral Lobes and Fissures." *European Neurology* 56 (2006).

Pelenski, Jaroslaw (org.). *The American and European Revolutions, 1776-1848.* Cidade de Iowa: University of Iowa, 1980.

Perrier, Edmond. "Sur le crâne dit 'de Descartes', qui fait partie des collections du Muséum." *Compte-rendus hebdomadaires des séances de l'Académie des sciences*, 30 de setembro de 1912.

Porter, Roy (org.). *Patients and Practitioners: Lay Perceptions of Medicine in Pre-Industrial Society.* Cambridge: Cambridge University Press, 1985.

__________ e Mikulas Teich (orgs.). *The Enlightenment in National Context.* Cambridge: Cambridge University Press, 1981.

"Procès-verbal de la remise à MM. les Commissaires de M. le Préfet de la Seine, des restes de Descartes, Mabillon et Montfaucon, qui étaient déposés dans le Jardin des Petits-Augustins à Paris". *Extrait du Moniteur.* Paris: Agasse, n.d.

"Un Project Vieux de 136 Ans". *La Presse*, 29 de novembro de 1927.

Raymond, Jean-François de. *Descartes et Christine de Suède: La reine et le philosophe.* Paris: Bibliothèque Nordique, 1993.

__________. *Pierre Chanut, ami de Descartes: Un diplomate philosophe*. Paris: Beauchesne, 1999.

Rée, Jonathan. *Descartes*. Londres: Allen Lane, 1974.

Rhine, Stanley. *Bone Voyage: A Journey in Forensic Anthropology*. Albuquerque: University of New Mexico Press, 1998.

Richard, Camille. "Le comité de salut public et les fabrications de guerre sous la Terreur". Tese de doutorado, Universidade de Paris, 1921.

Richer, Paul. *Physiologie artistique de l'homme en mouvement*. Paris: Aulanier, 1896.

__________. *L'art et la médecine*. Paris: Gaultier, 1902.

__________. "Sur l'identification du crâne supposé de Descartes par sa comparaison avec les portraits du philosophe." *Comptes-rendus hebdomadaires des séances de l'Académie des sciences*, 20 de janeiro de 1913.

Rodis-Lewis, Geneviève. *Descartes: His Life and Thought*. Ithaca: Cornell University Press, 1995.

Rohault, Jacques. *Oeuvres posthumes de M. Rohault*. Haia: Henry van Bulderen, 1690.

Roth, Leon. *Descartes' Discourse on Method*. Oxford: Clarendon Press, 1937.

Ruestow, Edward G. *Physics at 17th- and 18th-Century Leiden*. Haia: Martinus Nijhoff, 1973.

Schiller, Francis. *Paul Broca: Founder of French Anthropology, Explorer of the Brain*. Berkeley: University of California Press, 1979.

Schlaffer, Heinz. "Holiday from the Enlightenment". www.signandsight.com. 27 de fevereiro de 2006.

Schmaltz, Tad M. *Radical Cartesianism: The French Reception of Descartes*. Cambridge: Cambridge University Press, 2002.

Schouls, Peter. *Descartes and the Enlightenment*. Kingston: McGill-Queen's University Press, 1989.

__________. *Descartes and the Possibility of Science*. Ithaca: Cornell University Press, 2000.

Scott, Franklin D. *Sweden: The Nation's History*. Minneapolis: University of Minnesota Press, 1977.

Sebba, Gregor. "Some Open Problems in Descartes Research." *Modern Language Notes* 75 (março de 1960).

Shapin, Steven, "Descartes the Doctor: Rationalism and Its Therapies." *British Journal for the History of Science* 33 (2000).

Shaw, Matthew. "The Time of Place: Louis-Sébastien Mercier and the Hours of the Day". Palestra apresentada na Society for the Study of French History Annual Conference, Southampton, Inglaterra, 5 de julho de 2005.

"Sketch Identifies Skull of Descartes." *The New York Times*, 26 de janeiro de 1913.

Slive, Seymour. *Frans Hals*. 3 vols. Washington: National Gallery of Art, 1989.

Solies, Dirk. "How the Metaphysical Need Outlasted Reductionism: On a Methodological Controversy between Philosophy and the Life Sciences in 19th-Century Germany". Palestra apresentada na conferência *Continuity + Change: Perspectives on Science and Religion* do Metanexus Institute, Filadélfia, 3 a 7 de junho de 2006.

Sommaire du plaidoyer pour l'abbé; prieur et chanoines réguliers et chapitre de Sainte-Geneviève, defendeurs, contre messire Hardouin de Péréfixe, archevêque de Paris, demandeur. Paris, 1667.

Sparrman, Anders. *A Voyage to the Cape of Good Hope, towards the Antarctic Polar Circle, Round the World, and to the Country of the Hottentots and the Caffres from the Year 1772-1776*. Cidade do Cabo: Van Riebeeck Society, 1975.

Stålmarck, Torkel. *Hedvig Charlotta Nordenflycht — Ett Porträtt.* Estocolmo: Norstedts, 1997.

Staum, Martin S. *Labeling People: French Scholars on Society, Race, and Empire, 1815-1848.* Montreal: McGill-Queen's University Press, 2003.

Taylor, Quentin. "Descartes's Paradoxical Politics". *Humanitas* 14, n. 2 (2001).

Terlon, Hugue, Chevalier de. *Mémoires du Chevalier de Terlon. Pour rendre compte au Roy, de ses négociations, depuis l'année 1656 jusqu'en 1661.* Paris: Louis Billaine, 1682.

Uglow, Jenny. *The Lunar Men: Five Friends Whose Curiosity Changed the World.* Nova York: Farrar, Straus and Giroux, 2003.

Van Bakel, Rogier. "The Trouble Is the West". *Reason*, nov. 2007.

Van Bunge, Wiep. *From Stevin to Spinoza: An Essay on Philosophy in the Seventeenth-Century Dutch Republic.* Leiden: Brill, 2001.

Van Damme, Stéphane. "Restaging Descartes: From the Philosophical Reception to the National Pantheon". http://dossiersgrihl.revues.org/document742.html.

Van de Ven, Jeroen. "Quelques données nouvelles sur Helena Jans." *Bulletin Cartésien* 32 (2001).

Vass, Arpad A. "Beyond the Grave — Understanding Human Decomposition." *Microbiology Today*, novembro de 2001.

Vauciennes, P. Linage de. *Mémoires de ce qui s'est passé en Suède, et aux provinces voisines, depuis l'année 1645 jusques en l'année 1655, tirés des dépêches de Monsieur Chanut par P. Linage de Vauciennes.* Colônia: Pierre du Marteau, 1677.

Venita, Jay. "Pierre-Paul Broca." *Archives of Pathology and Laboratory Medicine* 126 (março de 2002).

Verbeek, Theo. *Descartes and the Dutch: Early Reactions to Cartesian Philosophy*, 1637-1650. Carbondale: Southern Illinois University Press, 1992.

__________. *Une université pas encore corrompue...: Descartes et les premières années de l'Université d'Utrecht.* Utrecht: Utrecht University, 1993.

__________, Jelle Kingma e Philippe Noble. *Les néerlandais et Descartes.* Amsterdã: Maison Descartes, 1996.

Verbeek, Theo, Erik-Jan Bos, Jeroen van de Ven (orgs.). *The Correspondence of René Descartes: 1643.* Utrecht: Zeno, 2003.

Verneau, R. "Le crâne de Descartes." *L'Anthropologie* 23 (1912): 640-42.

__________. "Les restes de Descartes."*Æsculape* 11 (1912): 241-46.

Voltaire. *Lettres philosophiques.* v. 2. Paris: Librairie Hachette, 1909.

Vovelle, Michel. *Piété baroque et déchristianisation en Provence au XVIIIe siècle.* Paris: Plon, 1974.

Waterworth, J., trad. *The Canons and Decrees of the Sacred and (Ecumenical Council of Trent, Celebrated under the Sovereign Pontiffs Paul III, Julius III, and Pius IV.* Londres: C. Dolman, 1848.

Watson, Richard A. *The Breakdown of Cartesian Metaphysics.* Indianápolis: Hackett, 1987.

__________. *Cogito, Ergo Sum: The Life of René Descartes.* Boston: David R. Godine; 2002.

Wessel, Leonard P. G. *E. Lessing's Theology, a Reinterpretation: A Study in the Problematic Nature of the Enlightenment.* Haia: Mouton, 1977.

Wilkin, Rebecca M. "Figuring the Dead Descartes: Claude Clerselier's *Homme de René Descartes* (1664)". *Representations* 83 (2003).

Young, Robert M. *Mind, Brain, and Adaptation in the Nineteenth Century*. Nova York: Oxford University Press, 1990.

Zola-Morgan, Stuart. "Localization of Brain Function: The Legacy of Franz Joseph Gall (1758-1828)." *Annual Review of Neuroscience* 18, (1995): 359-83.

Índice

ESTA OBRA FOI COMPOSTA PELA ABREU'S SYSTEM EM ADOBE GARAMOND
E IMPRESSA EM PROCESSO SOB DEMANDA PELA UM LIVRO SOBRE
PAPEL OFFWHITE PARA A EDITORA SCHWARCZ A PARTIR DE 2025